高职高专旅游大类十二五规划教材

餐饮服务技能

（第三版）

主　编◎郑燕萍

副主编◎林润泽
仪小杉
王宏兰

厦门大学出版社 XIAMEN UNIVERSITY PRESS | 国家一级出版社 全国百佳图书出版单位

第三版修订说明

“十三五”期间，随着现代服务业的发展，我国餐饮业将以更快的速度、更创新的形态、更优的环境向前发展。

“互联网＋”、“创新”等思维促进了餐饮企业的转型，改变了餐饮业的营销模式，给顾客提供了新的消费体验，也使餐饮业获得了更大的发展。

《餐饮服务技能》第三版实训教材保留原有的编写思路，力求体现职业教学改革的精神，以餐饮消费客人为中心，不仅要求学生掌握餐饮行业的相关专业基础知识，更强调熟练掌握餐饮专业服务技能，以培养能胜任餐饮服务与基层管理的专业技能性人才为根本出发点。在教学过程中，引导学生以客人为中心，以餐饮服务流程为主线，结合中、高级餐厅服务员技能考核要求，采用实训情景模块教学方式，从餐饮服务工作的实际需要出发，结合目前餐饮业的新形势进行了修订。主要的修订内容为：将原来的七个实训情境模块，共 28 个工作任务，修改成八个实训情境模块，共 30 个工作任务；实训情境三增加了网络订餐学习任务；调整了实训情境四，由原来的 8 个任务修订成 7 个任务，修改了班前会工作任务内容、开餐服务以及餐后服务工作内容；增加了实训情境五主题宴会设计，包含 2 个任务，将原来实训情境四的任务 7“餐厅主题餐台设计”修订并进任务 2“主题宴会餐台设计”，调整了目录内容。此次修订紧随餐饮业的互联网发展趋势，突出培养学生的开拓创新思维、团队合作的意识和能力，提高学生学习和研究的能力，并让他们养成耐心细致的工作习惯。本修订版进一步加强了餐饮服务人员的综合素质与技能的培养，体现了较强的实用性和可操作性。

本书主编由厦门城市职业学院郑燕萍老师担任，负责组织修订全书大纲、撰写、初稿修改、最后统稿和定稿工作，并负责撰写本书第三版的修改说明，撰写实训情境五，修改班前会、开餐服务内容、实训情境六、附录(150 千字)；第一副主编由漳州职业技术学院林润泽老师担任，并负责实训情境四、六的编写(约 76 千字)；第二副主编由厦门城市职业学院仪小杉、王宏兰老师担任，仪小杉老师负责实训情境二、三的改编(约 48 千字)，王宏兰负责实训情境一、八以及铺台布服务的改编(约 31 千字)。本书的编者均为高职院校酒店管理专业教学一线的教师，具有丰富的酒店管理专业教学与实践经验。

本书在修改编写过程中，参考、借鉴很多国内外饭店业、餐饮业界成功的经验和众多专家、前辈的研究成果（详见书末参考文献），并结合了全国职业院校技能大赛、厦门佰翔酒店集团校企合作开发课程以及十多年来的教学和实践经验，以满足高职旅游饭店专业教学或相关企业培训的需要。编写时更是得到了福建商业高等专科学校、厦门城市职业学院和漳州职业技术学院校领导的大力支持以及厦门佰翔酒店集团蒲怡俊经理、张晓明经理，厦门佰翔软件园酒店梅伟方副总经理等行业专家的指导和帮助，还得到了厦门磐基皇冠假日酒店的支持。谨此对所有参考文献作者和支持本书编写工作的单位以及所有为这部教材编写做出贡献的人们表示衷心的感谢！

本书在编写过程中，力求体例合理、内容新颖、文字规范。但由于互联网下的餐饮业发展迅速、个人认识水平和实际工作环境所限，书中难免会存在疏漏和不妥之处，恳请各位专家学者和广大读者不吝赐教，以便作进一步修订使之日臻完善！联系方式：543428316@qq.com。

编　者

2017年8月

前 言

改革开放三十多年来，我国餐饮业发展经历了起步阶段、数量型发展阶段、规模化发展阶段和品牌建设阶段，初步形成了投资主体多元化、经营业态多样化、经营方式连锁化、品牌建设特色化、市场需求大众化的发展新格局。当前我国餐饮业呈现出蓬勃发展的良好态势，据测算，2011 年中国餐饮业实现收入 20 543 亿元，同比增长率 16.9%；限额以上企业餐饮收入 6 445 亿元，同比增长 19.7%。

为贯彻落实国家“十二五”规划纲要关于大力发展生活性服务业的有关要求，2011 年 11 月商务部发布“十二五”期间促进餐饮业科学发展的指导意见，提出力争在“十二五”期间，餐饮业保持年均 16%的增长速度，到 2015 年零售额突破 3.7 万亿元；培育一批地方特色突出、文化氛围良好、社会影响力大、年营业额 10 亿元以上的品牌餐饮企业集团；全国餐饮业吸纳就业人口超过 2 700 万人。伴随着政府拉动消费的政策影响、城乡居民收入较快增长和消费观念更新等因素，未来餐饮业依然是引人注目的消费热点，中国餐饮消费水平仍将继续保持高速增长。

《餐饮服务技能》实训教材的编写力求体现职业教学改革的精神，以餐饮消费客人为中心，不仅要求学生掌握餐饮行业的相关专业基础知识，更强调熟练掌握餐饮专业服务技能，以培养能胜任餐饮服务与基层管理的专业技能性人才为根本出发点。在教学过程中，引导学生以客人为中心，以餐饮服务流程为主线，结合中、高级餐厅服务员技能考核要求，采用实训情景模块教学方式，从餐饮服务工作的实际需要出发，设计了七个实训情境模块，共 28 个工作任务，每个工作任务由任务布置、知识准备、实操训练及任务小结四个部分组成，突出了餐饮服务人员的综合素质与技能的培养，体现了较强的实用性和可操作性。内容编写时，我们借鉴了很多国内外饭店业、餐饮业界成功的经验和众多专家、前辈的研究成果，并结合了十多年来的教学和实践经验，编写了这本教材，以满足高职旅游饭店专业教学或相关企业培训的需要。

本书主编由厦门城市职业学院郑燕萍老师担任，负责组织全书大纲设计、撰写、初稿修改、最后统稿和定稿工作，并负责本书前言、实训情境六、附录的编写(120 千字)；第一副主编由漳州职业技术学院林润泽老师担任，并负责实训情境四、五的编写(约 76 千字)；

第二副主编由厦门城市职业学院仪小杉、王宏兰老师担任，仪小杉老师负责实训情境二、三的编写(约46千字)；王宏兰负责编写实训情境一、七(约30千字)。参与本书编写的编者均为高职院校酒店管理专业教学一线的教师，具有丰富的酒店管理专业教学与实践经验。

本书在编写过程中，参考、借鉴了大量的相关文献、教材和专著(详见书末参考文献)，更是得到了福建商业高等专科学校、厦门城市职业学院和漳州职业技术学院校领导的大力支持以及厦门佰翔酒店集团张晓明经理、厦门国际航空港花园酒店陈嘉敏经理等行业专家的指导和帮助，还得到了厦门磐基皇冠假日酒店的支持。谨此对所有参考文献作者和支持本书编写工作的单位以及所有为这部教材编写做出贡献的人们表示衷心的感谢！

本书在编写过程中，力求体例合理、内容新颖、文字规范。但由于时间仓促、个人认识水平和实际工作环境所限，书中难免会存在疏漏和不妥之处，恳请各位专家学者和广大读者不吝赐教，以便作进一步修订使之日臻完善！联系方式：543428316@qq.com。

编　者

2014年7月

目　　录

实训情境一

认识餐厅

学习目标

知识目标

1. 了解餐厅的各种类型
2. 熟练区别各种餐厅

能力目标

1. 能够分辨各种类型的餐厅
2. 熟练掌握各种餐厅的特点

餐厅是餐饮经营的主体部门，起着接待宾客、弘扬餐饮文化、创造经济效益、扩大企业影响的作用。本书中所讲的餐厅主要是指销售饭店或餐饮企业饮食产品和客人用餐的特定场所。

任务1　认识餐厅类型及特点

一、任务布置

(1)查阅资料：利用课余时间，到学校图书馆或通过网络渠道等查阅相关资料，了解各种类型餐厅的特点。

(2)参观考察：将学生分为若干组，利用课余时间到各大酒店餐饮部、社会餐饮机构调查，参观不同类型的餐厅。

(3)整理查阅与调查的资料：每个小组的学生将查阅的资料和调查结果进行整理归类和总结。

(4)参与课堂讨论：积极参与教师在课堂组织的讨论活动，并发表自己的看法。

二、知识准备

(一)餐厅的工作任务

(1)营造良好的就餐环境和就餐氛围;

(2)按照一定的规格和标准,用娴熟的服务技能及时供餐给宾客,满足宾客对美食的需要;

(3)推销餐饮产品,扩大销售服务;

(4)正确计算和收取价款,保证经济效益的实现。

(二)餐厅的类型及特点

1. 中餐厅

中餐厅就是以经营用中国式烹调方法烹饪的菜肴为主的餐厅,如图 1-1 所示,主要经营中国的八大菜系和地方菜系的菜肴。中国幅员辽阔,民族多,民俗殊异,往往基于地理、气候、风俗、民情、经济等因素,塑造了多样的文化性格,形成了独特的饮食习惯与奇妙的烹饪方法,有所谓的“南甜、北咸、东辣、西酸”——随地域而变化万端,各地区均形成自己独特的菜系,且既有小吃,又有大菜,如川菜、鲁菜、浙菜、粤菜、皖菜、苏菜、湘菜、滇菜、京菜、东北菜等等。

图 1-1　中餐厅

2. 西餐厅

西餐厅是指装潢西化、供应欧美餐饮及以西式服务为主的餐厅,如图 1-2 所示。为方便大量不谙西餐的消费者,大部分的西餐厅都供应套餐,例如 A 餐和 B 餐,其顺序大致是汤、沙拉、主菜、甜点及最后的饮料。目前大饭店和高级牛排馆还保持传统西餐的风味,一般的西餐厅为吸引更多的客人,甚至还会供应排骨饭、鸡腿饭等中式菜肴让客人选用。因此现在吃西餐并非大款人士的专利,也没有特别讲究的餐饮礼仪,其休闲娱乐的性质大于正餐的性质。

图 1-2　西餐厅

3. 宴会厅

宴会厅一般有高雅华丽的装饰，是接受宾客委托，组织消费水平及礼仪要求都较高的聚餐活动场所，如图 1-3 所示，可供中餐宴会、西餐宴会用厅。

图 1-3　宴会厅

4. 酒吧

酒吧通常被认为是各种酒类的供应与消费的主要场所，如图 1-4 所示。它是宾馆的餐饮部门之一，专为客人提供饮料服务及休闲。酒吧常伴着轻松愉快的调节气氛，通常供应含酒精的饮料，也随时为不善饮酒的客人提供汽水、果汁等饮料。酒吧浓缩了一个城市

图 1-4　酒吧

的地域特征、文化背景，并折射出不同人群的日常生活和情趣气息。

5. 咖啡厅

咖啡厅是现代饭店高品位经营理念的载体之一。早期的咖啡厅是名副其实供宾客饮用咖啡的地方，由于社会的不断发展和工作生活节奏的加快，咖啡厅逐步发展成为人们工作之余稍作歇息停顿和会友洽谈的场所。咖啡厅的营业时间和销售品种常根据顾客的需求而定。咖啡厅除提供快餐和小吃外，还供应正餐(一般以西餐正餐和各种风味餐为主)，全天 18～24 小时服务。咖啡厅如图 1-5 所示。

图 1-5　咖啡厅

6. 自助餐厅

自助式餐厅是客人就餐时自选自取适合自己口味的菜点的餐厅，如图 1-6 所示。在自助餐厅中，食品分类放置，客人凭券入厅后可自由选食，食品不得带出餐厅。也有客人入厅后自由选食，然后按价付款的自助餐厅。这种餐厅供应迅速，常常根据顾客的用餐习惯将餐厅的菜肴和酒水分为几个餐台，每个餐台上陈列着各种菜肴。顾客走到餐台自取菜肴，自由选择菜点及数量；就餐客人多，销量大；服务员较少，客人以自我服务为主。

图 1-6　自助餐厅

7. 多功能餐厅

多功能餐厅是饭店中面积最大、设备设施最齐全的大型厅堂,如图 1-7 所示。它是用于举行各种宴会、酒会、自助餐会、鸡尾酒会、报告会、展览会和其他各种会议的活动场所。多功能餐厅常常根据顾客的需求,分割成几个大小不同的餐厅。

图 1-7　多功能餐厅

8. 扒房

扒房就是高级西餐厅,它代表着一家餐饮企业的餐饮水平,是五星级酒店必须设置的一个餐厅,是全酒店最高档的餐厅,基本上要有一流的服务和最高级的食物。扒房的布置一般具有典型的欧洲风格,现在的扒房则大多采用法式装潢与设计,提供法式服务,营造一种高雅、富丽和神秘的氛围。扒房中服务一桌客人(基本上是两个客人)一般需要花 2～3 个小时的时间,菜品有沙拉(salad)、汤(soup)、主菜(main caurse)和甜品(desert),如图 1-8 所示。

图 1-8　扒　　房

9. 风味餐厅

风味餐厅是为客人提供不同的特色菜肴、海鲜、烧烤及火锅等的餐厅,如图 1-9 所示。

图 1-9　风味餐厅

10. 主题餐厅

主题餐厅是指以某种主题(可以是一个或多个历史主题或其他主题)作为特色,向顾客提供饮食所需的基本场所。它的最大特点是赋予一般餐厅某种主题,围绕既定的主题来营造餐厅的经营气氛;餐厅内所有的产品、服务、色彩、造型以及活动都为主题服务,使主题成为顾客容易识别餐厅的特征和产生消费行为的刺激物。主题餐厅有各式各样的,如红色主题餐厅、运动会主题餐厅、音乐餐厅等等,近年还出现了机器人餐厅。如图 1-10 所示为运动主题餐厅。

图 1-10　主题餐厅

三、实操训练

(1)实训目标:了解餐厅的各种类型。

(2)实训形式:酒店现场参观。

(3)地点:当地知名的高星级酒店中的各类餐厅。

(4)时间:1 学时。

(5)实训要求:认真参观各类餐厅的装修风格以及所提供的菜品类型;对不同餐厅的特点能有直观的印象,并观察其服务风格。

四、任务小结

餐厅是餐饮服务人员工作的地方，应该对餐厅的功能和特点有所了解。

实训情境小结

餐厅是向客人提供食物、饮料及相关服务的公共就餐场所，餐厅的种类繁多，要对饭店中常见的几种餐厅功能及特点有所了解。

实训情境二

岗前培训

学习目标

知识目标

1.理解岗前培训对餐饮服务工作的重要性

2.掌握岗前培训的主要内容

能力目标

1.能够达到对餐饮工作人员的仪容、仪表及姿态的要求

2.正确使用恰当的面部表情、手势及用语

3.形成良好的、积极主动的服务意识

4.能够使用正确的、安全的工作方法

良好的仪表和礼仪是餐饮服务人员的最基本的职业素质，用恰当的面部表情、手势及规范的服务语言展现出餐饮服务人员的职业形象，能够给客人以舒适的感觉，提高客人对饭店的满意程度。同时，要培养"以客为中心，顾客至上"、时刻准备为客户提供优质服务的意识。

任务1　仪容、仪表、仪态

一、任务布置

(1)查阅资料：利用课余时间到学校图书馆、地方文史馆或通过网络渠道等查阅相关资料，了解餐饮行业对从业人员在仪容、仪表及仪态方面的要求。

(2)参观考察：将学生分为若干组，利用课余时间到各大酒店餐饮部、社会餐饮机构调查，重点为各机构对从业人员的仪容、仪表及仪态的要求有何不同。

(3)整理查阅与调查的资料：每个小组的学生对查阅的资料和调查结果进行整理归类和总结。

(4)参与课堂讨论:积极参与教师在课堂组织的讨论活动,并发表自己的看法。

(5)小组模拟训练:各小组在模拟餐厅环境中进行仪容、仪表及仪态的训练。

二、知识准备

餐饮服务最大的特点就是直接性,由服务员面对面地为顾客服务,工作人员的职业形象对顾客形成对餐厅的第一印象起到了非常重要的作用。因此,注重仪容、仪表及仪态就成为餐饮服务工作最重要的职业基本功之一,能够体现餐厅对顾客的尊重态度,也反映了从业人员的文化修养和素质。

(一)仪容、仪表的总体要求

仪容、仪表是指人的外貌与综合外表的统称,主要包括容貌、妆饰、着装等,其总体要求为:

容貌端正,举止大方,端庄稳重,不卑不亢;

态度和蔼,待人诚恳,着装庄重,整洁挺括;

打扮得体,淡妆素抹,训练有素,言行恰当;

表情自然,面带微笑,亲切和善,端庄大方。

(二)仪容、仪表的具体标准

1. 头发

男服务人员:男服务员的头发标准如图 2-1 所示。

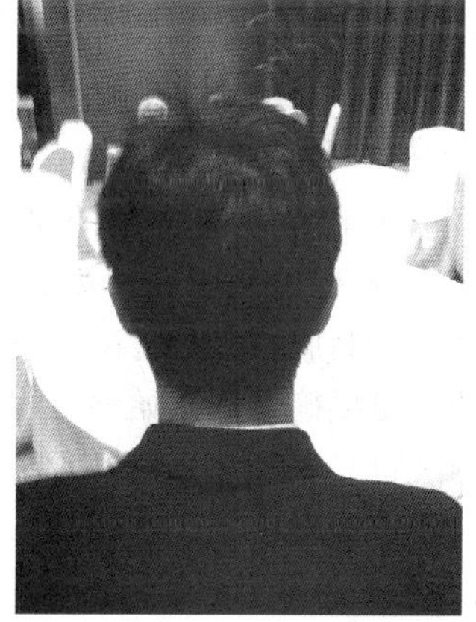

图 2-1　男服务员头发标准

(1)前发不过眉,侧发不过耳,后发不压领;

(2)发型不可稀奇古怪,不可染成黑色以外的其他颜色;

(3)头发须清洁、没有头皮屑,并梳理整齐。

女服务人员:女服务员的头发标准如图 2-2 所示。

(1)前发不遮眼,发不盖耳,后发不披肩;

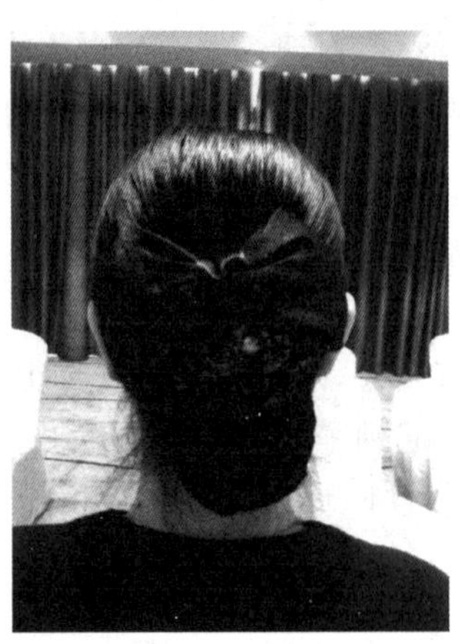

图 2-2　女服务员头发标准

(2)发型不可稀奇古怪,头发不可染成黑色以外的其他颜色;

(3)头发须清洁、没有头皮屑,并梳理整齐,长发应按照规定盘起或用发网固定,发卡颜色一般用黑色。

2. 妆容及饰品

(1)女服务人员应化职业淡妆,切忌浓妆艳抹,要勤洗澡,身体无异味,且不可过度使用香水;

(2)男服务人员应勤刮胡须,勤洗澡,身体无异味,且不可过度使用须后水;

(3)要经常洗手,指甲要剪短,不得涂抹指甲油,指甲不可有黑色。

(4)保持口腔清洁、口气清新,经常漱口,去除食物的残留物,上班前不要吃有刺激性气味的食物(大蒜、白酒等)或吸烟;

(5)服务人员除手表外通常不佩戴手镯、耳环、项链等饰物,但某些西式餐厅会允许员工佩戴无镶嵌宝石的婚戒。

3. 制服的穿着要求

(1)确保制服干净整洁,剪断露出的线头,不要把它们拉出来,以免将线抽出。

(2)确保制服合身,保持制服和衬衫烫平整,没有污点和斑点。

(3)总是全套穿着制服,制服要穿着得体并充满自豪感。

(4)戴围裙的员工要确保围裙始终干净,绳结要整洁。

(5)不要在制服口袋里乱放东西,以免变形。

(6)要穿酒店要求或提供的工袜,检查袜子是否有洞或拉丝,若有破损应及时更换;男员工要穿黑色或深色的袜子;

(7)穿着酒店要求或提供的工鞋,工鞋的颜色应该是深色的;确保鞋带系好,皮鞋应擦亮;不得光脚穿鞋。

(8)工卡铭牌应佩戴在正确的位置和方向(左上胸距离肩线 20 厘米处);并保持工卡干净、清洁,没有任何污损。

(三)仪态

仪态本指人的举止姿态和动作,“坐如钟,站如松,行如风”是古人对于人的良好行为

姿态的一种标准。良好的姿态确实可以使一个人的外在形象更佳。服务人员保持自然、美观和庄重的仪态就能够展现出良好的个人风度、气质及餐厅的精神面貌。服务员在工作中经常处于站立和行走的状态，要能给客人一种标准的动态美感，留下美好的印象。

1. 站立姿势

服务员站姿标准参见图 2-3。

图 2-3　服务员站姿标准

(1)表情：双目平视前方，下颌微收，嘴微闭，面带笑容，头部保持正直，眼睛不斜视。

(2)身体：挺胸、收腹、两肩自然放平后张、脖子贴紧衣服领子，不要靠在墙壁、餐台、柜台、柱子或其他物体上。

(3)手:双臂放松,自然下垂。双手放在腹前交叉,左手放在右手上。控制好双手,不要插在口袋里或插在腰上,不抱胸,不搓脸,不弄头发。男服务员也可双手放于腿部两侧,手指稍稍弯曲。

(4)脚:从正面看,两脚跟相靠,脚尖微开成 V 字形,身体重心线应在两腿中间,向上穿过脊柱及头部,身体重心主要靠双脚掌、脚弓支撑。女服务员也可一脚前,将脚跟靠于另一脚内侧,脚尖向外略微打开,好像斜写的一个"丁"字。男服务员也可两脚微开,距离不超过肩宽,约 20 厘米左右,脚尖向正前方。

(5)站立时不能自由散漫,不能背对宾客,应注意周围的宾客,随时准备提供服务。

2. 行走姿势

(1)表情:双目平视前方,下颌微收,嘴微闭,面带笑容,头部保持正直,眼睛不斜视。

(2)身体:挺胸、收腹、两肩自然放平、脖子贴紧衣服领子。

(3)手:手臂伸直放松。手指自然弯曲。双臂自然前后摆动,摆动的幅度为 35 厘米左右,双臂外开不要超过 20°。

(4)脚:行走时身体重心稍向前倾,重心落在双脚掌的前部,由大腿带动小腿向前迈进。脚跟先接触地面.着地后保持身体重心送到前脚,使身体前移。

(5)女服务员应走一字步,即双脚跟走一条直线,不迈大步;男服务员行走时双脚跟走两条平行线,但两线尽可能靠近,步伐可稍大些。

(6)行走路线要成为直线,尽量靠右行,不突然转向,更忌大转身。

(7)步速和步幅也是正确行走姿态的重要要求,由于服务工作的性质,服务员在行走时要保持一定的步速。以一分钟为单位,男服务员应定 110 步左右,女服务员应走 120 步左右,较好的步速反映出服务员主动积极的工作态度,是客人乐于看到的。步幅是每走一步前后脚之间的距离,男服务员的步幅在 40 厘米左右为宜,女服务员的步幅在 30 厘米左右即可。

3. 下蹲姿势

服务员蹲姿标准参见图 2-4。

在餐厅工作时,服务人员在捡拾物品时不可避免会使用到蹲姿,但随意弯腰蹲下拾物的动作是不合礼仪的,尤其是女服务员在着裙装时更要注意。正确的下蹲姿势有以下两种:

(1)交叉式蹲姿。下蹲时右脚在前、左脚在后,右小腿垂直于地面,全脚着地。左膝从后面伸向右侧,左脚跟提起,脚掌着地,两腿紧靠,臀部向下,身体略微前倾。此种蹲姿多为着裙装的女性使用。

(2)高低式蹲次。下蹲时右脚在前、左脚在后,两腿紧靠蹲下。右小腿完全垂直于地面,左脚跟提起,脚掌着地,左膝内侧靠近右小腿内侧,形成右膝高左膝低的姿势,男性服务员和女性服务员均宜采取此种蹲姿。

注意事项:下蹲时千万不可采用直接弯腰、两腿叉开、臀部向后撅起的动作,两腿展开直接下蹲也是不雅观的姿势,下蹲时要注意内衣不可外露。

(1)交叉式蹲姿

(2)高低式蹲姿

图 2-4　服务员蹲姿标准

三、实操训练

(1)仪容仪表仪态实训目标:掌握酒店员工仪容、仪表、仪态规范标准。

(2)实训形式:分组训练,两人为一组,互相检查对方的仪容、仪表及仪态是否达到要求,如有问题即时纠正。同时进行考核,考核表如表 2-1 所示。

表 2-1　服务员仪容仪表仪态训练自查表

训练项目	训　练　内　容	满分	得分
仪容	是否为职业淡妆	10	
	头发是否符合餐饮行业规范(长度和整洁程度)	10	
	指甲	10	
仪表	制服是否干净整洁	10	
	有无佩戴首饰	10	
	有无正确佩戴工作铭牌	10	
	鞋袜	10	
仪态	站姿　(标准站姿,以头顶书本十分钟不掉下来为达标)	10	
	走姿　(练习标准走姿五分钟,注意测量步速与步幅)	10	
	蹲姿　(以两种常见蹲姿捡拾物品两次)	10	
	总　　计	100	

(3)地点:校内模拟餐厅。

(4)时间:2学时。

四、任务小结

良好的职业形象是通过正确、优美的仪表、仪态和姿势表达的,不仅体现从业人员的个人基本素质,也折射出一个餐厅/酒店的整体形象。因此,训练仪表、仪态和姿势是非常重要的。

任务2　微笑、使用恰当的手势及礼貌用语

一、任务布置

(1)查阅资料:利用课余时间到学校图书馆、地方文史馆或通过网络渠道等查阅相关资料,了解餐饮行业对从业人员在微笑、手势及礼貌用语方面的要求。

(2)参观考察:将学生分为若干组,利用课余时间到各大酒店餐饮部、社会餐饮机构调查,重点为从业人员的微笑、手势及礼貌用语的执行情况。

(3)参与课堂讨论:积极参与教师在课堂组织的讨论活动,并发表自己的看法。

(4)实操训练:各小组在教师的指导下进行微笑、手势及礼貌用语的训练。

二、知识准备

(一)微笑

微笑服务能使服务员与客人产生情感的共鸣,能消除客人的许多不快与不满,甚至能化干戈为玉帛。相反,服务员以一张冷冰冰的脸对人,极易引起客人的反感,使客人产生花钱买脸色看的念头。因为宾客在餐厅用餐,不仅仅是为了填饱肚子,更是为了获得口味和精神上的享受。

在工作过程中保持发自内心的微笑,可以通过以下几种方式达到:

(1)冥想法。想象自己最喜欢的书本、音乐、人物以及以往最美好、愉快的回忆就在眼前,在想象和回忆当中引发愉悦和微笑。

(2)口形法。通过一些相似嘴形的口形练习,找到自己最美的微笑状态。如:1、E、Cheers、茄子等,注意,收音时嘴形收回动作要慢,缓缓收住,切忌突然停住微笑的口形。

(3)含箸法。选用一根圆形、粗细适中的筷子，横放在嘴中，用牙齿轻轻咬住，找到最合适的微笑嘴形，如图 2-5 所示。

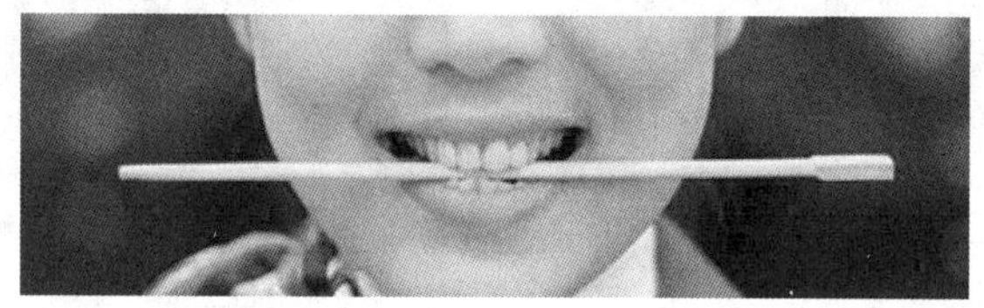

图 2-5　含箸法

(4)露齿法。轻轻向后斜上方拉升嘴部肌肉，露出 6～8 颗牙齿，并保持数秒钟，如图 2-6 所示。

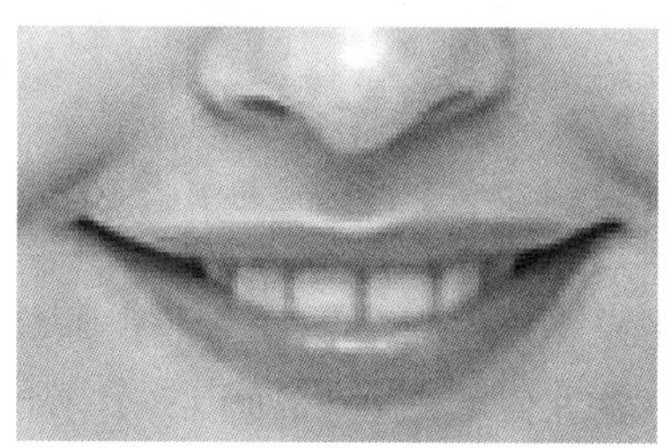

图 2-6　露齿法

(二)手势

富有表现力的手势能起到辅助说话内容的作用，正确而优雅的手势能展现服务人员的个人素质。餐厅工作人员的常用手势有：

1. 引导手势

引导手势，也就是指路，为客人指示行进方向。引导客人时，首先要轻声对客人说“您请”，然后采取“直臂式”指路。将左手或右手提至齐胸高度，手指并拢，掌心向上，以肘关节为轴，上臂带动前臂，手臂自上而下从身前抬起，朝欲指示的方向伸出前臂，手和前臂成一直线，整个手臂略弯曲，肘关节基本伸直。另外一只手可以自然下垂或放于小腹处。引导手势参见图 2-7 。

注意：指示方向时，不可用一根手指来指示方向，是不礼貌的表现。在任何情况下，用拇指指着自己或用食指指点他人都是不礼貌的行为。

2. 请坐手势

左手或右手屈臂由前抬起，以肘关节为轴，前臂由上向下摆动，使手臂向下成一斜线，表示请顾客入座。如遇重要客人还应用双手扶椅背将椅子拉出，将椅子放到合适的位置，协助客人入座。请坐手势如图 2-8 所示。

3. 递物与接物姿势

递物与接物是一种常用的动作，应当双手递物、双手接物（五指并拢），表现出恭敬与尊重的态度。注意两臂挟紧，自然地将两手伸出。

在接待工作中，所有东西、物品都要轻拿轻放，客人需要的东西要轻轻地用双手送上，

图 2-7 引导手势

不要随便扔过去，接物时应点头示意或道声谢谢。递上剪刀、刀子或尖利的物品，应用手拿着尖头部位递给对方，让对方方便接取；递笔时，笔尖不可以指向对方；递书、资料、文件、名片等时，字体应正对接受者，要让对方容易看清楚。递接姿势如图 2-9 所示。

图 2-8 请坐手势

图 2-9 递接姿势

(三)礼貌用语

语言是人类特有的表达意愿的工具，是餐饮服务人员完成工作任务不可缺少的手段。良好的语言习惯能使顾客感觉格外亲切，有助于提高服务质量。餐厅使用的主要礼貌用语有：问候声、征询声、感谢声、道歉声、应答声、祝福声、送别声。

1.问候声

(1)“先生/女士/小姐,您好! 欢迎光临。”/“中午(晚上)好,欢迎光临!”/“欢迎您来这里进餐!”/“欢迎您! 一共几位? 请这里坐。”

(2)“请问先生/女士/小姐有预订吗? 是几号桌/包间?”

(3)“请跟我来。”/“请这边走。”

2.征询声

(1)“先生/女士/小姐,您坐这里可以吗?”

(2)“先生/女士/小姐,现在可以点菜了吗?”/“这是菜单,请您选择”

(3)“先生/女士/小姐喜欢用点什么酒水(饮料)? 我们这里有……”

(4)“对不起,我没听清您的话,您再说一遍好吗?”

(5)“请问先生/女士/小姐喜欢吃点什么? 我们今天新推出……(我们的特色菜有……)”

(6)“请问,先生/女士/小姐还需要点什么?”/“您用些……好吗?”

(7)“请问先生/女士/小姐现在可以上菜了吗?”

(8)“请问先生/女士/小姐,我把这个菜换成小盘可以吗?”/“请问,可以撤掉这个盘子吗?”

(9)“请问先生/女士/小姐,需要甜点吗? 我们这里甜点有……”

(10)“您吃得好吗?”/“您觉得满意吗?”/“您还有别的事吗?”

(11)“现在可以为您结账吗?”

(12)“请问您可以随我去收银台结账好吗?”

3.感谢声

(1)“感谢您的意见(建议),我们一定改正。”

(2)“谢谢您的帮助。”

(3)“谢谢您的光临。”

(4)“谢谢您的提醒,我们一定改进。”

(5)“谢谢您的鼓励,我们还会努力。”

4. 道歉声

(1)“真对不起,这个菜需要时间,请您多等一会好吗?”

(2)“对不起,让您久等了,这是××菜 。”

(3)“真是抱歉,耽误了你很长时间。”

(4)“对不起,这个品种刚刚卖完,××菜和它的口味、用料基本相似。”

(5)“对不起,我把你的菜上错了。”

(6)“实在对不起,我们重新为您做一下好吗?”

(7)“对不起,请稍等,马上就好!”

(8)“对不起,打扰一下。”

(9)“请您多多包涵。”

5.应答声

(1)“好的,我会通知厨房,按您的要求去做。”

(2)“好的，我马上就过来。”

(3)“好的，我马上就去。”

(4)“好的，我马上安排。”

(5)“是的，我是餐厅服务员，非常乐意为您服务。”

(6)“谢谢您的好意，我们是不收小费的。”

(7)“没关系，这是我应该做的。”

(8)“我明白了。”

6. 祝福声

(1)“祝您用餐愉快。”

(2)“新年好！”/“新年快乐！”/“圣诞快乐！”/“节日快乐！”

(3)“祝您新婚愉快。”

(4)“祝您早日康复。”

(5)“祝您生日快乐。”

(6)“祝您心情愉快。”

7. 送别声

(1)“先生/女士/小姐慢走，欢迎下次光临。”

(2)“先生/女士/小姐再见。”

(3)“请慢走。”/“请走好。”

(4)“再见，希望下次还有机会为您服务。”

8. 餐厅其他礼貌用语

(1)“请用茶。”/“请用毛巾。”/“请您用酒。”

(2)“您的菜上齐了，请品尝。”

(3)“请您对我们的服务和菜肴多提宝贵意见。”

(4)“多谢收到现金×××元。”

(5)“多谢，这是找您的现金×××元和发票。”

9. 礼貌用语注意事项

(1)使用礼貌用语一定要主动，不可只埋头做事而忽略了顾客。

(2)注意面向宾客，笑容可掬，眼光停留在宾客眼鼻三角区，不得左顾右盼、心不在焉。

(3)说话时身体微微前倾，双手交叉握于腹部；距离适当(一般以一米左右为宜)，不要倚靠桌子、柱子或其他物品。

(4)举止温文，态度和蔼，能用语言讲清的尽量不加手势。

(5)请示完顾客后要先后退一步，再转身离开，以示对宾客的尊重，不要扭头就走。

(6)讲话要讲普通话，外语以英语为主，语调亲切、热情诚恳，不要粗声粗气或矫揉造作，说话要清楚流利，意思表达要准确，音量适中，以对方听得到为准，讲话速度要低于客人，不可因个人心情不佳，影响语言效果。

三、实操训练

(1)微笑、礼貌用语与手势实训目标:掌握酒店工作人员对于微笑服务、礼貌用语的使用及手势的规范标准。

(2)实训形式:分组训练,两人为一组,就前文提到的四种微笑法进行微笑训练及手势训练,同时以小组为单位,要求以自然、亲切的态度训练所学礼貌用语,直至熟练运用的程度。如有问题即时纠正。同时进行考核,考核表如表 2-2 和表 2-3 所示。

表 2-2　微笑与手势训练自查表

训练项目	训练内容	满分	得分
微笑练习	冥想法	10	
	口形法	10	
	含箸法	10	
	露齿法	10	
手势	引导手势 1	10	
	引导手势 2	10	
	请坐手势 1	10	
	请坐手势 2(拉凳手势)	10	
	递物手势 1(递送一般物品)	10	
	递物手势 2(递送有刃、尖的物品)	10	
总计		100	

表 2-3　礼貌用语训练自查表

训练项目	训练内容	满分	得分
礼貌用语	问候声	10	
	征询声	10	
	感谢声	10	
	道歉声	10	
	应答声	10	
	祝福声	10	
	送别声	10	
	其他礼貌用语	10	
	使用礼貌用语的注意事项	20	
总计		100	

(3)地点:校内模拟餐厅。

(4)时间:2 学时。

四、任务小结

亲切的微笑服务、温暖的礼貌用语和规范的手势是一种“情绪语言”,其传播功能具有跨越民族、宗教、文化的性质。此三者的配合使用,能起到“互补”作用,充分表达尊重、亲切、友善、快乐的情绪,沟通人们的心灵,缓解紧张的空气,提升我们的服务质量。

任务 3　服务意识

一、任务布置

(1)查阅资料:利用课余时间到学校图书馆、地方文史馆或通过网络渠道等查阅相关资料,了解服务意识的概念。

(2)参观考察:将学生分为若干组,利用课余时间到各大酒店餐饮部、社会餐饮机构调查,重点为从业人员是否有较好的服务意识。

(3)参与课堂讨论:积极参与教师在课堂组织的讨论活动,并发表自己的看法。

(4)实操训练:各小组在教师的指导下进行提高服务意识的训练。

二、知识准备

(一)服务意识的概念

服务意识是指企业全体员工在与一切企业利益相关的人或企业的交往中所体现的为其提供热情、周到、主动的服务的欲望和意识,即自觉主动做好服务工作的一种观念和愿望,它发自服务人员的内心。

具有服务意识的人,能够把实现自己的利益建立在服务别人的基础之上,能够把利己和利他行为有机协调起来,常常表现出“以别人为中心”的倾向。因为他们知道,只有首先以别人为中心,服务别人,才能体现出自己存在的价值。

(二)影响服务意识的心理障碍

1. 遭到拒绝

有些顾客的自我意识比较强烈或比较内向,不喜欢被人服务。部分服务人员因为曾

经碰到客人拒绝服务而不愿提供主动服务，在这种情况下，要明白这种顾客毕竟只是少数，大多数顾客还是比较愿意接受别人的主动服务的，不能因为个别顾客的拒绝而忽略了大多数顾客的需求。

2. 担心自己的服务水平

这是一种缺乏自信的表现，克服办法除了提高自己的服务技能和知识外，更要明白，良好的服务态度在一定程度上可以弥补服务水平的欠缺。

3. 担心别人的嘲笑

有时服务员其实愿意提供主动的服务，但又担心同事或其他人的嘲笑。但只要坚持自己是对的，不用太在意别人的看法，时间久了，不仅没有人会嘲笑你的做法，还可以带动其他人的观念和行为。

4. 感觉心理不平衡

受中国传统思想的影响，有的服务人员认为，同样都是人，为什么我要服务你，服务别人就意味着低人一等。但要明白，只有工作分工不同，没有高低贵贱之分，只有做好自己的工作，才能受到他人的尊重。

5. 厌恶服务的对象

有的服务人员会从个人的喜好或情绪出发，对自己喜欢的顾客往往能提供较好的服务，而对自己不喜欢的顾客就会采取不同的服务方式。但实际上，要明白，每个人都有自己的优点和缺点，我们自己也不是百分之百完美的人，要尽量包容顾客，对特别挑剔或有特别要求的顾客，更要积极主动地提供服务，以使客人满意。

(三)提高服务意识的方法

提高服务意识的方法有：

(1)认同顾客至上的原则。只有提供积极主动的服务，才会有满意的顾客，满意顾客的存在，才意味着公司得到收益，才能支持公司的运营与发展。只有公司保持运营和不断地发展，员工的生活和事业的发展才有所保障。换句话说，服务顾客所达成的，是一个双赢的结果。顾客、员工、企业的利益关系如图 2-10 所示。

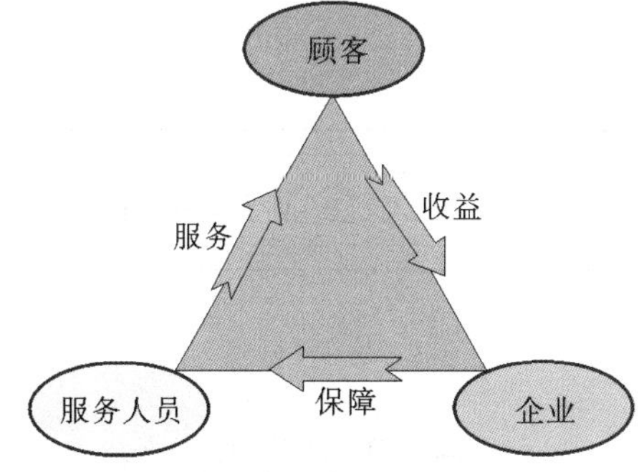

图 2-10　顾客、员工、企业利益关系图

(2)要克服影响服务意识的心理障碍。

(3)不仅在工作环境中可以培养和提高服务意识,在生活中,通过为家人、朋友提供积极主动、不计回报的服务,也有助于养成良好的服务习惯,培养服务意识。

三、实操训练

(1)服务意识实训目标:培养酒店员工的服务意识。

(2)实训形式:分组讨论,五人为一组,讨论在生活、工作中如何主动地为他人服务,并付诸实施。自查表如表 2-4 所示。

(3)地点:学生生活区、校内模拟餐厅。

(4)时间:1 学时(校内模拟餐厅),一周(生活区)。

表 2-4 培养服务意识自查表

生 活 中	工 作 中
例:主动打扫宿舍卫生 1. 2. 3. 4. 5. 6.	例:主动为带婴幼儿就餐的家庭提供高椅 1. 2. 3. 4. 5. 6.

四、任务小结

酒店从业人员不能只是将服务简单化,而应将服务工作做得更深一层,让宾客感到满足基本需求的同时,还因受到工作人员积极主动的服务而感到更为高兴与愉快。服务意识不仅可以在工作中培养,也可以在生活中积极锻炼,养成为他人服务的习惯,从而提高服务意识,可以最大程度地提高顾客的满意度。

任务 4 安全的工作方法

一、任务布置

(1)查阅资料:利用课余时间到学校图书馆、地方文史馆或通过网络渠道等查阅相关资料,了解安全的工作方法。

(2)参观考察:将学生分为若干组,利用课余时间到各大酒店餐饮部、社会餐饮机构调查,重点为从业人员是否采取了正确的工作方法。

(3)参与课堂讨论:积极参与教师在课堂组织的讨论活动,并发表自己的看法。

(4)实操训练:各小组在教师的指导下进行安全的工作方法的训练。

二、知识准备

根据西方的统计数据,在餐饮业中约有一半的工伤是由于采用了不正确的工作方式。主要的工作伤害有:因搬运重物而造成的肌肉、关节及脊椎损伤,在工作场所里被绊倒或滑倒产生的伤害。为保证服务人员的人身健康与安全,采取正确的工作方式是非常重要的。

(一) 搬运重物

在搬运重物前,要先看看重物的大小,如果体积过大,即使你有足够大的力量能够把它抬起来,但它挡住了你的视线,也不要搬运了,这时要使用相应的工具进行搬运;如果重物的体积不大但很重,抬起来很费劲,就不要搬运了,此时需多人合作或使用相应的工具。

搬运重物向前走时,身体要稍微向后仰一些,腰要挺直,以保持身体的平衡。走路时,双脚左右分开一些,脚不要抬得太高。注意抬起放在地上的重物时,如果膝盖不弯曲,而直接弯腰用双手去抬起重物(见图 2-11),就会增加腰部的负担,造成伤害。

常用的抬起重物的方法为:第一步:如果重物是放在地上的,抬起重物时,单膝或双膝着地,让身体尽量靠近重物,用双手抠住重物的底部;第二步:确认已经牢牢地抠住重物的底部后,抬起膝盖(见图 2-12),双脚适当分开,慢慢地站起来。或使用恰当的工具进行搬运(见图 2-13)。

图 2-11　直接弯腰

图 2-12　正确姿势

图 2-13　使用工具

搬运高于肩部的物品时,要注意千万不可搬动重物,如有需要,应使用相应的工具(见图 2-14 和图 2-15)。

图 2-14　错误的搬运高处物品姿势

图 2-15　正确的搬运高处物品姿势

(二)滑倒和绊倒

1. 防止滑倒的方法

防止滑倒的方法主要有两种：

(1)及时发现地面的水渍、油渍并立即清洁地面，能够有效地防止工作人员及顾客在餐厅滑倒，造成人身伤害；同时放置提醒其他工作人员和顾客的标识(见图 2-16)，必要时应安排专人守护现场。

图 2-16　提示地滑标识

(2)穿着具有防滑功能的专用工作鞋，橡胶底及牛筋底的鞋子，也能有效地防止滑倒。

2. 绊倒

在餐厅里被绊倒的原因有很多，如家具摆放位置、地板(台阶)的平整程度、地面杂物，以及个人行走时没有调整好步幅、步速。为了有效避免服务人员和顾客在餐厅里被绊倒而造成人身伤害，应在每天工作开始前及工作过程中定期检查潜在的危险，并及时消除隐

患；不能及时消除的，应立即向主管人员汇报，请求专业工作人员进行操作，并同时放置提醒标识（见图 2-17），必要时应安排专人守护现场，直到问题解决。

图 2-17　当心绊倒提示标识

三、实操训练

（1）安全的工作方法实训目标：掌握搬运重物以及处理滑倒与绊倒隐患的方法。

（2）实训形式：在教师的指导下完成分组训练，两人为一组，互相检查搬运重物的动作是否达到要求，如有问题即时纠正；检查模拟餐厅是否存在滑倒与绊倒的隐患及处理隐患的方法，并进行考核，如表 2-5 所示。

表 2-5　安全工作实训表

训练项目	训　练　内　容	满分	得分
搬运姿势	练习从地面搬运重物	10	
	练习从高处搬运物品	10	
滑倒与绊倒隐患的处理	检查模拟餐厅存在的滑倒隐患	30	
	1.		
	2.		
	3.		
	4.		
	5.		
	练习处理防止滑倒的工作程序	10	
	检查模拟餐厅存在的绊倒隐患	30	
	1.		
	2.		
	3.		
	4.		
	5.		
	练习处理防止绊倒的工作程序	10	
	总　　分	100	

(3)地点:校内模拟餐厅。

(4)时间:2 学时。

四、任务小结

使用安全的工作方法,及时排除和处理安全隐患,能提高工作效率,并同时保障障员工,顾客以及企业三方的利益。

拓展训练

1.计划

将班级分成若干个小组,每个小组独立制订计划。

(1)列出老师分配给你或你所在小组的工作任务清单,将团队同学及组长的姓名记载下来。(注意:男生、女生进行组合。)

____

____

____

____

____

(2)列出你和团队小组所要调查的餐厅名称,你们小组成员所在的地市,如厦门市、漳州市。

____

(3)列出你和团队小组所要准备的材料。

____

____

____

____

____

2.决策

小组独立作出决策并拟出实施计划的提纲及实施方案,记载下来。

(1)确定小组各成员调查的企业及内容。

成员 A:____

成员 B:____

成员 C:____

成员 D:____

成员 E：________________

成员 F：________________

成员 G：________________

(2)确定小组成员在完成岗前培训任务中负责的工作内容，填在表 2-6 中。

表 2-6　小组成员工作内容表

成　　员	姓　　名	工　作　内　容
组长		
成员 A		
成员 B		
成员 C		
成员 D		
成员 E		
成员 F		
成员 G		
…		

3. 执行

(1)汇报你所在小组的调查完成情况，以及在调查过程中发现和存在的问题，并进行讨论。

____

____

____

(2) 列出你所在小组在进行岗前礼仪培训时出现的问题。

____

____

____

4. 检查

(1)将各小组的调查结果以调查报告的形式进行评比，并由各小组选派人员进行汇报(PPT)。填制小组成员工作汇报情况表，如表 2-7 所示。

表 2-7　小组成员工作汇报情况表

序号	组　　别	汇报人员	结　　果
1	第一组		
2	第二组		
3	第三组		
4	第四组		
5	第五组		
…			

(2)汇总各小组完成情况,填制小组完成情况总结表,如表 2-8 所示,并进行评比。

表 2-8 小组完成情况总结表

材料内容	负责人	完成情况	存在问题
酒店餐饮仪容仪表仪态要求			
餐厅服务意识			
餐厅安全情况			

5. 评价

采用学生独立自我评价、其他同学提出问题并互评、老师评价的形式。

(1)学生对自己完成的工作任务进行自我评价,评价结果填入表 2-9 的自评表中。

表 2-9 学生完成工作任务自评表

班级__________ 姓名______________ 学号____________

学习情境		任务编号				
评价项目	评 价 标 准	自 我 评 价				
		优	良	中	差	
工作准备	准备充分					
计划提纲	简洁明了、有针对性					
工作过程	能按照预期计划完成					
工作结果	符合预期要取得的结果					
汇总与汇报	能熟悉餐厅的岗前培训内容,汇报清晰					
学习、劳动态度	端正,按照要求出勤,无无故不到现象					
日常作业完成情况	按时、认真完成					
职业素质	按要求做好准备,自觉培养服务意识					
团队合作	小组成员之间合作交流成果显著					
创新点	PPT 制作有亮点					
综合评价结果						

(2)学生互评与教师点评。学生以个人或小组为单位,对完成工作任务的过程与结果进行互评;教师对学生工作过程与工作结果进行评价,并给出普适性意见。将学生互评结果填入表 2-10 学生完成工作任务的过程与结果互评表中,教师评价填入表 2-11 学生完成工作任务的过程与结果教师评价表中。

表 2-10　学生完成工作任务的过程与结果互评表

学习情境											任务编号								
序号	评价对象	评价项目与评价结果																备注	
		调研计划				调查方案				调查成果				成果展示					
		优	良	中	差	优	良	中	差	优	良	中	差	优	良	中	差		
1	第一组																		
2	第二组																		
3	第三组																		
4	第四组																		
5	第五组																		
6	第六组																		
7	第七组																		
8	第八组																		
9	第九组																		
10	第十组																		

评价情况说明：

表 2-11　学生完成工作任务的过程与结果教师评价表

<table>
<tr><td>学习情境</td><td colspan="3"></td><td colspan="2">任务编号</td><td></td></tr>
<tr><td>班级</td><td colspan="2"></td><td>姓名</td><td></td><td>学号</td><td></td></tr>
<tr><td colspan="2">评价项目</td><td colspan="4">评　价　标　准</td><td>评价结果
（被扣除的分数及说明）</td></tr>
<tr><td rowspan="3">考勤
（20%）</td><td>迟到</td><td colspan="4" rowspan="3">无无故迟到、早退、旷课现象
每迟到、早退一次扣 2 分，旷课一节扣 5 分</td><td></td></tr>
<tr><td>早退</td><td></td></tr>
<tr><td>旷课</td><td></td></tr>
<tr><td rowspan="8">工作任务（项目）完成情况
（60%）</td><td>工作准备</td><td colspan="4">准备充分</td><td></td></tr>
<tr><td>计划提纲</td><td colspan="4">简洁明了、有针对性</td><td></td></tr>
<tr><td>工作过程</td><td colspan="4">能按照预期计划完成</td><td></td></tr>
<tr><td>工作结果</td><td colspan="4">符合预期要取得的结果</td><td></td></tr>
<tr><td>汇总与汇报</td><td colspan="4">能熟悉餐厅岗前培训内容，汇报清晰</td><td></td></tr>
<tr><td>职业素质</td><td colspan="4">按要求做好职业素养养成</td><td></td></tr>
<tr><td>团队合作</td><td colspan="4">小组成员之间、同学之间合作交流成果显著</td><td></td></tr>
<tr><td>创新意识</td><td colspan="4">有创新点</td><td></td></tr>
<tr><td rowspan="3">任务（项目）报告
（20%）</td><td>完成时间</td><td colspan="4">按时完成</td><td></td></tr>
<tr><td>报告环节</td><td colspan="4">格式正确、任务（项目）报告环节完整</td><td></td></tr>
<tr><td>书写</td><td colspan="4">书写整齐、字体工整</td><td></td></tr>
<tr><td colspan="6">综合评价结果（填写最后得分）</td><td></td></tr>
</table>

实训情境小结

岗前培训是餐厅对员工培训的开始，也是进行餐厅服务工作的基础环节，只有通过认真的练习，养成良好的工作习惯，才能为顾客提供专业的服务，使客人满意。

实训情境三

订餐服务

学习目标

知识目标

掌握电话及网络订餐的规范操作流程及要领

能力目标

1. 能够熟练、准确地进行预订服务操作
2. 能够规范填写预订单
3. 接到变更通知时，能够及时通知相关部门及人员

电话及网络订餐是一种快捷、方便的订餐方式，熟练掌握订餐流程，提供订餐服务是餐饮工作人员的基本功之一。

任务1　电话订餐

一、任务布置

(1)查阅资料。利用课余时间到学校图书馆、地方文史馆或通过网络渠道等查阅相关资料，了解餐饮行业对从业人员在微笑、手势及礼貌用语方面的要求。

(2)参观考察。将学生分为若干组，利用课余时间到各大酒店餐饮部、社会餐饮机构调查，重点为各机构对从业人员进行电话订餐操作的流程和要求有何不同。

(3)整理查阅与调查的资料。每个小组的学生对查阅的资料和调查结果进行整理归类和总结。

(4)参与课堂讨论。积极参与教师在课堂组织的讨论：预订包括哪些内容？应注意哪些事项？并发表自己的看法。

(5)实操训练。各小组在模拟餐厅环境中进行电话订餐的训练。

二、知识准备

餐厅的工作人员经常会接到散客或团体预订的电话，遵循正确的电话订餐的流程（见图 3-1），迅速而有效率地向顾客提供服务，能够较好地提高顾客的满意度。

（一）电话订餐的流程

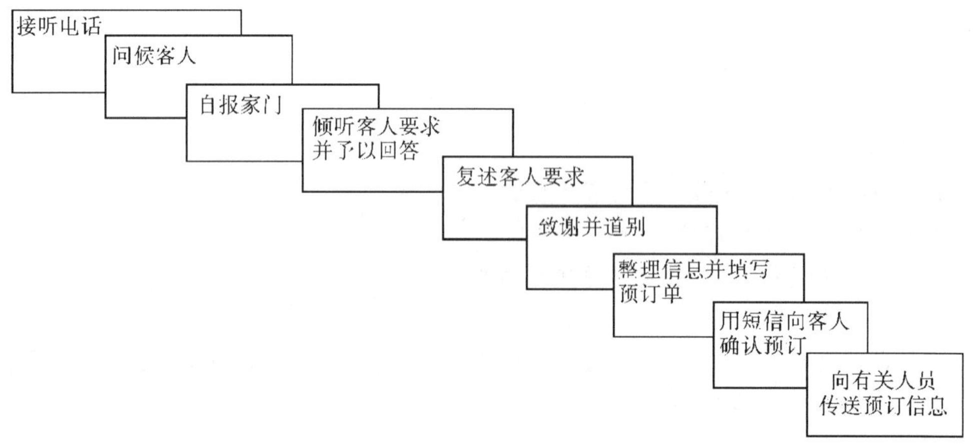

图 3-1　电话订餐的流程

（1）要在电话铃响三声之内接起电话，如有延误，可先向客人致歉，如“对不起，让您久等了。”

（2）致以问候语，准确说出餐厅全称，并表示愿意服务。

（3）询问客人姓名、预订时间、人数，询问客人电话号码及公司名称、房号（酒店住客）及特殊需求。

（4）重复客人要求以求确认。

（5）感谢客人的预订并道别。

（6）认真填写预订单，参见表 3-1。

（7）用短信与客人书面确认所订的桌（包间）号、时间、人数，以及餐厅地点（对新客人）。

（8）按餐厅规定向楼面、厨房等有关部门及人员传达预订信息。

表 3-1　××餐厅用餐预订单

称　　呼		联系电话：	
用餐单位名称			
用餐时间	年　　月　　日　　时　　分		
用餐桌号	厅	桌	
用餐包间	厅	包间	
人数：			
用餐标准	元/人	元/桌	
特殊要求：			
经办人：			

(二)电话订餐的注意事项

(1)使礼貌语言，尽量使用标准普通话，节日期间应使用节日问候语；

(2)应使用标准普通话，语音语调要热情，语言表达准确、清晰；

(3)为客人预订餐位时，要强调时间的重要性，并告知客人保留桌位(房间)的时间，如有过期则预订作废；

(4)当客人预订时，应委婉地请客人留下全名或公司名称；

(5)告知客人发生变动或取消预订应提前通知的时间；

(6)注意要由客人先挂断电话；

(7)短信确认时做温馨提示：如交通情况、停车位情况等；

(8)可提前半小时以电话或短信方式提醒客人准时到达；

(9)如收到客人的变更通知，应首先确认客人的身份并对变更内容进行详细记录，并及时将变更内容通知有关部门和人员。

(三)常用电话订餐用语

(1)您好！××××餐厅(酒店)，请问有什么能帮您的？

(2)请问您几位客人？

(3)请问您的单位名称怎么写；如没听清楚客人所说单位名称，可再次询问："不好意思，能否重新叙述一下请问您的单位名称？"

(4)请您留下联系电话好吗？

(5)请问您是吃标准套餐还是点菜?

(6)请问您是否有特殊要求(有没有特殊的客人需要特别关照)?

(7)今天中午(晚上)几点到?

(8)期待您的光临,再见。

三、实操训练

(1)电话订餐实训目标:掌握电话订餐的规范操作流程及要领。

(2)实训形式:分组训练,两人为一组,模拟进行预订餐位的练习,填写订餐单据,训练提高并检查学生电话预订餐位的能力,如有问题即时纠正。对学生进行考核,考核表参见表 3-2。

(3)地点:校内模拟餐厅。

(4)时间:2 学时。

表 3-2 电话预订训练考核表

实训项目	满分	得分
问候客人	10	
自报家门	10	
了解需求	10	
接受预订	10	
填写预订单	10	
通知其他部门	10	
短信确认	10	
预订情况变更	20	
礼貌用语	10	
总分	100	

四、任务小结

餐厅的服务工作既可以表现在客人的就餐过程中,也表现在客人进入餐厅前提供良好的订餐服务,这能使客人带着愉悦的心情步入我们的餐厅。

任务 2　网络订餐

一、任务布置

(1)查阅资料。利用课余时间到学校图书馆、地方文史馆或通过网络渠道等查阅相关资料,了解餐饮行业网络订餐的发展情况。

(2)参观考察。将学生分为若干组,利用课余时间到各大酒店餐饮部、社会餐饮机构调查,各机构通过何种网络平台开展订餐服务。

(3)整理查阅与调查的资料。每个小组的学生对查阅的资料和调查结果进行整理归类和总结。

(4)参与课堂讨论。积极参与教师在课堂组织的讨论:网络预订包括哪些形式?与传统电话订餐有哪些区别?并发表自己的看法。

(5)实操训练。各小组就在平时日常生活中使用网络订餐方式的经验进行讨论,总结网络订餐的优点和缺点。

二、知识准备

移动互联网及大数据技术的高速发展,大大改变了消费者的的消费行为,并正在改变着传统餐饮业的经营方式,越为越多的用户开始尝试在网络平台上预订餐厅或者叫外卖。有别于 B2C、B2B、C2C 等电子商务模式,网络订餐是把线上的消费者带到实体商店中去:在线购买线下的商品和服务,再到线下去享受服务。通过打折、提供信息、服务预订等方式,把线下商店的消息推送给互联网用户,从而将他们转换为线下客户。在此模式下,线下服务的商家可以在线上揽客,而消费者可以在线上筛选服务,在线进行预订、支付、点评。

(一)线上预订的主要方式

1.餐饮企业 APP

拥有自己独立的 APP 的餐饮企业并不是很多,比较常见的有肯德基、麦当劳、必胜客等快餐类企业,通过 APP 中的美食板块来进行自己的营销推广和发布优惠信息。这些服务平台均设有餐饮预订功能,成为餐饮企业的网上接待及前台甚至是收银台。

2.第三方服务平台

中小餐饮企业更多是借助大众点评网、美团网、糯米网、饿了么、淘点点能及微信平台的城市服务等第三方生活服务平台预订及点评。

(二)网络预订的流程

网络订餐的流程如图 3-2 所示。

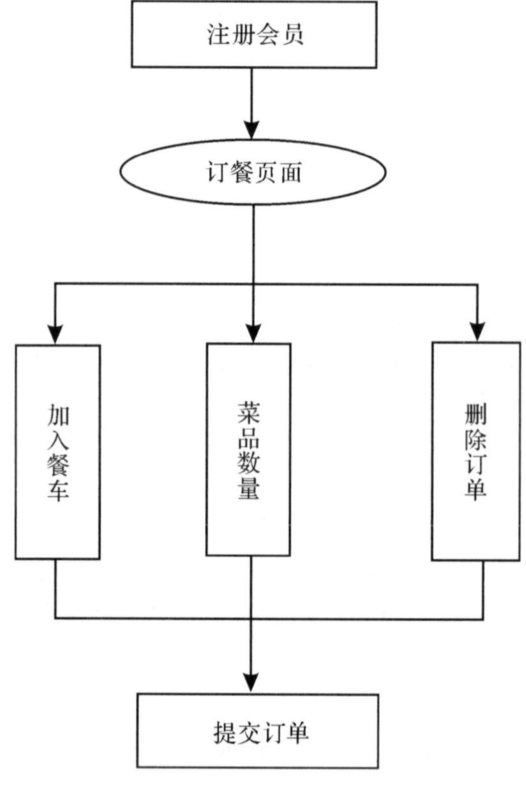

图 3-2　网上订餐的流程

(三)网络订餐的注意事项

(1)做好网络平台的维护及数据处理。
(2)熟练使用订餐系统。
(3)特殊情况应与客人保持联系沟通。

三、实操训练

(1)实训目标：了解网上订餐的类型。
(2)实训形式:PC 端或移动手机端进行调研。
(3)实训地点:教室。
(4)实训时间:1 学时。

四、任务总结

通过认真比较不同类型的网上订餐形式，了解其优缺点。

拓展训练

1. 计划

将班级分成若干个小组，每个小组独立制订计划。

(1)列出老师分配给你或你所在小组的工作任务清单，将团队同学及组长的姓名记载下来。(注意：男生、女生进行组合。)

____

____

____

____

____

(2)列出你和团队小组所要调查的餐厅(线上及线下)名称，你们小组成员所在地市，如厦门市、漳州市。

____

(3)列出你和团队小组所要准备的材料。

____

____

____

____

____

2. 决策

小组独立作出决策并拟出实施计划的提纲及实施方案，记载下来。

(1)确定小组各成员调查的企业及内容。

成员 A：______________________________

成员 B：______________________________

成员 C：______________________________

成员 D：______________________________

成员 E：______________________________

成员 F：______________________________

成员 G：______________________________

(2)确定小组成员在完成电话、网络订餐服务中负责的工作内容，并列入表 3-3 中。

表 3-3　小组成员工作内容一览表

成员	姓名	工作内容
组长		
成员 A		
成员 B		
成员 C		
成员 D		
成员 E		
成员 F		
成员 G		
…		

3. 执行

(1)汇报你所在小组的调查完成情况，以及在调查过程中发现和存在的问题，并进行讨论。

(2) 列出你所在小组在进行电话、网络订餐时出现的问题。

4. 检查

(1)将各小组的调查结果以调查报告的形式进行评比，并由各小组选派人员进行汇报(PPT)，并将工作汇报情况填入表 3-4 中。

表 3-4　小组成员工作汇报情况表

序号	组别	汇报人员	结果
1	第一组		
2	第二组		
3	第三组		
4	第四组		
5	第五组		
…			

(2)汇总各小组完成情况填入表 3-5 中，并进行评比。

表 3-5　小组完成情况总结

材料内容	负责人	完成情况	发生的问题
电话预订			
网络预订			

5. 评价

采用学生独立自我评价、其他同学提出问题并互评、老师评价的形式。

(1)学生对自己完成的工作任务进行自我评价,评价结果填入表 3-6 中。

表 3-6　学生完成工作任务自评表

班级__________　　姓名______________　　学号____________

实训情境		任务编号			
评价项目	评　价　标　准	自　我　评　价			
		优	良	中	差
工作准备	准备充分				
计划提纲	简洁明了,有针对性				
工作过程	能按照预期计划完成				
工作结果	符合预期要取得的结果				
汇总与汇报	能熟悉餐厅的订餐服务工作,汇报清晰				
学习、劳动态度	端正,按照要求出勤,无无故不到现象				
日常作业完成情况	按时、认真完成				
职业素质	按要求做好准备,自觉培养服务意识				
团队合作	小组成员之间合作交流成果显著				
创新点	PPT 制作有亮点				
综　合　评　价　结　果					

(2)学生互评与教师点评。学生以个人或小组为单位,对完成工作任务的过程与结果进行互评;教师对学生工作过程与工作结果进行评价,并给出普适性意见。将学生互评结果填入表 3-7 学生完成工作任务的过程与结果互评表中,教师评价填入表 3-8 学生完成工作任务的过程与结果教师评价表中。

表 3-7　学生完成工作任务的过程与结果互评表

实训情境										任务编号									
序号	评价对象	评价项目与评价结果																备注	
		调研计划				调查方案				调查成果				成果展示					
		优	良	中	差	优	良	中	差	优	良	中	差	优	良	中	差		
1	第一组																		
2	第二组																		
3	第三组																		
4	第四组																		
5	第五组																		
6	第六组																		
7	第七组																		
8	第八组																		
9	第九组																		
10	第十组																		

评价情况说明：

表 3-8　学生完成工作任务的过程与结果教师评价表

<table>
<tr><td>学习情境</td><td colspan="3"></td><td>任务编号</td><td></td></tr>
<tr><td>班级</td><td></td><td>姓名</td><td></td><td>学号</td><td></td></tr>
<tr><td colspan="2">评价项目</td><td colspan="3">评　价　标　准</td><td>评价结果
（被扣除的分数及说明）</td></tr>
<tr><td rowspan="3">考勤
（20%）</td><td>迟到</td><td colspan="3" rowspan="3">无无故迟到、早退、旷课现象
每迟到、早退一次扣 2 分，旷课一节扣 5 分</td><td></td></tr>
<tr><td>早退</td><td></td></tr>
<tr><td>旷课</td><td></td></tr>
<tr><td rowspan="8">工作任务
（项目）
完成情况
（60%）</td><td>工作准备</td><td colspan="3">准备充分</td><td></td></tr>
<tr><td>计划提纲</td><td colspan="3">简洁明了，有针对性</td><td></td></tr>
<tr><td>工作过程</td><td colspan="3">能按照预期计划完成</td><td></td></tr>
<tr><td>工作结果</td><td colspan="3">符合预期要取得的结果</td><td></td></tr>
<tr><td>汇总与汇报</td><td colspan="3">能熟悉餐厅电话预订服务，汇报清晰</td><td></td></tr>
<tr><td>职业素质</td><td colspan="3">按要求做好职业素养养成</td><td></td></tr>
<tr><td>团队合作</td><td colspan="3">小组成员之间、同学之间合作交流成果显著</td><td></td></tr>
<tr><td>创新意识</td><td colspan="3">有创新点</td><td></td></tr>
<tr><td rowspan="3">任务（项目）
报　　告
（20%）</td><td>完成时间</td><td colspan="3">按时完成</td><td></td></tr>
<tr><td>报告环节</td><td colspan="3">格式正确、任务（项目）报告环节完整</td><td></td></tr>
<tr><td>书写</td><td colspan="3">书写整齐、字体工整</td><td></td></tr>
<tr><td colspan="5">综合评价结果（填写最后得分）</td><td></td></tr>
</table>

实训情境小结

本实训情境为订餐服务的操作程序，学习者要力争掌握订餐服务的程序及注意事项，使客人在来餐厅就餐前就已对餐厅的服务工作有良好的印象。

实训情境四

餐前准备

学习目标

知识目标

1. 熟悉餐前准备相关工作岗位及职责
2. 掌握餐前准备的相关知识要点

能力目标

1. 能够胜任餐前准备相关的工作岗位要求
2. 熟练完成餐前准备的各项工作任务
3. 学会餐前准备所需的各种技能

餐前准备是餐厅正式营业前，为更好地完成对客服务工作、提升服务质量，服务员所必须要完成的各项对客服务准备工作。该项工作可分为班前会、托盘端托服务、餐巾折花、铺台布服务、中餐宴会摆台、西餐宴会摆台、餐厅主题餐台设计、餐前检查等内容。充分的餐前准备工作是优良服务、有效经营的重要保证，因此是整个餐厅运营、服务和管理工作不可忽视的重要一环。

任务1 班前会

一、任务布置

(1)查阅资料：利用课余时间到学校图书馆、地方文史馆或通过网络渠道等查阅相关资料，了解班前会的内容、作用及开好班前会的若干步骤。

(2)参观考察：将学生分为若干组，利用课余时间到各大酒店餐饮部、社会餐饮机构调查，重点为相关餐饮机构班前会的业务流程与工作内容。

(3)整理查阅与调查的资料：每个小组的学生对查阅的资料和调查结果进行整理归类和总结。

(4)参与课堂讨论:积极参与教师在课堂组织的讨论活动,并发表自己的看法。

(5) 模拟训练:各小组自设管理人员与服务员,保质保量地模拟完成"班前会"任务。

二、知识准备

良好的开端是成功的一半,班前会作为一个餐饮机构开始运作之前的任务总布置与员工士气动员,对于餐饮服务与管理质量的重要性不言而喻。班前会的开会效果可以反映出一个餐饮机构服务和管理的水平,若要达到对客服务"100－0＝100"的目标请从班前会开始。

(一)班前会的作用

在服务员已基本完成各项准备工作、餐厅即将开门营业前,餐厅经理或领班负责主持召开短时间的班前会,其作用在于:

(1)检查所有服务人员的仪表仪容,如:头发、制服、名牌、指甲、鞋袜等。

(2)使员工在意识上进入工作状态,形成营业气氛。

(3)强调当天营业的注意事项,介绍宾客情况,提醒重要客人的接待工作以及已知的客人的特殊要求。

餐前短会结束后,服务和管理人员应迅速进入工作岗位,准备开门营业。

(二)班前会的程序和内容

(1)参加班前会的所有员工必须着装整洁,在班前会指定地点站好队形。

(2)班前会主持人员首先向员工问候,且要求员工也给予相应的回应。班前会应遵循相互尊重、鼓舞员工士气的原则,可采用一些口号等形式,以达到增强凝聚力的目标。

(3)主持人进行人数清查以及员工的仪容仪表检查。

(4)传达公司相关通知,小结上个班次工作中的好人好事。

(5)分派工作任务,讲解当天工作要点;通报订餐情况,介绍客情及 VIP 宾客接待要求等。

(6) 培训及工作经验交流。介绍厨房当天菜点水果的供应情况,特色菜肴的原料、口味及烹饪方法等;说明宾客投诉及处理解决方法;协调解决其他部门对本部门的意见及请求协作事项;强调餐厅的制度及工作标准。

(7)班前会结束,全体人员立即有秩序地回到工作岗位。

(三)如何提高班前会的质量

班前会是企业文化的一个重要部分,是企业文化宣传的窗口,我们应注意班前会的质量。若要提升班前会的质量,应注意:参会人员应检查自己的服装、仪容仪表是否整洁,领队的人应要求服务人员队形整齐、精神饱满,要体现出自信,这样才能达到开班前会的目的,否则将会得不偿失。

(1)班前会应控制在 10 分钟左右,忌时间过长,遇到重大问题可适当延长开会时间。

(2)忌走形式、敷衍了事、人员不齐、队形不整等。

(3)忌无准备,站在台上不知道说什么,最好事先列好开会时要讲的工作要点和注意事项。

(4)忌批评多、鼓励少,以避免受批评的员工会把不良情绪带入工作中;开会时抱着期望员工做好工作的态度去激励员工,鼓舞士气的口号可以是餐厅的宣传口号或餐厅宗旨等。

(5)讲话要清晰,气氛轻松,让员工易于接受。

(6)定期请上级领导到会指导,及时传达上级指示,认真做到上传下达。

(7)还可利用班前会进行培训和工作交流,强调餐厅的制度及工作标准。

(四)强化训练

要求小组内部轮流担任管理和服务人员,每次都要总结提高,力争使每个小组成员至少都要开一次班前会,并使班前会的效果比上一次要好。班前会如图 4-1 所示。

图 4-1　班前会

三、实操训练

(1)实训目标:掌握酒店员工仪容仪表、仪态规范标准;能有效地召开班前会。

(2)实训形式:分组训练,首先两人为一组,互相检查对方的仪容仪表及仪态是否达到要求,如有问题即时纠正;其次 5～10 人为一组,召开班前会并进行考核,将考核结果填入表 4-1 中。

表 4-1　班前会考核表

项　目	内　　容	满　分	得　分
问候	班前会主持人和员工相互问候	10	
清查人数	应到人数、实到人数、因病因事人数、迟到人员	10	
检查员工仪容、仪表、仪态	职业淡妆，头发（长度、整洁程度）应符合餐饮行业规范，指甲干净	6	
	制服干净整洁，无佩戴首饰，正确佩戴工作铭牌，鞋袜规范	8	
	站姿、走姿、蹲姿均符合餐饮行业规范	6	
通报上个班次的工作情况	通报营业情况以及上个班次工作中的好人好事，激励员工继续努力实现目标	10	
分派工作任务	通报订餐情况，介绍客情及 VIP 宾客接待要求等，分派工作任务	10	
培训及工作经验交流	介绍厨房当天菜点水果供应情况，特色菜肴的原料、口味及烹饪方法等	10	
	说明异常情况的处理方法	10	
	强调餐厅的制度及工作标准	10	
总　　计		100	

（3）实训用具：笔、笔记本或文件夹。

（4）实训地点：校内模拟餐厅。

（5）实训时间：2 学时。

四、任务小结

如果你要服务好一名客人请从班前会开始，如果你要管理好一支餐饮团队请从班前会开始。班前会作为餐饮机构反映精神文明建设的重要窗口，展示餐饮行业良好的精神面貌，它对内对外的作用需要全体与会人员的共同努力。

任务2　托盘端托服务

一、任务布置

(1) 查阅资料:利用课余时间到学校图书馆、地方文史馆或通过网络渠道等查阅相关资料,了解托盘端托服务的内容、作用及做好托盘端托服务的若干步骤。

(2)参观考察:将学生分为若干组,利用课余时间到各大酒店餐饮部、社会餐饮机构调查,重点为托盘端托服务的技能要领。

(3)整理查阅与调查的资料:每个小组的学生对查阅的资料和调查结果进行整理归类和总结。

(4)参与课堂讨论:积极参与教师在课堂组织的讨论活动,并发表自己的看法。

(5)实操训练:各小组成员完成托盘端托服务任务,能在保持正确操作姿势的情况下,同时托起饮料、啤酒、白酒、葡萄酒共四瓶,能围绕餐桌完成饮料、葡萄酒、啤酒和白酒的桌斟任务;能够完成端托规定重量(女生 2.5 升,男生 4 升)的托盘按队列绕场行走 5 分钟的工作任务。

二、知识准备

托盘服务技能为餐厅服务工作必须熟练掌握的基础技能,餐厅运送食品与餐具都必须通过托盘完成,严禁徒手服务。

(一)托盘的种类

按照托盘的制作原料划分,餐厅中的托盘一般为金属、木制或塑胶,金属的又可分为银、铝、不锈钢等。

按托盘形状可分为圆形托、方形托及大、中、小数种。大、中、小的圆盘通常用于斟酒、送菜、分菜、展示饮品等,小圆盘的使用频率最高;大、中方盘通常用于装送菜点、酒水和盘碟等分量较重的物品;装饰性的小银盘主要用来送账单、收款、递信件等小物品。

(二)托盘的理盘方法

理盘就是根据所托的物品选择适用的托盘,并做好清洁卫生及整理铺垫。

在放物品前,对于没有防滑处理的托盘,应在托盘内铺上潮湿干净的餐巾或托盘布。垫布的大小要与托盘相适应,垫布的形状可根据托盘的形状而定,但无论是方形或圆形垫布,其外露部分一定要均等,使整理铺垫后的托盘既整洁美观又方便适用。

(三)装盘的方法

根据托运物品的质量、形状和体积合理装盘,便于掌握重心和操作。如高的、重的物品放里侧,轻的、低的放外侧;先使用的放外侧,后使用的放内侧;物品间应有一定的间隔,便于拿放物品。

(四)起托方法

起托时,正确的姿势是:餐厅服务员站于距操作台约30厘米的地方(具体以身高来调整距离),迈出左脚,双腿屈膝,腰与臂呈下坐姿势,上身呈略向前倾状站稳,伸出左手掌心向上,指尖向前与操作台平行,伸出右手拉拿托盘的边沿,将托盘移向左手掌及小臂处,待托实后,双脚并拢并收回右手,身体回复直立状,托盘起托后,大臂呈垂直状,大臂与小臂呈90度角,使托盘置于身体左侧胸前。端托时做到站稳、端平、托举到位、高矮适中。

(五)托盘的基本方法

托盘端托:根据端托的物品不同及托盘的不同用途,端托方法分为两种,一种为轻托,一种为重托。

轻托又称胸前托,适合端托体积小、重量轻的物品。轻托服务操作时,技术要高,因为所托的物品越轻,端托操作时托盘越容易发飘,不易端托平稳,因此,在轻托服务操作时,准备工作非常重要。

重托又称肩托,是指对较大且重的物品的端托。重托端托需要餐厅服务员有一定的臂力和技巧。肩托适用于托较重物品,技术难度较高,因此在实际应用中较少用到。时下较流行的重托改为用双手将托盘平托于胸前。

托盘的重点为轻托服务。轻托的基本要求是:轻托托盘应左手掌伸平,五指分开伸直,掌心不可贴在托盘上,指尖用力托起托盘后,将托盘的一部分搁在小臂上,借助小臂的力量将托盘托平。托盘时大臂垂直,小臂与身体成90度平伸于胸前左侧,使手掌与托盘底托实,这样才能将托盘的重心全部掌握住。如遇客人多时,右手臂可做保护托盘的姿势,便于出现意外时及时躲闪避让。

(六)托盘行走的方法

服务员托盘行走时要头正肩平、上身挺直、目视前方、脚步轻快稳健、精力集中,随着步伐移动,托盘会在胸前自然摆动,但须以菜汁、酒水不外溢为限。

(七)卸盘的基本方法

若是轻托,服务员在卸盘时要注意让左手的托盘保持平衡,用右手取物件上台,或直接递给宾客,当然,某些场合和某些物件,也可用托盘将所托之物递与宾客自取,当盘中物件减少导致重心不平衡时,服务员要随时用右手进行调整。若是重托,服务员必须先将托盘放在菜台上,或放在其他空桌上,然后再用双手为客人恭恭敬敬地端送菜盘上的菜肴和其他物品。无论是轻托还是重托,托盘的物品要交替取下。

(八)强化训练

托盘作为餐厅服务人员的基本功,要经常练习方能提高托重能力及更好地保持平衡感。因此要求在每次课前10分钟做好专项训练。在训练中也可适当举行一些比赛项目,如由小组推选两名选手参赛;参赛选手按队列排好;托盘重量为女生2 500 ML,男生4 000 ML;选手按队列绕场行走;哪个选手如果用右手扶托盘或者托盘里的东西倒掉就被淘汰,最后剩下的那个为第一名,并给予每队相应的该项目分数。托盘姿势如图4-2及图4-3所示。

图4-2　轻托

图4-3　重托

三、实操训练

(1)实训目标:能在保持正确操作姿势的情况下,同时托起饮料、啤酒、白酒、葡萄酒共四瓶,能围绕餐桌完成葡萄酒、啤酒和白酒的斟酒任务。

(2)实训形式:分组训练,分组学生进行反复练习,静态托盘1 500ML,教师现场指导纠正不良姿势及习惯;各小组选派代表参加托盘比赛,比赛时间为15分钟。教师对学生托盘进行评分,填 入表4-2中。

表4-2　托盘评分表

项目	内　容	满　分	得　分
理盘	根据所托物品选择清洁合适的托盘	6	
	使用抹布和消毒液对托盘进行擦拭、消毒	6	
	如果不是防滑托盘,则在盘内垫上洁净的垫布	7	

续表

项目	内　　容	满　分	得　分
装盘	根据物品的形状、体积和使用先后合理安排	7	
	一般是重物、高物放在托盘里挡，轻物、低物放在外挡	7	
	先上桌的物品在上、在前，后上桌的物品在下、在后	8	
	重量分布均衡，重心靠近身体	8	
起托	托盘的手势，五指未分开，手掌贴托盘	8	
	小臂与大臂垂直于左胸前，平托略低于胸前	8	
托盘行走	行走姿态优美	7	
	头正肩平	7	
	脚步轻快、右手自然摆动	7	
卸盘	到达目的地，要把托盘平稳地放到工作台，再安全取出物品	7	
	用轻托方式给客人斟酒时，要随时调节托盘重心，勿使托盘翻倒	7	
总　计		100	

(3)实训地点：校内模拟餐厅。

(4)实训时间：10 分钟。

四、任务小结

托盘服务技能为餐厅服务工作必须熟练掌握的基础技能，餐厅服务工作很多都是基于托盘任务完成的，托盘训练工作必须贯穿整个餐厅实训教学，若能每次课前静托 10 分钟，则效果更佳。

任务 3　餐巾折花

一、任务布置

(1)查阅资料：利用课余时间到学校图书馆、地方文史馆或通过网络渠道等查阅相关资料，了解餐巾折花的内容、作用及做好餐巾折花的若干步骤。

(2)参观考察：将学生分为若干组，利用课余时间到各大酒店餐饮部、社会餐饮机构调查，重点为餐巾折花种类、花式及技能要领。

(3)整理查阅与调查的资料：每个小组的学生对查阅的资料和调查结果进行整理归类和总结。

(4)参与课堂讨论：积极参与教师在课堂组织的讨论活动，并发表自己的看法。

(5) 实操训练：各小组成员在 4 分钟之内折好至少 5 种杯花和盘花，并区分各类花型所对应的客人身份与位置。

二、知识准备

近年来，随着餐饮业的日益发展，餐巾也随之在各种宴会酒席中被广为使用。由于餐巾在美化席面、清洁卫生等方面有很好的作用，因此深受中外宾客的欢迎，其使用日益广泛，已成为宴会酒席中不可缺少的既有欣赏又有使用价值的摆设。

(一)餐巾的作用

(1)餐巾是一种卫生用品，它是供宾客在进餐过程中使用的布巾。

宾客把餐巾压在餐碟下或衬在膝盖上，一方面起到铺垫、美化席面作用；另一方面也可防止汤汁油污衣服，起到清洁的作用。

(2)餐巾折花能装饰美化席面。

许多栩栩如生的鱼、虫、鸟和形形色色的花卉植物以及惟妙惟肖的实物造型，摆在餐桌上可起到点缀、美化席面的作用，能给酒席宴会增添热烈欢快的气氛，给宾客以一种艺术美的享受。

(3)餐巾花还可以其无声的形象语言，表达和交流宾主之间的感情，起到很好的沟通作用。

(二)餐巾的种类、规格

餐巾按质地一般有纯棉制和混纺制两种，它们的实际用途各有所长。

餐巾的大小规格各地区不尽相同，实际使用中则多采用边长为 51 厘米或 61 厘米的方形餐巾。餐巾的色彩可根据餐厅的颜色选用，力求与餐厅色彩和谐。通常，饭店使用的台布和餐巾大多是各类颜色的提花布制成的，用这种餐巾折叠出来的造型雅致漂亮。

(三)餐巾折花造型的种类及其选择

餐巾折花的造型和种类很多，技法也各不相同。作为餐厅服务员，要掌握餐巾折花的基本造型和折叠技法。

1. 餐巾折花造型的种类

(1)按摆放方式分，可分为杯花和盘花两种。

杯花适用于中餐，杯花需插入杯中才能完成造型。由于折叠成杯花后，使用时其平整性较差，也容易造成污染，所以杯花在中餐厅也日趋被盘花所取代，目前杯花已较少使用，但作为一种技能，仍在餐厅服务中存在。

盘花适用于中西餐。盘花造型完整，成形后不会自行散开，可放于盘中或其他盛器及

桌面上。盘花简洁大方、美观适用，是餐巾摆放发展的趋势。

(2)按餐巾花外观造型分，可分为植物、动物、实物三种。

植物类花形是根据植物花形造型，如荷花、水仙等；也有根据植物的叶、茎、果实造型的，如慈姑叶、竹笋、玉米等。

动物类花形包括鱼、虫、鸟、兽，其中以飞禽为主，如白鹤、孔雀、鸵鸟；动物类造型有的取其整体，有的取其特征，形态逼真、生动活泼。

实物类花形是指模仿日常生活用品中各种实物的形态折叠而成的，如帽子、折扇、花篮等。

2. 餐巾折花造型的选择

(1)根据宴会的规模选择花形。大型宴会可选择简洁、挺括的花形，可以每桌选两种花形，使每个台面的花形不同，台面显得多姿多彩；如果是1～2桌的小型宴会，可以在一桌上使用各种不同的花形，也可以2～3种花形相间搭配，形成既多样又协调的布局。

(2)根据宴会的主题选择花形。主题宴会因主题各异、形式不同，所选择的花形也不同。

(3)根据季节选择花形。可以选择时令花形以突出季节的特色，也可以有意地选择象征一个美好季节的一套花形。

(4)根据宗教信仰选择花形。如果是信仰佛教的，勿叠动物造型，宜叠植物、实物造型；信仰伊斯兰教的，勿用猪的造型等。

(5)根据宾客风俗习惯选择花形。如日本人喜樱花、忌荷花，美国人喜山茶花，法国人喜百合花，英国人喜蔷薇花，委内瑞拉人喜爱兰花等。

(6)根据宾主席位选择花形。宴会主宾、主人席位上的花称为主花。主花一般选用品种名贵、折叠细致、美观醒目的花，达到突出主人、尊敬主宾的目的。如在接待国际友人的宴会上，叠和平鸽表示和平，叠花篮表示欢迎，为女宾叠孔雀表示美丽，为儿童宾客叠小鸟表示活泼可爱，使宾主均感到亲切。

总之，要根据宴会主题，设计折叠不同的餐巾花，要灵活掌握，力求简便、快捷、整齐、美观大方。

(五)餐巾折花的基本技法

餐巾折花的基本技法有叠、折、卷、穿、翻、拉、捏、掰8种。餐厅服务员应反复练习，达到技艺娴熟、运用自如。

1. 叠

叠是最基本的餐巾折花手法，几乎所有的造型都要使用这种手法。叠就是将餐巾一折为二、二折为四，或折成三角形、长方形、菱形、梯形、锯齿形等形状。叠有折叠、分叠两种。叠时要熟悉造型，看准角度一次叠成；如有反复，就会在餐巾上留下痕迹，影响餐巾的挺括。叠的基本要领是找好角度一次叠成。

2. 折

折是打褶时运用的一种手法。折就是将餐巾叠面折成褶裥的形状，使花形层次丰富、紧凑、美观。打褶时，用双手的拇指和食指分别捏住餐巾两头的第一个褶裥，两个大拇指相对成一线，指面向外，再用两手中指接住餐巾，并控制好下一个褶裥的距离。拇指、食指的指面握紧餐巾向前推折至中指外，用食指将推折的褶裥挡住，中指腾出去控制下一个褶裥的距离，三个手指如此互相配合。折可分为直线折和斜线折两种方法：两头一样大小的用直线折，一头大一头小或折半圆形、圆弧形的用斜线折。折的要领是折出的褶裥要均匀整齐。

3. 卷

卷是用大拇指、食指、中指相互配合，将餐巾卷成圆筒状。卷分直卷和螺旋卷。直卷有单头卷、双头卷、平头卷，直卷要求餐巾两头一定要卷平。螺旋卷分两种，一种是先将餐巾叠成三角形，餐巾边参差不齐；另一种是将餐巾一头固定，卷另一头，或一头多卷、另一头少卷，使卷筒一头大一头小。不管是直卷还是螺旋卷，餐巾都要卷得紧凑、挺括，否则会因松软无力、弯曲变形而影响造型。卷的要领是卷紧、卷挺。

4. 穿

将餐巾先折好后攥在左手掌心内，用筷子一头穿进餐巾的褶缝里，然后用右手的大拇指和食指将筷子上的餐巾一点一点向后拨，直至筷子穿出餐巾为止。穿好后先把餐巾花插入杯子内，然后再把筷子抽掉，否则容易松散。根据需要，一般只穿1～2根筷子。穿的要领是穿好的褶裥要平、直、细小、均匀。

5. 翻

翻大都用于折花鸟造型。操作时一手拿餐巾，一手将下垂的餐巾翻起一只角，翻成花卉或鸟的头颈、翅膀、尾等形状。翻花叶时，要注意叶子对称、大小一致、距离相等；翻鸟的翅膀、尾巴或头颈时，一定要翻挺，不要软折。翻的要领是注意大小适宜、自然美观。

6. 拉

拉一般在餐巾花半成形时进行。把半成形的餐巾花攥在左手中，用右手拉出一只角或几只角来。拉的要领是大小比例适当、造型挺括。

7. 捏

捏主要用于折鸟的头部造型。操作时先将餐巾的一角拉挺做颈部，然后用一只手的大拇指、食指、中指三个指头捏住鸟颈的顶端，食指向下，将巾角尖端向里压下，用中指与拇指将压下的巾角捏出尖嘴状作为鸟头。捏的要领是棱角分明，头顶角、嘴尖角到位。

8. 掰

将餐巾做好的褶用左手一层一层掰出层次，成花蕾状。掰时不要用力过大，以免松散。掰的要领是层次分明、间距均匀。

（六）注意事项

（1）操作前要洗手消毒。

（2）在干净卫生的托盘或服务桌上操作。

（3）操作时不允许用嘴叼、口咬。

（4）放花入杯时，要注意卫生，手指不能接触杯口。

（5）了解客人对餐巾花款式的禁忌。

(七)强化训练

由于餐巾折花花形较多,在实际教学中每个同学至少要掌握盘花和杯花的造型各 20 种,并重点各掌握 10 种杯花和盘花,小组可选派选手进行比赛,互相促进,共同提高餐巾折花的速度与质量。常见餐由巾折花造型如图 4-4 至图 4-14 所示。

图 4-4　盘花蜡烛

图 4-5 盘花皇冠

图 4-6　盘花帆船

图 4-7　盘花牵牛花

图 4-8　盘花三角帽

图 4-9　盘花挪威冰川

图 4-10　盘花竹笋

图 4-11　杯花单扇形

图 4-12　杯花双页荷花

图 4-13　杯花马蹄莲

图 4-14　杯花金鱼

三、实操训练

(1)实训目标:能够熟练掌握餐巾花的基本技法,能够运用基本技法在10分钟内折叠10种餐巾花,要求动物造型、植物造型、实物造型的餐巾花都有,并且花形美观大方。

(2)实训形式:先由教师示范,再将学生分组进行强化训练,并进行考核,将评分填入表4-3中。

表4-3　餐巾折花评分表

项目	内　　容	满　分	得　分
折餐巾	折7种以上杯花且花形规范,推折均匀整齐、造型美观、形象逼真	25	
	折7种以上盘花且花形规范,推折均匀整齐、造型美观、形象逼真	25	
	手法规范	5	
	操作卫生	5	
摆放口布花	摆放整齐,突出正副主人位	10	
	观赏面朝向客人	10	
	摆放位置与杯具距离	10	
综合效果	造型美观、形象逼真,花型设计与座位身份关系恰到好处	10	
总　计		100	

(3)实训地点:校内模拟餐厅。

(4)实训时间:8学时。

四、任务小结

餐巾折花具有美化和实际用途,无论是杯花或盘花都有几百种之多,但在餐饮机构的实际应用中以折叠简便、美观大方等能够大规模制作的应用型花型为主。如杯花当中的马蹄莲、金鱼、双叶荷花、宴会花、单扇形花、双扇形花和一帆风顺宴会花等,盘花应用较多的有蜡烛、僧帽、帆船、三角帽和剥皮香蕉等。

任务 4　铺台布服务

一、任务布置

(1)查阅资料:利用课余时间到学校图书馆、地方文史馆或通过网络渠道等查阅相关资料,了解铺台布服务的内容、作用及做好铺台布服务的若干步骤。

(2)参观考察:将学生分为若干组,利用课余时间到各大酒店餐饮部、社会餐饮机构调查,重点为铺台布服务技能要领。

(3)整理查阅与调查的资料:每个小组的学生对查阅的资料和调查结果进行整理归类和总结。

(4)参与课堂讨论:积极参与教师在课堂组织的讨论活动,并发表自己的看法。

(5) 实操训练:各小组成员完成铺台布服务任务,能在 30 秒内完成铺台布的工作。要求达到底布正面向上,中心线对准主宾位置,十字中心点居桌中,舒展平整,四周下垂部分均匀,一次定位完成;台布正面向上,中心线对准主宾位置,十字中心点居桌中,四角下垂部分均匀,桌面挺括,无褶皱现象,一次定位完成。

二、知识准备

桌布也叫台布,是餐厅摆台所必备的物品之一。铺台布工作为宴会工作的开始,简单的桌面铺台布只有一层;若包厢或规格较高的宴会一般有两层,即桌布(也称为底布)加台布(也称装饰布)或桌布加围裙。

(一)台布的种类、规格

桌布原是为了遮蔽和保护桌面的,但是随着桌布花色和品种的不断丰富以及搭配方法的多样化,桌布已经成为餐厅装饰的重要物品。

1. 桌布的种类

桌布的种类很多,一般餐桌的台面桌布材质为全棉、涤棉和化纤三种,包厢或档次较高的宴席还配有桌裙。因纯棉桌布吸湿性能好,大多数餐厅均使用纯棉提花台布。桌布的图案有团花、散花、工艺绣花及装饰布等;桌布的颜色有白色、黄色、粉色、红色、绿色等,但多数选用白色。桌布的颜色要与餐厅的风格、装饰、环境相协调。

桌布的形状大体有三种:正方形、长方形和圆形。正方形常用于方台或圆台,长方形则多用于西餐各种不同的餐台,圆形桌布主要用于中餐圆台。

2. 桌布的规格

桌布的规格大小有多种，经常使用的有 140cm×140cm、160cm×160cm、180cm×180cm、200cm×200cm、220cm×220cm、240cm×240cm、260cm×260cm 等。使用时应根据餐桌的大小选择适当规格的桌布。

（1）正方形桌布的规格。如：140cm×140cm 的桌布适用于 90cm×90cm 的方台，160cm×160cm 的桌布适用于 100cm×100cm、110cm×110cm 的方台，180cm×180cm 的桌布适用于直径 150cm、直径 160cm 的圆台，200cm×200cm 的桌布适用于直径 170cm 的圆台，220cm×220cm 的桌布适用于直径 180cm 或 200cm 的圆台，240cm×240cm 的桌布适用于直径 220cm 的圆台，260cm×260cm 的台布适用于直径 240 的圆台。

（2）长方形桌布的规格。除了方桌布外还有长方形桌布，如 160cm×200cm、162.5cm×240cm、165cm×240cm、180cm×300cm 等不同规格。这类桌布用于长方台及西餐各种餐台，可根据餐台的大小形状选用不同数量的桌布，一块不够用时可以拼接。在拼接时注意将接口处接压整齐。

（3）圆形桌布的规格。圆形桌布的规格各有不同，一般的圆形桌布多见于定型特制，即根据餐台的大小将桌布制成大于餐台直径 60cm 的圆形桌布，使桌布铺于餐台上圆周下垂 30cm 为宜。

（二）检查

在铺台布之前，要认真细致地对每块台布进行检查，如发现台布有破损或有污迹、有皱褶则不能继续使用，要立即更换。摆好餐桌椅，餐椅成对分四边成对角线整齐排列，如果是十人桌则是主人位及其对面各排三张，另外两边各排两张餐椅。

（三）铺台布

练习者站在主人位后面，先把主人位餐椅拉开，然后跨出一步开始铺桌布。

1. 圆桌

对圆桌铺桌布时，先抖桌布，后进行桌布定位，再抚平桌布，做到用力均匀、动作熟练、干净利落、一次到位。要求达到桌布正面向上，中心线对准主宾位置，十字中心点居桌中，桌布舒展平整，四边下垂部分均匀。

铺桌布的方法有以下几种：

（1）推拉式：服务员先将桌布放至餐台上双手将桌布打开。桌布正面朝上，左右两手捏住桌布的一边，至距边缘 40～50 cm 处（这样可以防止台布边缘着地），两手距离桌布中缝线各约 50 cm（视台布大小而定），其他的桌布分别夹在其余四指内（如推折餐巾的动作），将桌布放置胸前，把台布向外抛出，再拉回来，使得桌布的中缝线对准正次主人席位，十字的中点落在餐台的圆心上，四角垂直于地面，台面平整。

（2）撒网式：服务员用双手将桌布打开，正面向上，用大拇指和食指抓住桌布靠近身体的一边，其余三指快速抓住桌布其余部分，平行打折；呈右脚在前、左脚在后的站立姿势，双手将打开的桌布提拿至胸前，双臂与肩平行，上身向左转体，下肢不动并在右臂与身体回转时，将桌布斜向前撒出去，如同撒渔网一样；将桌布抛至前方时，上身转体回位，并恢复至正位站立，然后再将桌布向自身拉回，一边拉一边调整桌布。

(3)抖铺式：服务人员双手将桌布打开，平行对折后，将桌布提拿在双手中，身体呈正位站立式，利用手腕和手臂的力量将桌布的一边抛向餐桌面的前方，在桌布落桌和向回拉动的过程中以中线为参照，调整桌布的位置进行准确定位，使台布四角垂直于地面，整理桌布。

抛撒时，动作应自然潇洒。这种铺台方法多用于宽大场地或技术比赛场合。两手间距与肩同宽，以桌布的中线为轴，打开尽量完全，这关系到桌布是否可以一次铺设到位。

(4)肩上式：服务人员将桌布打开，平行对折后向胸前回拢，将桌布整体翻置，在桌上击打一下，双手提拿起来至肩上，将桌布整体抛出，再拉回，桌布四角下垂均匀。

高级宴会通常还会铺上台布作为装饰，铺台布的方法与铺桌布相似，对于台面的美观要求比较高，不允许有褶皱，台面要保持挺括。

2. 长桌

铺长桌布一般由两个以上的服务员共同完成。铺桌布时服务员分别站在餐桌的两侧，将第一块桌布定好位，然后按要求依次将桌布铺完。要求做到桌布正面一律向上、桌布之间中心线对正、接缝之间相吻合，桌布之间的压口方向朝内、距离一致。桌布两侧下垂部分要均匀，做到美观整齐。

(四)围桌裙的基本方法

1. 围挂

(1)桌布铺好后，顺桌沿将桌裙布围在桌沿处的桌布上，每隔 30 厘米用一个尼龙搭扣固定。桌裙顶边须与桌沿保持平整，不得凸起或凹下。

(2)整理桌裙，使四周下垂均匀整齐。

2. 接口

(1)如使用两张桌裙围桌时，要保证接缝处无间隙。

(2)桌裙接口不留在主位位置。

(五)注意事项

(1)铺台布时，台布不能接触地面，拿捏在拇指和食指中的台布要适当，推、抖、撒时的距离要得当，用力不可过猛或软弱无力。

(2)台布中间折纹的交叉点应正好在餐台的中心处，台布的正面凸缝朝上，中心线直对正、副主人席位，四角呈直线下垂状，下垂部分距地面距离相等。

(3)台布向自身拉回时，注意快慢得当，防止回拉过多，否则难以前后调整。

(4)铺好的台布应平整、无皱纹、无污渍。

(5)铺好台布后，应将拉出的副主人位餐椅送回原位。挪动餐椅的动作是：两手握住椅背上的两端，用膝盖顶住椅子的坐面横梁，脚步移动，尽量不要让椅子脚摩擦地面发出响声。

(6)铺设台布过程要自然、大方、轻松、潇洒、刚柔并济、动作优美，面带微笑。

(六)强化训练

小组成员反复练习熟悉中餐铺台布的各种方法，重点掌握最适合自己的方法，并力争在规定时间内一次成形，可在小组内部或小组间开展比赛，注重完成的时间和质量。铺台布的方法如图 4-15、图 4-16、图 4-17 所示，操作步骤如表 4-4 所示。

图 4-15　铺台布(1)

图 4-16　铺台布(2)

图 4-17　铺台布(3)

表 4-4　推拉式铺台布实训表

操作步骤	动作要领
准备工作	将台布叠好，椅子三三两两规则摆放，洗净双手
拉椅站位	将主位的椅子移开，站在主人位上，准备操作
打开台布	将叠好的台布正面朝上打开，捏住台布的一边，将台布推向副主人位方向，将台布向左右打开
合拢折叠	将台布向前折叠，用两手的臂力将台布沿着桌面向胸前合拢

续表

操作步骤	动作要领
推出	双手握住台布两边,其余部分的台布顺着桌面向对面推出去
回拉	推出的同时,向回轻拉,以防止台布推出过多导致台布落地
整理定位	用拇指和食指轻捏台布,回拉,注意找准台布与餐桌的中心,十字居中,四角下垂均等(一次到位为最佳)

三、实操训练

(1)实训目标:能在30秒之内完成铺台布的工作。要求达到桌布正面向上,中心线对准主宾位置,十字中心点居桌中,舒展平整,四边下垂部分均匀。

(2)实训形式:先由教师示范,再将学生分组进行强化训练,并由教师对学生进行评分,填入表4-5中。

表4-5 铺台布评分表

项目	内容	满分	得分
站位	站立于主人位	5	
铺桌布	手法正确自然、姿势规范,符合要求	10	
	用力均匀,动作熟练,干净利落,一次到位	10	
	台布正面向上,台布平整	10	
	台布中缝线对正主人位和副主人位	5	
	十字中点落在餐台圆心上	5	
	四周下垂均等,四角离地面距离相等	5	
装饰布(铺台布)	使四周下垂均匀整齐	10	
	正面向上,台面平整	10	
	一次到位	10	
综合效果	铺桌布时要有力度,一次完成,动作优雅、大方	10	
	时间符合要求,一般不超过1分30秒	10	
总分		100	

(3)实训地点:校内模拟餐厅。

(4)实训时间:4学时。

四、任务小结

铺台布的方法较多,在实际的练习与操作中,只要求学习者学会每一种铺台布的方法，并不要求学习者熟练掌握，应根据自身实际条件或练习手法寻找最适合自己的铺台布方法，并精通、熟练掌握此方法。

任务5　中餐摆台

一、任务布置

(1)查阅资料：利用课余时间到学校图书馆、地方文史馆或通过网络渠道等查阅相关资料，了解中餐摆台的内容、作用及做好中餐摆台的若干步骤。

(2)参观考察：将学生分为若干组，利用课余时间到各大酒店餐饮部、社会餐饮机构调查，重点为中餐摆台的技能要领。

(3)整理查阅与调查的资料：每个小组的学生对查阅的资料和调查结果进行整理归类和总结。

(4)参与课堂讨论：积极参与教师在课堂组织的讨论活动，并发表自己的看法。

(5)实操训练：各小组成员在15分钟内完成评分质量在70分的中餐宴会摆台，参见表4-5中餐宴会摆台的评分标准。

任务内容：中餐宴会摆台(10人位)。

任务要求：

①按中餐正式宴会摆台，鼓励小组成员利用自身条件，创新台面设计。

②操作时间为15分钟(提前完成不加分，每超过30秒扣总分2分，不足30秒按30秒计算，以此类推；超时2分钟不予继续比赛，未操作完毕的不计分)。

③小组成员提前进入场地，教师统一口令“开始准备”进行准备，准备时间为3分钟。小组成员准备就绪后举手示意。

④小组成员在教师宣布“比赛开始”后开始操作。

⑤比赛开始时，小组成员站在主人位后侧，所有操作必须按顺时针方向进行。

⑥所有操作结束后，小组成员应回到工作台前，举手示意比赛完毕。

⑦除台布、桌裙或装饰布、花瓶(花篮或其他装饰物)和桌号牌可徒手操作外，其他物品均须使用托盘操作。

⑧餐巾准备无任何折痕。餐巾折花花形不限，但须突出主位花形，整体挺括、和谐，符合台面设计主题。

⑨餐巾折花和摆台先后顺序不限。

⑩比赛中允许使用装饰盘垫。

⑪分标准中的项目顺序并不是规定的操作顺序，小组成员可以自行选择完成各个比赛项目。

⑫物品落地每件扣 3 分，物品碰倒每件扣 2 分，物品遗漏每件扣 1 分；逆时针操作扣 1 分/次。

物品准备：

①餐台(高度为 75 厘米)、圆桌面(直径 180 厘米)、餐椅(10 把)、工作台。

②防滑托盘(2 个，含装饰盘垫或防滑盘垫)。

③规格台布。

④桌裙或装饰布。

⑤餐巾(10 块)。

⑥花瓶、花篮或其他装饰物(1 个)。

⑦餐碟、味碟、汤勺、口汤碗、长柄勺、筷子、筷架(各 10 套)。

⑧水杯、葡萄酒杯、白酒杯(各 10 个)。

⑨牙签(10 套)。

⑩菜单(2 个或 10 个)。

⑪桌号牌(1 个)。

⑫公用餐具(筷子、筷架、汤勺各 2 套)。

二、知识准备

(一)合理布局

宴会餐桌的设计布局是根据主办人的要求、餐厅的形状、餐厅内陈设的特点来进行的，其设计布局的目的是：合理利用宴会厅的场地，表现出主办人的用意，体现宴会的规格标准，方便服务员为宴会提供服务。

(1)中餐宴会一般都用圆桌。餐厅服务人员要根据宴会通知单告知桌数、人数，选择好大小一致、颜色一致的圆桌、座椅，然后根据餐厅的面积和地形进行布局、设计台形。

(2)布局时要把主宾人入座与退席所经过的主要通道留得比其他一般通道宽敞一些，以方便宾客出入活动和便于服务。

(3)布局时要尽量利用日光或灯光，力求桌面光线明亮、柔和。

(4)台形布局的一般次序是：中心第一、先左后右、近高远低。

中心第一：布局时要突出主桌，主桌放在上首中心，要突出其设备和装饰，主桌的台布、餐椅、餐具的规格应高于其他餐桌，主桌的花坛也要特别鲜艳突出。

先左后右：是按国际惯例来说，即主人的右席的地位大于主人的左席。

高近远低：就被邀请客人的身份而言，身份高的离主桌近，身份低的离主桌远。

(5)有主席台设施的宴会厅，台上要布置会标，以表明宴会的性质；没有主席台的宴会厅也要在主桌后面用花坛画屏或大型盆景等布置一个重点装饰面。

(6)主桌要专设服务桌，其余各桌酌情设服务点。服务桌摆放的距离要适当，便于操作，一般放在餐厅四周。

(二)席位安排

1. 确定主人位置

所谓主人就是宴会主办人,规模在一桌以上的宴会,各桌主人位置的确定有两种方法:第一种是各桌的主人位置相同,同朝一个方向;第二种是第一桌主人与其他各桌的主人位置相对,即其他各桌的主人面对第一桌的主人。

2. 宾客的座次安排

正式的宴会一般均安排座次,有的只安排部分宾客的座次,其他人员可自由入座。大型宴会事先将宾客座次打印在请柬上,使宾客心中有数。

注:一般中方宴请则将中文写在上方,外文写在下方;若外方宴请则将外文写在上方,中文写在下方。

(三)桌面摆放

(1)准备桌面所需餐具、用品。餐具准备主要依据参宴人数、桌数、标准菜单等,包括:个人席位和公用餐具及其服务用具。

(2)铺台布、放转台、椅子定位。

(3)摆餐具。

中餐宴会摆台如图 4-18 和图 4-19 所示。

图 4-18　中餐宴会摆台(1)

图 4-19　中餐宴会摆台(2)

三、实操训练

(1)实训目标:能够在 15 分钟内完成中餐宴会摆台,分数要求在 70 分以上。

(2)实训形式:先由教师示范,再将学生分组进行强化训练;并由教师对学生进行评分,结果填入表 4-6 中。

表 4-6　中餐宴会摆台评分标准

训练项目	训　练　内　容	满分	得分	
台布（3 分）	可采用抖铺式、推拉式或撒网式铺设，要求一次完成，两次动作不规范扣 0.5 分，三次及以上不得分	2		
	台布定位准确，十字居中，凸缝朝向主副主人位，下垂均等，台面平整	1		
桌裙或装饰布（2 分）	桌裙长短合适，围折平整或装饰布平整，四角下垂均等（装饰布平铺在台布下面）	2		
餐椅定位（5 分）	从主宾位开始拉椅定位，座位中心与餐碟中心对齐，餐椅之间距离均等，餐椅座面边缘距台布下垂部分为 1.5 厘米	5		
餐碟定位（8 分）	一次性定位、碟间距离均等，餐碟标志对正，相对餐碟与餐桌中心点三点一线	6		
	距桌沿约 1.5 厘米	1		
	拿碟手法正确（手拿餐碟边缘部分）、卫生	1		
味碟、汤碗、汤勺（5 分）	味碟位于餐碟正上方，相距 1 厘米	2		
	汤碗摆放在味碟左侧 1 厘米处，与味碟在一条直线上，汤勺放置于汤碗中，勺把朝左，与餐碟平行	3		
筷架、筷子、长柄勺、牙签（8 分）	筷架摆在餐碟右边，与味碟在一条直线上	2		
	筷子、长柄勺搁摆在筷架上，长柄勺距餐碟 3 厘米，筷尾距餐桌沿 1.5 厘米	4		
	筷套正面朝上	1		
	牙签位于长柄勺和筷子之间，牙签套正面朝上，底部与长柄勺齐平	1		
葡萄酒杯、白酒杯、水杯（8 分）	葡萄酒杯在味碟正上方 2 厘米	2		
	白酒杯摆在葡萄酒杯的右侧，水杯位于葡萄酒杯左侧，杯肚间隔 1 厘米，三杯成斜直线，向右与水平线呈 30 度角。如果折的是杯花，水杯待餐巾花折好后一起摆上桌	5		
	摆杯手法正确（手拿杯柄或中下部）、卫生	1		
餐巾折花（8 分）	花形突出主位，符合主题、整体协调	3		
	折叠手法正确、卫生，一次性成形，花型逼真、美观大方	5		
公用餐具（4 分）	公用餐具摆放在正副主人的正上方	2		
	按先筷后勺的顺序将筷、勺搁在公用筷架上（设两套），公用筷架与正副主人位水杯间距 1 厘米，筷子末端及勺柄向右	2		

续表

训练项目	训　练　内　容	满分	得分	
菜单、花瓶（花篮或其他装饰物）和桌号牌（3 分）	花瓶（花篮或其他装饰物）摆在台面正中，造型精美、符合主题要求	1		
	菜单摆放在筷子架右侧，位置一致（两个菜单则分别摆放在正副主人的筷子架右侧）	1		
	桌号牌摆放在花瓶（花篮或其他装饰物）正前方、面对副主人位	1		
托盘（2 分）	用左手胸前托法将托盘托起，托盘位置高于选手腰部	2		
综合印象（14 分）	台面设计主题明确，布置符合主题要求	5		
	餐具颜色、规格协调统一，便于使用	2		
	整体美观、具有强烈的艺术美感	4		
	操作过程中动作规范、娴熟、敏捷，声轻，姿态优美，能体现岗位气质	3		
合　计		70		
操作时间：　分　秒　　超时：　秒　扣分：　分				
物品落地、物品碰倒、物品遗漏　件　　扣分：　分				
实　际　得　分				

（3）实训地点：校内模拟餐厅。

（4）实训时间：16 学时。

四、任务小结

摆台就是为客人就餐摆放餐桌、确定席位、提供必需的就餐用具的工作，它包括餐桌的布局、铺台布、安排席位、准备用具、摆放餐具、美化席面等等，是餐厅服务中一项要求较高的基本功。摆台的好坏直接影响服务质量和餐厅的面貌。

铺设后的餐台要求做到台形设计考究、合理，席位安置有序、符合传统习惯，小件餐具等的摆设配套、齐全、整齐一致，既方便用餐，又利于席间服务，还具有艺术性，所有物料用品清洁卫生，令人有清新、舒畅的感觉。

任务6　西餐摆台

一、任务布置

(1)查阅资料:利用课余时间到学校图书馆、地方文史馆或通过网络渠道等查阅相关资料,了解西餐文化、用餐礼仪、西式宴会摆台的内容、作用及做好西餐摆台的若干步骤。

(2)参观考察:将学生分为若干组,利用课余时间到各大酒店餐饮部、社会餐饮机构调查,重点为西餐摆台技能要领。

(3)整理查阅与调查的资料:每个小组的学生对查阅的资料和调查结果进行整理归类和总结。

(4)参与课堂讨论:积极参与教师在课堂组织的讨论活动,并发表自己的看法。

(5)实操训练:各小组成员要求在15分钟内完成评分质量为70分的西餐宴会摆台,参见表4-7。

任务内容:西餐宴会摆台(6人位)。

任务要求:

①摆台台形按餐台长边每边2人、短边每边1人摆放;以宴会套餐程序摆台,鼓励小组成员进行适当的台面设计与布置创新,摆设设计由各选手自定。

②操作时间为15分钟(提前完成不加分,每超过30秒扣总分1分,不足30秒按30秒计算,以此类推;超时2分钟不予继续比赛,未操作完毕不计分)。

③小组成员提前进入比赛场地,教师统一口令"开始准备"进行准备,准备时间为3分钟,学生准备就绪后举手示意。

④小组成员在教师宣布"开始"后开始操作。

⑤测试开始时,小组成员站在主人位后侧,比赛中所有操作必须按顺时针方向进行。

⑥所有操作结束后,小组成员应回到工作台前,举手示意"测试完毕"。

⑦餐巾准备无任何折痕;餐巾盘花花形不限,但须突出主位花形,整体符合台面设计主题。

⑧除装饰盘、花瓶(花坛或其他装饰物)和3头以上烛台可徒手操作外,其余物件均须使用托盘操作。

⑨测试中允许使用装饰盘垫或防滑盘垫。

⑩测试评分标准中的项目顺序并不是规定的操作顺序,选手可以自行选择完成各个测试项目。

⑪物品落地每件扣3分,物品碰倒每个扣2分,物品遗漏每件扣1分,逆时针操作扣1分/次。

物品准备：

①西餐长台(长 240 厘米×宽 120 厘米，高度为 75 厘米)、西餐椅(6 把)、工作台、比赛用酒水。

②防滑托盘(2 个，含装饰盘垫或防滑盘垫)。

③台布(2 块)：200 厘米×165 厘米。

④餐巾(6 块，可加带装饰物)：56 厘米×56 厘米。

⑤装饰盘 6 只：7.2 寸～10 寸。

⑥面包盘 6 只：4.5 寸～6 寸。

⑦黄油碟 6 只：1.8 寸～3.5 寸。

⑧主菜刀(肉排刀)、鱼刀、开胃品刀、汤勺、甜品勺、黄油刀各 6 把。

⑨主菜叉(肉叉)、鱼叉、开胃品叉、甜品叉各 6 把。

⑩水杯、红葡萄酒杯、白葡萄酒杯各 6 个。

⑪花瓶、花坛或其他装饰物(1 个)。

⑫烛台 2 座。

⑬盐瓶、胡椒瓶各 2 个。

⑭牙签盅 2 个。

二、知识准备

根据各地宾客饮食习惯的不同，宾客就餐的形式、规格不同，所摆设的餐具种类、件数及台面的造型都有所不同，而且各饭店均有本饭店独特的摆台方式，因此不可能完全统一。但是，所摆设的台面必须遵循整洁有序、尊重食俗、适应需求、配套齐全、方便就餐、方便服务、形式多样、艺术美观的原则。

西餐散座餐台通常是方桌或由方桌拼接而成的长方形。宴会使用的餐桌可由方桌拼接而成，拼接的大小、形状应根据宴会人数、宴会厅的形状和大小、服务的组织、客人的要求来决定。在我国，西餐宴会餐台用圆形台面也较为普遍，因圆台的设计排列比较方便灵活。西餐使用大量的金属餐具，其中以餐刀、餐叉和餐匙三类为最多。因为菜点种类不同、食用方式各异，所以餐具的形状大小也是多种多样。按大小来分，主菜刀叉最大，鱼刀、鱼叉次之，甜品、糕点叉、匙就更小些，而咖啡匙、黄油刀、奶油刀、葡萄柚匙则是最小最短的金属餐具。

(一)散座摆台

1. 早餐摆台

(1)餐刀、餐叉。在席位的右侧摆餐刀，刀口向左；席位的左侧摆餐叉，叉面向上。餐刀与餐叉的距离以摆放一个装饰垫盘为宜，一般为 30 厘米。刀叉后端离桌边 1 厘米，刀叉之间摆放餐巾折纸。

(2)面包盘、黄油刀。面包盘摆在餐叉左侧，距餐叉和桌边 1 厘米。黄油刀刀口朝盘心放在面包盘中轴线右侧；若放黄油碟，则置碟于面包盘右上方，距面包盘 3 厘米，黄油碟的左侧与面包盘的垂直直径延长线相切。

(3)咖啡杯具。将咖啡杯连垫碟摆放在餐刀右侧,咖啡匙放在垫碟内,杯把和匙把向右,垫碟与刀和桌边相距1厘米。

(4)调味品、牙签筒、口纸杯、烟缸等摆在餐桌靠中心的位置上。

(5)水杯。可根据宾客的要求,决定是否在餐刀上方放置水杯。

(6)早餐自助餐。在餐巾纸上方再横放一只甜品匙,匙把朝右,并将咖啡具换成水杯,摆在原来咖啡具的位置上。

2. 午晚餐摆台

(1)餐盘。餐盘亦称装饰垫盘,放在席位的正中,盘的中心对着椅背中间,盘边离桌边1厘米。目前有些饭店已不放餐盘,中间留出约30厘米的位置摆放餐巾花。

(2)餐刀、餐叉、汤匙。从餐盘的右侧由左向右依次摆餐刀、汤匙,刀口朝左。在餐盘左侧直摆餐叉,叉面向上,刀、叉、匙的后端离桌边1.5厘米;菜肴中若有鱼类海鲜,则需加摆鱼刀、鱼叉,鱼刀、鱼叉后端距桌边5厘米。

(3)面包盘、黄油刀。面包盘摆在餐叉左侧,其盘心与餐盘心连线平行于桌边。黄油刀直或平行于桌边置于面包盘上。

(4)水杯。水杯摆在餐刀的正上方3厘米处。

(5)餐巾花。餐巾花摆在餐盘正中,观赏面朝宾客。

(6)调味器、牙签筒、口纸杯、烟缸等摆在餐桌靠中心的位置上。

(7)周末晚餐自助餐在餐巾花上方再横放一副甜品叉匙,匙在上、把朝右,叉在下、把朝左。

(二)宴会摆台

1. 西餐宴会的台型设计

西餐宴会多采用花台(有时也用圆台),其台型设计按厅堂的大小和自然条件来布置。一般有长方"一"字台、"T"字台、"口"形台、"冂"形台、"山"形台等,总的要求是左右对称、出入方便。

2. 西餐宴会的席位安排

确定台型后,要按就餐人数安排座椅。主人的座位应正对厅堂入口处,其视线应能纵览全厅。

西餐宴会的席位安排,一般家庭式西餐宴会的习惯是长台的一端为主人席位,另一端为女主人或副主人席位。主人的右侧为主宾,左侧为第三宾客。副主人右侧为第二宾客,左侧为第四宾客,其余交错类推。这种宴会席位排法的优点是气氛较随和、有两个谈话中心。

在一些国家和地区的正式宴会上,更喜欢主人和副主人坐席相对安排在长台长边的中央位置,将宾客按顺序交叉安排在长台左右,这样可使全桌形成一个交谈中心而又不至于冷落宾客。

值得一提的是,现在许多重要宴会包括中餐宴会,都将主宾席安排在主人左侧,服务时先从主宾开始,顺时针方向操作,至主人结束,以体现对宾客的尊重。其余台型的席位

安排按此方式交错进行。

3. 冷餐会

冷餐会的设计近似于自助餐的设计，但其规模一般比自助餐大，布置要华丽、场面要壮观、气氛要热烈、环境要高雅，给人以舒适高贵的感觉。冷餐会一般有设座和立式两种就餐形式。

冷餐会的摆台要根据宴会厅的形状和实际情况以及参加冷餐会的人数来决定主食品台、副食品或甜品台的布置和食物分量。食品台可以是圆形、长方形、S形、T形或Y形。食品的摆放形式多种多样，除了设完整的自助餐台外，也可将一些特色菜分立出来，如色拉台、甜品台、切割烧烤肉类的肉类台等。

吧台要根据参加冷餐会人数的多少来决定。一般50人以上时最好设两个吧台，50人以下时设一个吧台就可以了，但不可不设吧台。吧台前部分只陈列少量的酒，以陈列酒杯为主，后部分以陈列酒、饮品为主。饮品大部分放于冰箱冷藏，客人要时才拿出来斟给客人。

收餐台上只放置餐巾纸和烟灰缸，它是供客人放用过的餐具的，服务员要注意及时收走用过的餐具。

致辞或祝酒台设在靠墙一边的中间，使主人能关注到宴会的每一个角落，能调动酒会的气氛。

设座式冷餐会的服务要摆好宾客用餐桌，桌上的餐具有餐叉、餐刀、汤勺、甜品餐叉、面包碟、面包刀、餐巾、胡椒盅、盐盅。在立式冷餐会上，有的主人和主办单位要求在贵宾厅为贵宾、重要领导、年纪大的宾客建立贵宾席，为此要按西餐宴会摆台方法摆台。

4. 酒会摆台

酒会以酒水为主，略备小吃，不设座椅，仅放适量的小桌或茶几，以便宾客随意走动。小桌上铺设台布，准备好口纸、杯子、烟灰缸、牙签筒、鲜花等，全部与餐桌摆放一致。

根据酒会通知单备足各类酒水饮料，布置好酒台。

酒会的食品饮料由服务员用托盘端送，也有一部分放置在小桌上。

(三)西餐摆台要领

西餐摆台示例如图4-20、图4-21、图4-22所示。

摆台时，按照一底盘、二餐具、三酒水杯、四调味用具、五艺术摆设的程序进行。

(1)餐盘居中，盘上方横匙，左叉右刀，先外后里，刀口朝盘，叉面、勺面朝上，酒具在右上方，主食在左。

(2)摆放在台面的各种餐具要横竖交叉成线，有图案的餐具要图案方向一致。

图4-20　西餐宴会摆台(1)

(3)每套餐具之间要不混淆，全台

图 4-21　西餐宴会摆台(2)

图 4-22　西餐宴会摆台(3)

看上去要整齐、大方、舒适。

(4)餐具与菜肴配套,酒具与酒品配套。

(5)要边摆边检查餐具和酒具,发现不清洁或有破损的要马上更换。

(6)摆台结束要进行全面检查,仔细观察是否有漏项或错摆,如发现问题应及时纠正、弥补不足。

三、实操训练

(1)实训目标:能够在 15 分钟内完成西餐宴会摆台,分数要求在 70 分以上。

(2)实训形式:先由教师示范,再将学生分组进行强化训练;并由教师对学生进行评分,填入表 4-7 中。

(3)实训地点:校内模拟餐厅。

(4)实训时间:16 学时。

表 4-7　西餐宴会摆台评分标准

项目	项目评分细则	分值	扣分	得分
台布 (4.5 分)	台布中凸线向上,两块台布中凸线对齐	1		
	两块台布面重叠 5 厘米	1		
	主人位方向台布交叠在副主人位方向台布上	0.5		
	台布四边下垂均等	1		
	铺设操作最多四次整理成形	1		
席椅定位 (3 分)	摆设操作从席椅正后方进行	0.6(每把 0.1)		
	从主人位开始按顺时针方向摆设	0.6(每把 0.1)		
	席椅之间距离基本相等	0.6(每把 0.1)		
	相对席椅的椅背中心对准	0.6(每把 0.1)		
	席椅边沿与下垂台布相距 1 厘米	0.6(每把 0.1)		
装饰盘 (4.6 分)	从主人位开始顺时针方向摆设	0.4		
	盘边距离桌边 1 厘米	1.2(每个 0.2)		
	装饰盘中心与餐位中心对准	1.2(每个 0.2)		
	盘与盘之间距离均等	1.2(每个 0.2)		
	手持盘沿右侧操作	0.6(每个 0.1)		
刀、叉、勺 (10.8 分)	刀、勺、叉由内向外摆放,距桌边距离符合标准(标准见最后“备注”)	5.4(每件 0.1)		
	刀、勺、叉之间及与其他餐具间距离符合标准(标准见最后“备注”)	5.4(每件 0.1)		
面包盘、黄油刀、黄油碟 (4.8 分)	摆放顺序:面包盘、黄油刀、黄油盘	1.8(每件 0.1)		
	面包盘盘边距开胃品叉 1 厘米	0.6(每件 0.1)		
	面包盘中心与装饰盘中心对齐	0.6(每件 0.1)		
	黄油刀置于面包盘右侧边沿 1/3 处	0.6(每件 0.1)		
	黄油碟摆放在黄油刀尖正上方,相距 3 厘米	0.6(每件 0.1)		
	黄油碟左侧边沿与面包盘中心成直线	0.6(每件 0.1)		
杯具 (10.8 分)	摆放顺序:白葡萄酒杯、红葡萄酒杯、水杯(白葡萄酒杯摆在开胃品刀的正上方,杯底中心在开胃品刀的中心线上,杯底距开胃品刀尖 2 厘米)	1.8(每个 0.1)		
	三杯成斜直线,向右与水平线呈 45 度角	6(每组 1 分)		
	各杯身之间相距约 1 厘米	1.2(每个 0.1)		
	操作时手持杯中下部或颈部	1.8(每个 0.1)		

续表

项目	项目评分细则	分值	扣分	得分
花瓶（花坛或其他装饰物）（1分）	花瓶（花坛或其他装饰物）置于餐桌中央和台布中线上	0.5		
	花瓶（花坛或其他装饰物）的高度不超过30厘米	0.5		
烛台（2分）	烛台与花瓶（花坛或其他装饰物）相距20厘米	1（每座0.5）		
	烛台底座中心压台布中凸线	0.5（每座0.25）		
	两个烛台方向一致，并与杯具所呈直线平行	0.5（每座0.25）		
牙签盅（1.5分）	牙签盅与烛台相距10厘米	1（每个0.5）		
	牙签盅中心压在台布中凸线上	0.5（每个0.25）		
椒盐瓶（3分）	椒盐瓶与牙签盅相距2厘米	1（每组0.5）		
	椒盐瓶两瓶间距1厘米，左椒右盐	1（每组0.5）		
	椒盐瓶间距中心对准台布中凸线	1（每组0.5）		
餐巾盘花（3分）	在装饰盘上褶，在盘中摆放一致，左右成一条线	2		
	造型美观、大小一致，突出正副主人	1		
倒水及斟酒（7分）	为三位客人斟倒酒水（其中餐台长边2人，短边1人）			
	口布包瓶，酒标朝向客人，在客人右侧服务	1		
	倒水及斟酒的顺序为：水、白葡萄酒、红葡萄酒	1.5		
	斟倒酒水的量：水4/5杯，白葡萄酒2/3杯，红葡萄酒1/2杯	4.5		
	斟倒酒水时每滴一滴扣1分，每溢一滩扣3分			
托盘使用（2分）	餐件和餐具分类按序摆放，符合科学操作	1		
	杯具在托盘中杯口朝上	1		
综合印象（12分）	台席中心美化新颖、主题灵活	4		
	布件颜色协调、美观	2		
	整体设计高雅、华贵	3		
	操作过程中动作规范、娴熟、敏捷、声轻，姿态优美，能体现岗位气质	3		
合　计		70		
操作时间：　　分　　秒　　超时：　秒　　扣分：　分				
物品落地、物品碰倒、物品遗漏　　件　　扣分：　分				
实　际　得　分				

续表

项目	项 目 评 分 细 则	分 值	扣分	得分
备注：(1)装饰盘；(2)主菜刀(肉排刀)；(3)鱼刀；(4)汤勺；(5)开胃品刀；(6)主菜叉(肉叉)；(7)鱼叉；(8)开胃品叉；(9)黄油刀；(10)面包盘；(11)黄油碟；(12)甜品叉；(13)甜品勺；(14)白葡萄酒杯；(15)红葡萄酒杯；(16)水杯。 各餐具之间的距离标准：(1)、(2)、(4)、(5)、(6)、(8)与桌边沿距离为1厘米；(1)与(2)，(1)与(6)，(8)与(10)，(1)与(12)之间的距离为1厘米；(9)与(11)之间的距离为3厘米；(3)、(7)与桌边的距离为5厘米；(6)、(7)、(8)之间，(2)、(3)、(4)、(5)之间，(12)与(13)之间的距离为0.5厘米；(14)、(15)、(16)杯肚之间的距离为1厘米。				

四、任务小结

西餐摆台在注重台面的整体美观度和整洁时，也要注重摆台的卫生，因为西餐餐具很多都为银质或整洁亮丽的金属餐具，若徒手摆台也可能将手指印印到餐具上，因此摆台人员操作时最好戴白手套。

任务7 餐前检查

一、任务布置

(1)查阅资料：利用课余时间到学校图书馆、地方文史馆或通过网络渠道等查阅相关资料，了解餐前检查的内容、作用及做好餐前检查的若干步骤。

(2)参观考察：将学生分为若干组，利用课余时间到各大酒店餐饮部、社会餐饮机构调查，重点为餐前检查技能要领。

(3)整理查阅与调查的资料：每个小组的学生对查阅的资料和调查结果进行整理归类和总结。

(4)参与课堂讨论：积极参与教师在课堂组织的讨论活动，并发表自己的看法。

(5) 实操训练：各小组在模拟餐厅环境中完成餐前检查任务。

二、知识准备

餐饮设备用品的正常与完善是体现餐前准备工作的必要环节。餐厅内部的物品，特别是与餐饮活动有关的物品，在餐前一定要准备充分。一般餐前准备的设备用品，包括餐桌、座椅、烟缸、瓷器、玻璃皿具、桌布、餐巾、桌号牌、菜单、鲜花、调味瓶、空调、灯具、装饰品、辅助餐具等。宴会等大型餐饮活动还要对过道、地毯、餐桌布局、舞台、灯光、横幅、酒水台、旗帜、蜡烛台、扩音设备、音乐等进行布置。

在各类设备用品的准备过程中，餐具的质量和清洁是应该特别重视的问题。有些餐具虽然不直接入口，但仍属于整个餐饮服务和餐饮产品的一部分，餐具的好坏直接关系到餐厅的服务水平，作为高品质的餐厅，对餐具的要求应该更高，绝不应出现因餐具质量和清洁的问题引起客人不满的情况。餐厅在准备餐具时应注意：

（一）保证餐具的备份

高档和昂贵的餐具备份比较困难，但易损坏的餐具则应多置备份。

（二）建立严格的检查制度

在客人用餐前检查餐具的质量、清洁情况，杜绝有问题的餐具上桌。

（三）餐具的使用要分门别类

餐厅和餐饮活动的内容档次不同，使用的餐具的等级也应各不相同。对餐具分门别类，是为了保证各种档次餐饮活动的餐具使用，也是为了使高档餐具减少损耗，以节约成本。

（四）对发生质量或清洁问题的餐具要及时更换，对客人要求更换的餐具要尽量更换

顾客不满意主要是由餐前准备工作不细致与领导检查不到位造成的。其实，在餐厅每个餐次营业前，服务员有许多工作要做。首先是接受任务分配，了解自己的服务区域，然后检查服务工作台和服务区域，熟悉菜单及当日的主推菜、缺菜等菜品信息，了解重点顾客和特别注意事项等。若准备不充分，将会影响餐中的服务质量，如餐具准备不充分，当时又要忙着加位、翻台，导致服务速度与质量下降，直接影响顾客的满意度。所以，不论是环境、台面、备用餐具，还是灯光、温度、设备，每个细节都很重要，都直接关系着餐饮活动是否能顺畅营运。

充分的餐前准备工作是良好服务、有效经营的重要保证，因此是不可忽视的重要环节，是重中之重的工作。

（五）餐前准备的具体工作

1. 清洁卫生

任何餐厅的卫生都非常重要。检查餐厅的卫生清洁状况，是为了使餐厅时刻保持在

符合顾客要求的卫生状况，让宾客在这样的就餐环境中能够放心地享受美味佳肴。每次开餐前，检查所管辖区域卫生是否达到规定要求，包括：墙群、扶手、门、窗做到干净、无污渍；各类设备做到干净、无污渍，并可正常使用，灯具无损坏；地面、餐桌与工作柜下干净整洁，无杂物、死角；装饰品与各类提示牌规范摆放在指定位置，表面干净；绿色植物无枯萎、黄叶，花盆清洁、无杂物、放置规范，垫盘内无污水；厅面空气清新，保持适宜的室温和亮度；播放的音乐适宜就餐气氛等内容。

2. 安全

检查所负责区域的灶具是否有漏气现象（火锅餐厅），桌椅板凳是否完好无损。

3. 餐具准备

按照规定的要求摆好台，即按每张台的位数计算摆好骨碟、小碗、筷子、茶杯、烟灰缸、牙签筒，火锅店则要备调味盐、醋壶、味精等。原则上筷子带店招、店徽的一面向上，餐具有店徽的要统一朝向客人，筷子放在距离骨碟一指处；牙签筒、醋壶等调味品统一放置于餐桌的右上角；玻璃杯只能倒扣在干净的台布或垫子上，以保持杯口的卫生，同时在开始营业时，要将所有杯子正放过来，否则给人以餐厅仍未准备好的印象。摆好台后必须检查一次所有的餐具是否做到干净、齐全，并按照标准摆放。具体内容为：桌面台布与转盘干净、无污渍；桌面餐用具及相关物品齐全、干净、无破损；桌面餐具摆放规范，烟盅内加少许水；桌椅、BB凳、沙发表面等干净无杂物，摆放整齐美观；桌椅无晃动，四周干净无油渍。

4. 工作柜内物资准备

餐具的准备是否充足直接影响着整体服务。一般工作柜内餐具要备到所管辖区域的3至4倍。

一般存放规则为：工作柜台面存放拖盘、菜谱、小毛巾，第一层放筷子、筷架、餐巾、餐巾扣，第二层存放茶杯、小碗、匙根、烟灰盅，第三层存放骨碟。而白酒杯、啤酒杯、红酒杯等放在每个区域指定的位置即可，饭碗等直接放在打饭处。

5. 设备运转情况检查

设备运转情况检查的内容包括：空调、排风扇、灯光、电视、消防设施；如使用电脑点菜系统，必须对各区域电脑的电源、打印机等进行测试，以检查桌面转盘能否正常操作等内容。

6. 布草间内各物资的准备

布草间内物资准备的主要内容包括各类台布、垃圾袋在布草房内的摆放。

7. 收台区域的准备

收台区域的准备主要包括：根据要求备足相应的餐具框；各类餐中使用的工具是否准备齐全，如垃圾夹、拖盘、毛巾、清洁用具等；餐厅背景音乐有无播放、是否适宜；温度是否合适；绿色植物的维护与摆放；餐厅各类物品、设备及工具的摆放是否规范，如桌椅是否成一条直线；了解当餐次的菜品信息；了解所负责区域预订顾客的信息及要求，并按标准摆好餐具；做好单据与个人开餐工作的准备；待服务员完成各项准备工作，召开班前会。

8. 工作间、过道

工作间、过道准备的具体内容为：工作间准备扫把一把、撮地机一个、拖桶一个、干湿拖把各一个;准备足够的垃圾袋、饮料回收桶一个、啤酒箱一个;垃圾桶内垃圾袋无垃圾、并且摆放在规定位置;收台车一个,收台框干净、按要求摆放在餐车上面;过道通畅、无阻碍物;各灭火器按规定位置摆放,干净无尘;热水器正常运作,表面无尘、干净;洗手间干净、无异味、各类物品备用齐全,物品用具无乱摆、乱放现象等。

9.仪容仪表

仪容仪表准备的具体内容为:头:女盘发无凌乱,男寸发、后无留发脚;面:女化淡妆,男无胡须、鬓发;手:无留长指甲、无涂有色指甲油、无戴饰品,手部干净清洁;着装:无皱褶、破损,扭扣齐全,干净无异味,佩戴工牌;袋:个人工作用具齐全,袋内无其他物品;鞋袜:穿黑色鞋、低跟、鞋面干净无污垢,;袜子肉色、无破损等。

三、实操训练

(1)实训目标:检查餐厅相关区域和部位,找出不足之处,为开餐做好准备。

(2)实训形式:分组模拟训练,对餐厅的餐前状况进行检查评分,填入表4-8中。

表4-8 餐前检查评分表

项目	内容	满分	得分
清洁卫生	达到营业前的环境与卫生清洁状态	15	
安全	餐厅各部位安全情况	15	
餐具准备	餐具准备检查卫生	15	
设备运转情况	设备运转情况,检查各设备是否能正常运转	15	
布草间内各物资的准备	布草准备情况	10	
收台区域的准备	各类餐中使用的工具是否准备齐全	10	
工作间、过道	工作间工具齐全、过道畅通并且符合酒店要求	10	
仪容仪表	仪容仪表达到上岗要求	10	
总计		100	

(3)实训地点:校内模拟餐厅。

(4)实训时间:2学时。

四、任务小结

餐前准备工作,顾名思义,就是要在开餐前完成,不论是中餐、火锅还是西餐,餐前准备时间一般为30分钟左右,上午可以在10:50—11:20完成,下午可在5:00—5:30完成。

餐前准备工作做得越充分,到了营业阶段,工作开展得就越有序,顾客就越感觉自己的消费很值。为了各个区域能完全执行各项目,可在各区域的隐蔽处(顾客看不到的地方)张贴餐前准备检查表,起到提醒与自查的作用。餐前检查是开展营运工作最大的保障,如果做不好,将会导致餐中慌乱,所以不仅仅是员工需要做餐前检查,作为前厅的管理

者更必须对员工执行的情况进行检查，以备发现问题能及时调整；相反，如果没有检查，久而久之，员工警惕心放松，难免会出现错误，有的甚至难以挽回。

拓展训练

1. 计划

将班级分成若干个小组，每个小组独立制订计划。

(1)列出老师分配给你或你所在小组的工作任务清单，将团队同学及组长的姓名记载下来。注意：男生、女生进行组合。

____

____

____

____

____

(2)列出你和团队小组所要调查的酒店名称，你们小组成员所在地市，如厦门市、漳州市。

____

(3)列出你和团队小组所要准备的材料。

____

____

____

____

2. 决策

小组独立作出决策并拟出实施计划的提纲及实施方案，记载下来。

(1)确定小组各成员调查的企业及内容。

成员 A：______________________________________

成员 B：______________________________________

成员 C：______________________________________

成员 D：______________________________________

成员 E：______________________________________

成员 F：______________________________________

成员 G：______________________________________

(2)确定小组成员在餐前准备工负责的各项任务及工作内容，填入表 4-9 中。

表 4-9　小组成员工作内容一览表

成员	姓　　名	工　作　内　容
组长		
成员 A		
成员 B		
成员 C		
成员 D		
成员 E		
成员 F		
成员 G		
…		

3. 执行

(1)汇报你所在小组的调查完成情况,以及在调查过程中发现和存在的问题,并进行讨论。

____

____

____

____

(2)列出你所在小组收集及调查餐前准备材料过程出现的问题。

____

____

____

____

4. 检查

(1)将各小组调查的结果以调查报告的形式进行评比,并由各小组选派人员进行汇报(PPT),将汇报情况填入表 4-10 中。

表 4-10　小组成员工作汇报情况表

序　号	组　　别	汇报人员	结　　果
1	第一组		
2	第二组		
3	第三组		
4	第四组		
5	第五组		
…			

(2)汇总各小组完成情况,填入表 4-11 中,并进行评比。

表 4-11　小组完成情况总结

材料内容	负责人	完成情况	存在问题
班前会			
托盘端托服务			
餐巾折花			
铺台布服务			
中餐摆台			
西餐摆台			
餐厅主题餐台设计			
餐前检查			

5. 评价

采用学生独立自我评价、其他同学提出问题并互评、老师评价的形式。

(1)学生对自己完成的工作任务进行自我评价,将评价结果填入表 4-12 中。

表 4-12　学生完成工作任务自评表

班级＿＿＿＿＿　姓名＿＿＿＿＿＿＿　学号＿＿＿＿＿＿

学习情境		任务编号			
评价项目	评　价　标　准	自我评价			
		优	良	中	差
工作准备	准备充分				
计划提纲	简洁明了、有针对性				
工作过程	能按照预期计划完成				
工作结果	符合预期要取得的结果				
汇总与汇报	能熟悉餐前准备各项内容,汇报清晰				
学习、劳动态度	端正,按照要求出勤,无无故不到现象				
日常作业完成情况	按时、认真完成				
职业素质	按要求做好准备,自觉培养服务意识				
团队合作	小组成员之间合作交流成果显著				
创新点	PPT 制作有亮点				
综合评价结果					

(2)学生互评与教师点评。学生以个人或小组为单位,对完成工作任务的过程与结果进行互评;教师对学生工作过程与工作结果进行评价,并给出普适性意见。将学生互评结果填入表 4-13 学生完成工作任务的过程与结果互评表中,教师评价填入表 4-14 学生完成工作任务的过程与结果教师评价表中。

表 4-13　学生完成工作任务的过程与结果互评表

学习情境										任务编号									
序号	评价对象	评价项目与评价结果																备注	
		调研计划				调查方案				调查成果				成果展示					
		优	良	中	差	优	良	中	差	优	良	中	差	优	良	中	差		
1	第一组																		
2	第二组																		
3	第三组																		
4	第四组																		
5	第五组																		
6	第六组																		
7	第七组																		
8	第八组																		
9	第九组																		
10	第十组																		

评价情况说明：

表 4-14　学生完成工作任务的过程与结果教师评价表

<table>
<tr><td>学习情境</td><td colspan="3"></td><td colspan="2">任务编号</td><td></td></tr>
<tr><td>班级</td><td></td><td>姓名</td><td></td><td>学号</td><td colspan="2"></td></tr>
<tr><td colspan="2">评价项目</td><td colspan="3">评　价　标　准</td><td colspan="2">评价结果
（被扣除的分数及说明）</td></tr>
<tr><td rowspan="3">考勤
（20%）</td><td>迟到</td><td colspan="3" rowspan="3">无无故迟到、早退、旷课现象
每迟到、早退一次扣 2 分，旷课一节扣 5 分</td><td colspan="2"></td></tr>
<tr><td>早退</td><td colspan="2"></td></tr>
<tr><td>旷课</td><td colspan="2"></td></tr>
</table>

续表

<table>
<tr><td>学习情境</td><td colspan="2"></td><td>任务编号</td><td></td></tr>
<tr><td rowspan="8">工作任务(项目)完成情况(60%)</td><td>工作准备</td><td colspan="2">准备充分</td><td></td></tr>
<tr><td>计划提纲</td><td colspan="2">简洁明了、有针对性</td><td></td></tr>
<tr><td>工作过程</td><td colspan="2">能按照预期计划完成</td><td></td></tr>
<tr><td>工作结果</td><td colspan="2">符合预期要取得的结果</td><td></td></tr>
<tr><td>汇总与汇报</td><td colspan="2">能熟悉餐前准备各项内容,汇报清晰</td><td></td></tr>
<tr><td>职业素质</td><td colspan="2">按要求做好职业素养养成</td><td></td></tr>
<tr><td>团队合作</td><td colspan="2">小组成员之间、同学之间合作交流成果显著</td><td></td></tr>
<tr><td>创新意识</td><td colspan="2">有创新点</td><td></td></tr>
<tr><td rowspan="4">任务(项目)报告(20%)</td><td>完成时间</td><td colspan="2">按时完成</td><td></td></tr>
<tr><td>报告环节</td><td colspan="2">格式正确、任务(项目)报告环节完整</td><td></td></tr>
<tr><td>书写</td><td colspan="2">书写整齐、字体工整</td><td></td></tr>
<tr><td colspan="4"></td></tr>
<tr><td colspan="4">综合评价结果(填写最后得分)</td><td></td></tr>
</table>

实训情境小结

本实训情境包含班前会、托盘端托服务、餐巾折花、铺台布服务、中餐摆台、西餐摆台、餐厅主题餐台设计等各项任务及技能,也是餐厅服务最基础的技能。对于操作的动作及规范,教师要勤于教导,学习者则要有意识地自我纠正。所谓业精于勤,特别是基础性技能,学习者只有勤勤恳恳,反复练习才能达到餐前准备的各项任务要求。

实训情境五

主题宴会设计

知识目标

知识目标

1. 熟悉宴会类型、宴会场景布局、主题餐台的设计原则

2. 掌握主题宴会接待方案创意设计方法以及主题餐台的设计方法

能力目标

1. 能够根据宾客的要求做好宴会预订

2. 能够根据不同宴会类型安排适当的宴会厅进行宴会布局设计并做出主题宴会接待方案

3. 能够根据不同宴会类型进行主题宴会设计

经济的快速发展，人民生活水平的不断提高，宴会部在饭店经营管理中的地位越来越重要，大型饭店都设置了宴会部，专业负责宾客对各种类型宴请的需求。完美的宴会接待工作始于优质的宴会预订环节，一份完善的主题宴会接待方案能够为顺利完成宴会接待工作打下良好的基础，而精心设计的主题餐台更会给宾客留下难以忘怀的用餐体验。

任务1　主题宴会接待方案创意设计

一、任务布置

(1)查阅资料：利用课余时间，进入学校图书馆、地方文史馆及网络渠道等查阅相关资料，了解宴会接待服务的内容、作用及做好宴会接待服务的工作要领。

(2)参观考察：将学生分为若干组，利用课余时间到各大酒店餐饮部、社会餐饮机构调查，重点为宴会服务技能要领，有条件的可以安排参与宴会服务工作。

(3)整理查阅与调查的资料：每个小组的学生将查阅的资料和调查结果进行整理归类和总结。

(4)参与课堂讨论:积极参与教师在课堂组织的讨论活动,并发表自己的看法。

(5)实操训练:各小组在模拟餐厅环境中完成一份主题宴会接待方案和主题餐台的设计。

二、知识准备

(一)宴会预订

宴会预订是指酒店宴会部或者专业的宴会服务商与宴请举办者对宴会的相关事宜进行商谈,事先预订。宴会预订是宴会组织工作的第一步,预订工作直接影响到宴会菜单设计、场地安排、环境布置、人员安排等整个宴会的组织和实施,因此宴会预订工作必须是缜密周到的。

1.宴会预订的准备工作

(1)做好宴会预订的相关准备工作

①按照酒店规定着装,准时到岗,参加班前会,准备好名片、笔、宴会预订单、宴会确认书、宴会合同书、宴会销售宣传资料等用具和文件。②整理好工作环境,确保干净舒适。③检查电脑网络,确保能够正常使用;查看交接班记录,处理未尽事宜;核对宴会记录,准确及时送发宴会通知单或用餐更改单。

(2)掌握预订情况

①每天要查阅"宴会预订记录簿"和上一周已做出安排的所有工作记录。

②如发现客人对有关安排作出取消、调整、补充等建议或决定,要及时向上一级主管汇报,并根据场地的安排情况和有关宴会条例为客人跟办具体的工作。

③要基本掌握未来半年内的预订情况,对已作预订的大型活动、重要客户或重要的节假日预订的情况要了如指掌。

(3)掌握宴会预订的相关信息

①了解各多功能宴会厅的使用情况,掌握空闲的宴会厅。熟悉各宴会厅的面积、高度、采光、通风、装饰、布局、最大容客量等接待能力及各项设施设备的使用功能情况,做到心中有数。

②掌握高级宴会的人均消费起点标准,各宴会厅的使用费用标准,大型宴会金额起点标准。

③熟悉各式宴会标准、菜肴品种、烹调方法、各种配套服务项目特色等,掌握各类食物、饮料的成本和卫生安全条例。

④掌握餐饮部根据淡旺季、新老客户等不同条件下制定的销售策略,熟悉部门的销售制度。

⑤熟悉各种不同类型的宴会、会议、展览、展销的服务标准和布置摆设要求。

⑥定期查阅客人的有关资料,熟悉客人的消费时间、消费内容和服务要求。

2. 宴会预订工作程序、操作标准及规范用语(见表 5-1)

表 5-1　宴会预订工作程序、操作标准及规范用语

程序	操作标准	规范用语
问候客人	来电预订:在电话铃响三声以内接听电话,以规范的礼貌用语问候客人并自报家门。	下午好!××酒店宴会预订部,我是×××,很高兴为您服务!
	来访预订:需站立迎接,礼貌地向客人问好。	早上好!要预订宴会是吗?我是×××,很高兴为您服务!
接待介绍	①向客人介绍酒店特色,如:菜系、价格、服务设施、环境、等级标准及收费项目等。②耐心倾听客人的提出的问题,根据客人的提问进行介绍,当好客人的参谋。	①我们酒店有……
	来电预订:建议客人预约时间到宴会场地亲自视察。	×××先生,您什么时间有空,可到酒店现场确认。
	来访预订:可在洽谈的同时为客人提供有关资料,并亲自陪同客人视察宴会场地。	我带您去看看我们的宴会场地好吗?
受理预订	①详细了解、主动询问客人的要求。了解包括:日期、时间、参加人数、活动性质、宴会标准、服务要求、客人姓名、单位名称、联系电话及结账方式等有关信息。②订餐洽谈和签约时,要明确宴会承办的各个细节。③客人订餐时应避免催促,给订餐者充足的考虑时间。④向客人展示宴会活动布置的平面图、菜单、预算单等。	①请问您的宴会什么时间举行?多少人参加宴会?宴请的标准是多少?宴请的目的是……您贵姓?贵公司名称是……结账方式是现付?还是……您的联系方式?
确认预订	①如客人无其他要求,应礼貌地将预订情况向客人复述一遍,以便核对再确认。②详细填制宴会预订单(如是大型宴会,应先送交餐饮部经理签发宴会确认书),再请客人签字确认。③向客人收取10%的预订金。	①×××先生,您的宴会将……②如没什么问题,×××先生,请您在这签名!③×××先生,您的宴会预订金是……,是付现金还是刷卡?
致谢送客	礼貌地向客人致谢,并将客人送至电梯口或门口。	×××先生,感谢您在我们这儿预订宴会!这边请!期待再会!
发出通知	①及时将宴会预订单发至相关部门做好餐前准备。②将客人的特色要求告知餐厅主管和厨师长。③对当日未确认的订单,应再次主动与客人联系、确认。	
更改订单	处理临时更改的预订,将更改通知单及时通知相关部门(主要是餐厅和厨房)。	

3. 跟进宴会预订工作安排

(1)整理归纳当天的宴会、会议及各种活动资料和预订表格，联络各有关部门，了解工作的完成情况。

(2) 活动开始前，检查有关部门的接待准备工作，如宴会活动的布置、摆设、卫生、安全等情况是否符合客人的要求，发现问题及时解决。

(3)主动迎接客人(或主办单位负责人)，与主办单位负责人一起检查宴会场地的布置情况，向客人汇报活动的具体落实情况，听取对方的意见，如客人有任何临时性的要求，要尽快联络有关部门协助解决。

(4)亲临现场，监督和指导服务工作，活动结束后要主动向客人征询意见。对如期举办的宴会活动，要提前准备感谢信，以便在宴会结束后发给客户。

(5)做好交接班工作。与下一班员工交接，交代好未尽事宜和注意事项，填写交班日记。总结当天的宴会接待情况，分析存在的问题，填写工作日志并报上级审阅。

4. 注意事项

(1)凡举办大型宴会及重要接待活动，必须事前召集主办单位和酒店有关部门召开沟通协调会，解决保安、消防、批文、准办证、工程方面的配合、泊车位、公关协助及卫生检疫等事宜，落实具体安排，以确保宴会顺利进行。

(2)确认举办日期的前 15 天，要主动征询客人是否有调整补充的意见，活动举办前的 7 天，要再次致电征询客人的意见，举办活动的前 3 天，要向客人汇报我方的具体工作落实情况。

(二)主题宴会接待方案创意设计

一旦宴会预订确定，应根据宴请类型及相关预订信息，立即开始主题宴会接待方案的创意设计，这是顺利完成宴会接待工作的第一步。

1. 根据客人宴请的目的，确定宴请类型、主题和色彩基调

(1) 宴请的类型，按照宴请目的可分为政务类宴会、商务类宴会、家庭类宴会等三大类型。

①政务类宴会是政府或其他社会组织由于欢迎、招待、答谢等原因而举行的比较正式的宴请活动。

②商务类宴会是包括企业团体或组织由于商务洽谈、协议签署、企业庆典等活动需要而举行的宴请活动。

③家庭类宴会是亲朋好友因为庆祝、纪念、订婚、结婚、生日、升学等原因而举行的宴请活动。

(2) 根据宴请类型，确定主题和色彩基调。一方面，一个好的主题和色彩基调给客人以喜庆、欢乐，能够愉悦身心；另一方面是酒店各相关部门可以根据主题和基调开展具体准备工作。当然在确定主题和色彩基调时要遵循客人的意见。宴请主题和色彩基调，参见表 5-2。

表 5-2　宴请主题和色彩基调

宴请类型		确定主题	色彩基调
政务类宴会	欢迎	和谐发展、天籁之约	天蓝色、金色
	招待	祥和盛世	金黄色
	答谢	共赢未来	金黄色
商务类宴会	商务洽谈	和谐共赢	深蓝
	协议签署	携手共进	深蓝
	企业庆典	感恩有你、普天同庆、尾牙宴等	金黄色、暖橙色
家庭类宴会	庆祝	幸福团圆宴	暖黄色、橙色
	纪念	爱你一万年	金黄色
	订婚	只爱你	粉色、蓝色、紫色
	结婚	爱在云端、天长地久	香槟色、粉紫色
	生日	百日宴、抓周宴、福如东海、寿比南山等	金色、红色
	升学	金榜题名、大展宏图	绿色、蓝色、金色

2. 服务情境设计

(1) 服务情境的设计要求：第一，能够依据主题，准确阐述接待任务；第二，清楚、全面地阐述客人的特点；第三，全面、准确地设定服务要素，包括时间、地点、参加人员等。

(2)表达通过此次宴会接待达到宴请的美好愿望，并借此展现中国地域传统文化和美食。

3. 服务设计

服务设计要求能够根据工作计划，明确分工；根据宴会需要，合理设计服务项目，流程科学；工作质量检查全面、有效；满足合理的个性化诉求，服务方式科学；选用适宜的背景音乐，环境装饰等环节考虑全面、设计合理。

(1) 接待计划以及人员安排

①接待计划：接待计划是宴会接待工作的指南，必须详细周到。其内容包括：确认宾客到达时间及用餐时间、人数、菜单、会场布置、宴会议程、需提供的其他服务等；检查宴会接待分工工作的完成情况，并及时协调；会同宴请的客户再次检查接待工作的完成情况以及细节问题；宴会当日上午，酒店总经理及会务组负责人共同检查宴会筹备情况；宴会前 3 小时，酒店总经理巡查各接待环节，并进入宴会接待状态；酒店总经理及主要部门总监现场督导接待工作；做好宴会接待的总结以及客人资料的存档。

②人员安排：组建宴会接待领导组织机构。根据宴会规模的大小和宴会的重要程度，宴会接待总指挥可以由酒店总经理、餐饮总监、餐饮部经理来担任；营销总监负责与会务组保持联系；餐饮总监、餐饮经理、主管负责宴会接待用餐服务；行政总厨负责菜品设计并确保出品卫生安全；安保总监负责做好安全检查和秩序维护；工程总监负责设施设备的正常运行；大堂副理负责协调联络及接待。以上各部门负责人须按照宴会接待的总进度

计划制订分解计划,明确每个岗位的任务与职责。如图 5-1 所示。

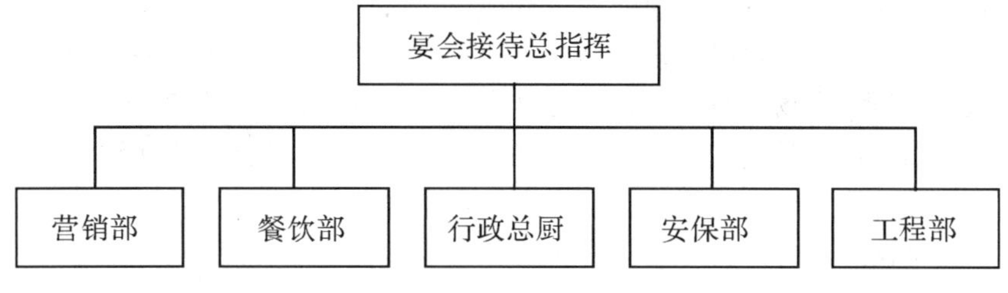

图 5-1 宴会接待领导组织机构

餐饮宴会部和厨房是宴会接待工作的主要完成部门,参与的岗位人员多,应按照接待规格标准进行分工,确保接待工作落实到人。宴会接待服务岗位、应配备的人数及工作内容如表 5-3 所示。

表 5-3 宴会服务岗位、人数及工作内容

岗　　位	人　　数	工作内容
餐饮部经理	1 名	负责宴会总协调,确保接待正常运转;按照主题方案进行场地布置的指导与协调
主管	1 名(1～5 桌)	负责主桌及舞台的用餐区宴会接待服务
迎宾员	1 名(1 桌)	负责迎宾服务、礼仪服务
桌面服务员	1～2 名(1 桌)	(1)现场布置:要求在当天下午四点前完成,按照宴会设计主题方案场地要求布置场地;(2)主桌由 2 名服务员看,其他各宾客桌一名
传菜员	1 名(1 桌)	每人负责一桌,确保上菜服务正确准时
吧台服务员	1 名(1～5 桌)	负责酒水饮料等的服务
机动人员	1 名	根据宴会需要,协助其他岗位工作
休息室服务员	1 名	负责休息室、衣帽间的服务
总厨	1 名	负责菜单设计、成本控制;根据宾客特点结合宴请主题特色,在毛利率范围内制定菜单
厨师长	1 名	负责组织人员进行不同菜肴的制作,把握出菜时间
厨师	多名	负责菜肴的制作

③员工培训:由餐厅经理说明宴会注意事项,并且要求服务人员掌握和了解每天宴会预订、客人用餐和餐桌安排及当日特色菜点情况。了解每道菜肴的主料、配料、主要的烹饪方法;每道菜肴所需的配食和调味汁酱;每道菜肴的口味特点和历史典故,能向客人准确介绍;如有外宾参加的宴会,要求能熟练地用英文表达每道菜肴的名称。按照宴会服务工作规程和质量要求对客人进行优质细致的服务。掌握菜单变化和厨房货源情况,主动介绍和推销各种菜肴及酒水。保持餐厅环境整洁,确保餐具、布件清洁完好,备齐各种物料用品。保证设施设备的正确使用及维护。

（2）设计服务项目，流程科学

完整的主题宴会接待方案还应该在服务项目、接待服务流程设计方面进行创新。

①接待流程。宴会销售经理做好接待前期宴会人数、用餐标准、菜单安排、桌次安排、座牌名称、宴会议程、会场方案等确认。对宴会领导的陪同人员另行安排在主宴会厅旁的其他餐饮包房用工作人员餐，按会务组同意的标准执行。在宴会将结束前30分钟对宴会嘉宾行走路线进行检查。保安部在宴会客人行走路线的每个路口设置安保人员。总经理在酒店大堂或会议厅门口迎接宴会主要领导并亲自引领至宴会厅。宴会厅门旁的礼仪人员配合总经理引领客人至桌旁，同时由该桌的专属服务人员给予拉椅服务。宴会主要领导入座后，音响师配合宴会议程播放PPT或视频/音乐，并提供话筒。按照主桌的用餐进度情况，提供上菜和席间服务。用餐即将完毕时，检查疏散离场通道，礼宾配合总经理引领主要领导离场并欢送离店。会同财务人员与会务组核对消费情况并结账。做好宴会接待的资料归档。

②宴会服务流程设计。

宴会餐前工作：一是了解宾客宴会活动流程；二是宴会开始前4个小时完成所有装饰物以及灯光音响、话筒、LED屏、空调等设备的调整；三是宴会开始前60分钟完成所有备餐摆台的准备工作；四是宴会开始前30分钟开始接受客人的衣帽存储，贵重物品在酒店前台存储；五是宴会开始前30分钟服务人员、迎宾就位；六是宴会开始前15分钟准备迎宾酒，其中主席台的迎宾送酒工作按照议程在主持人需要共同举杯时进行；七是餐具配备齐全（一般每桌多配备2～4套）。

宴会餐中工作：一是服务员站立在服务的桌旁，注意不要挡住身后的客人；二是传菜员须按照规定的线路传菜，防止冲撞；三是主桌服务员按照分餐要求进行位上服务，其他次桌服务员只提供主菜和汤的分餐服务；四是在餐前和餐中要提供三次热毛巾服务；五是按照客人需要及时提供酒水及所需的一切服务。

宴会结束时：一是提供拉椅服务，帮助客人离开桌位；二是提醒客人记住随身物品；三是引领客人至宴会厅大门口，与迎宾共同祝福客人。

餐后整理：检查地面及台面有无燃着的烟头。按餐巾、毛巾、玻璃器皿、金器、瓷器顺序撤收；先收易碎、贵重餐具，注意物品分类回收。清理包厢场地，搞好地面卫生，各类物品归仓入库，餐椅餐桌按规定位置码放整齐，关好门窗，关掉电源，锁好包厢门，把钥匙交给值班人员以利于夜间巡查。

（3）工作质量检查全面、有效

工作质量检查实行宴会经理负责制，由宴会经理对接各部门的工作人员；分级检查和督导，有问题要及时反馈沟通；宴会开始前，检查音响话筒、开启空调，检查包厢、衣帽间、休息厅等卫生，检查餐具、酒水等物品是否齐全，检查服务员的仪容仪表，检查安全设施和应急设施。

（4）满足宾客的个性化诉求

对于宾客对象及其个性化的要求，在接待方案中要特别说明。如接待有外宾的宴会，要安排英语好的员工提供西方礼仪服务，主要用餐器具可考虑使用西式的或中西结合的，菜品安排忌内脏、辛辣。

(5)宴会场景设计，选用适宜的背景音乐、装饰及环境布置

宴会场景设计对宴会主题的渲染和衬托具有十分重要的意义。整台宴会应强调会场气氛，宴席周围的布局、装饰、桌子的摆放等都要体现宴会的主题。

①背景音乐。根据宴会主题，跟客户共同探讨选用适宜的背景音乐。如婚宴、企业庆典类的宴会可选择喜庆类的音乐播放，用餐过程中可播放温馨轻音乐。同时确保音响系统的正常运行。

②装饰及环境布置。根据主题确定宴会色调，用灯光、色彩、装饰物、服务等来烘托宴会氛围，在已确定的宴会厅环境进行装饰布置，做到灯光明亮。重要的宴会设主宾讲话台，麦克风要事先调好。背景墙、舞台、签到台装饰设计；设定宾客主通道，一般宽为 2.5 米；安全疏散通道 1 个；服务通道 2 个、衣帽存储间。环境装饰可以采用中国传统文化元素、本地文化元素、现代时尚元素等，也可兼顾西方审美要求来设计。

高档次的宴会在酒店大厅设立本次宴会的欢迎指示牌一块(包括名称、主办地点和相关信息)。在通往宴会主场地的通道路口处配备指引牌及引领人员若干。在宾客主通道铺设红地毯，两侧配备主题花柱。还可以设计宴会座次安排图。

4. 宴会台型、台面设计

(1) 宴会台型设计

宴会台型设计的总体要求是根据宴会规模，适应宴会厅场地、合理布局、突出主台、有利进餐、方便服务。

①通道设计。要求将主宾入席和退席要经过的通道作为主行道，主行道应比其他行道宽敞突出些。中餐宴会台型设计中其他台椅的摆法、背向要以主桌为准。

②宴会台型布局。根据餐厅的形状和大小以及宴会人数放置相应数量的餐台。中餐宴会中餐桌的排列十分强调主桌位置。主桌应放在面向餐厅主门、能够纵观全厅的位置。其中主桌 1 台(220 厘米的圆桌)，放座次卡。次桌多台 (180 厘米的圆桌)，服务台设置多个，配置桌布及桌裙，次桌配桌号牌。桌与桌之间的距离以方便穿行上菜、斟酒、换盘为宜。整个宴会餐桌的布局要整齐，做到桌布一条线、桌腿一条线。

(2)台面设计

台面设计要求中心装饰物比例合适、设计精美，准确展现主题。餐具规格合理、统一，精美，实用，展现主题准确。布草质地环保、优良，色彩、图案与主题呼应。选手服装符合岗位工作要求，设计合理，能展现主题。

① 台面创意设计

根据宴会主题创意设计台面，台心装饰物可采用构造技法，突出主题，设计精美。主题中心物规格要求直径 20～45 厘米，高 10～30 厘米，与 180 厘米圆桌规格协调。

② 台面用品设计

餐具可选用骨质瓷、白瓷、陶瓷等高档特色瓷器，并与主题相呼应。酒具应选用国产或进口的水晶杯等特色玻璃杯，为主题宴会增色。为本次主题宴会特别设计的筷套，精心挑选的木质筷子、餐勺都是对客人的尊重。

③布草设计

首先要根据餐桌的大小选择平整、无皱纹、无破边、无破洞、大小适宜的台布。铺台布时中线鼓缝朝上，对正正副主人，台布下垂的四角离地面距离相等。台面、椅套、口布等布草的精心设计应体现主题思想，主桌布草的选择要突出，次桌布草选择应与主桌协调一致，面料用涤带棉的面料。

④服装设计

服务员的工装要求有特色，与主题协调一致。通常女服务员配中国传统旗袍，男服务员配黑色中山装。领班及以上人员按等级配备西装礼服。

5. 预案设计

预案设计应符合酒店的实际经营情况，涉及内容全面。处理突发事件的方案完善、科学。

(1) 各部门会同工程部提前对各项设施做好检查及维护工作，确保各项设施处于正常工作状态。会同安保部对停车疏导、宴会人员疏导以及现场安全工作做好管理。

(2)加强对员工做好宴会接待的实操及特殊事件处理方法的培训工作，提高员工的安全意识和应急能力。厨房对当日的所有菜品做好食品记录。

(3) 根据《中国饭店行业突发事件应急规范》，编制应急实施方案。如遇突发状况，服务员要做到不惊慌，首先安抚客人。通知值班经理及相关部门加强防范工作，以防事态扩大。

6. 菜单设计

菜单外观设计要求精美、新颖。菜品数量合理、菜肴搭配合理，营养均衡。菜品售价与成本设计合理，符合酒店经营实际。

(1)菜单设计应遵循几个原则，一是菜肴的数目应为双数；二是菜肴的命名应尽量选用吉祥用语以表达美好的祝愿，从心理上愉悦宾客，烘托气氛；三是菜单在设计的过程中应遵照因人配菜的原则；四是菜品原料的选择一定要根据习俗，注意禁忌。

(2)宴会酒水设计要求与宾客确认，注意酒水与宴会、菜肴的搭配。

(3)做出菜单的成本预算。一般档次越高的餐厅原料成本率越低，宴会的原料成本率一般低于普通餐的成本率。国际上饭店业的食品饮料成本率一般为30%～35%。

7. 文案设计

文案设计要求表述清晰、逻辑性强，版面设计合理、图文并茂。

8. 综合印象

主题宴会接待方案的创意设计要求格式整齐、外观精美，全面、合理、可操作性强。主题创意设计要符合酒店的经营实际，并具有推广性。

三、实操训练

(1)实训目标：各小组完成一份中餐主题宴会设计接待方案。

(2) 实训形式：三人为一小组，布置任务，分工合作并对本组的宴会设计接待方案进行汇报；评价小组对各组的宴会设计接待方案进行评价，并填入表5-4中。

表 5-4　中餐宴会接待方案创意设计评分标准

（共 30 分）

项　　目	内容及标准	满分	得分
服务情景设计（6 分）	能依据主题，准确阐述接待任务。	2	
	清楚、全面地阐述客人的特点。	2	
	设定服务要素（时间、地点、参加人员）全面、准确。	2	
服务设计（6 分）	根据工作计划，明确分工。	1	
	根据宴会需要，设计服务项目合理，流程科学。	2	
	工作质量检查全面、有效。	1	
	个性化诉求合理，服务方式科学。	1	
	背景音乐使用、环境装饰等环节考虑全面、设计合理。	1	
台面设计（6 分）	中心装饰物比例合适，设计精美，展现主题准确。	2	
	餐具规格合理、统一，精美，实用，展现主题准确。	2	
	布草质地环保、优良，色彩、图案与主题呼应。	1	
	选手服装符合岗位工作要求，设计合理，能展现主题。	1	
预案设计（3 分）	预案符合酒店实际经营情况，涉及内容全面。	1	
	处理突发事件的方案完善、科学。	2	
菜单设计（4 分）	菜单外观设计精美、新颖。	1	
	菜品数量合理、菜肴搭配合理，营养均衡。	2	
	菜品售价与成本设计合理，符合酒店经营实际。	1	
文案设计（2 分）	表述清晰、逻辑性强。	1	
	版面设计合理、图文并茂。	1	
综合印象（3 分）	格式整齐，外观精美。	1	
	全面、合理、可操作性强。	1	
	主题创意设计符合酒店的经营实际，能推广。	1	
（要求 2500～3000 字符数）字数不符合要求扣 1 分。　　扣分：			
合计：			

（3）实训地点：校内模拟餐厅。

（4）实训时间：3 学时

四、任务小结

主题宴会接待方案创意设计是酒店宴会接待工作非常重要的一环，是做好宴会服务工作的基础。学生通过这个环节的学习和实践，能够开发创新思维，提高学习能力，培养

团队合作的意识和能力。

任务2　主题宴会餐台设计

一、任务布置

(1)查阅资料:利用课余时间,进入学校图书馆、地方文史馆或通过网络渠道等查阅相关资料,了解宴会主题餐台设计的内容、作用及宴会主题餐台设计的若干步骤。

(2)参观考察:将学生分为若干组,利用课余时间到各大酒店餐饮部、社会餐饮机构调查,重点为宴会主题餐台设计技能要领。

(3)整理查阅与调查的资料:每个小组的学生将查阅的资料和调查结果进行整理归类和总结。

(4)参与课堂讨论:积极参与教师在课堂组织的讨论活动,并发表自己的看法。

(5)实操训练:各小组在模拟餐厅环境中完成一个宴会主题餐台的设计。要求台面设计主题明确,布置符合主题要求的餐台,如图5-2所示。

图5-2　宴会主题餐台设计

二、知识准备

现代餐饮经营与发展的事实告诉我们,餐饮经营想一路走好并做大、做强、做出品牌,那种追求大而全、小而全而漫天撒网的做法显然是行不通的,因为它缺乏吸引人的亮点。主题宴会活动的策划,是近年来餐饮行业所关注的一项营销活动。“特色化”的主题宴会也是餐饮创造优势的武器,各种精心别致、独具匠心的宴会设计不仅突显了酒店的设计和运作能力,也给宾客耳目一新、贴心舒适的享受。餐饮企业在组织策划各种主题宴营销活

动的时候，应根据时代风尚、消费导向、地方风格、客源需求、社会热点、时令季节、人文风貌、菜品特色等因素，选定某一主题作为宴会活动的中心内容。然后根据主题收集整理资料，依照主题特色设计菜单，吸引公众关注。

（一）主题宴会开发的思路

现代企业的经营管理者已越来越意识到，企业的成功离不开精心的策划。餐饮经营也是如此，首先应明确一个切合经营实际的活动主题，这是经营策划的前提条件。目前，不少餐饮企业往往只重视菜品质量、服务质量，这是企业安身立命最基础的东西；然而发展到一定阶段的现代企业如果没有好的品牌、特色，不进行主题餐饮的策划，那就很难在行业中独树一帜。这就需要管理者站在战略的高度去运作企业。

1. 从文化的角度加深主题宴会的内涵

餐饮经营不仅仅是一个商业性的经济活动，在餐饮经营的全过程始终贯穿着文化的特性。在策划宴会主题时，更是离不开“文化”二字。每一个宴会主题都是文化铸就的，如地方特色餐饮的地方文化渲染，不同地区有不同的地域文化和民俗特色；如以某一类原料为主题的餐饮活动，应有某一类原料的个性特点，从原料的使用、知识的介绍，到食品的装饰、菜品烹制特点等，这是一种“原料”文化的展示。北京宣武区的湖广会馆饭庄将饮食文化与戏曲结合起来，推出戏曲趣味菜，如贵妃醉酒、出水芙蓉、火烧赤壁、盗仙草、凤还巢、蝶恋花、打龙袍等，这一创举使每一道菜都与文化紧密相连。服务员在端上每一道戏曲菜时，都会恰到好处地说出该道菜戏曲曲目的剧情梗概，给客人增加了不少雅趣。

主题宴的设计，如仅是粗浅地玩“特色”是不可能收到理想效果的。在确定主题后，策划者要围绕主题挖掘文化内涵、寻找主题特色、设计文化方案、制作文化产品和服务，这是最重要、最具体、最花精力的重要一环。独特的主题，运用独特的文化选点，主题宴会自然就会获得圆满的成功。

2. 宴会菜单的设计应紧扣主题文化

第一，菜单的核心内容，即菜式品种的特色、品质必须反映文化主题的饮食内涵和特征，这是主题菜单的根本，否则菜单就没有鲜明的主题特色。如苏州的“菊花蟹宴”以原料为主题，就必须围绕“螃蟹”这个主题，宴席中汇集清蒸大蟹、透味醉蟹、子姜蟹钳、蛋衣蟹肉、鸳鸯蟹玉、菊花蟹汁、口蘑蟹圆、蟹黄鱼翅、四喜蟹饺、蟹黄小笼包、南松蟹酥、蟹肉方糕等菜点，可谓“食蟹大全”；浙江湖州的“百鱼宴”，围绕“鱼”来做文章，糅合四面八方、中西内外各派的风味；“普天同庆宴”是以欢庆为主题，整个菜单围绕欢聚、同乐、吉祥、兴旺，渲染喜庆之气氛。

[例]普天同庆宴：龙凤呈祥——龙虾鸡脯拼，辞旧迎新——片皮乳香猪，普天同庆——夏果虾仁带子，群星璀璨——时蔬白鱼丸，鸿运丰年——红烧果子狸，合浦还珠——驼掌田鸡球，万家欢乐——琵琶鲍鱼翅，百业兴旺——三菇烩六耳，前程似锦——虫草炖锦鸡，百年好合——莲子百合羹，永结同心——香酥芝麻枣。

第二，菜单、菜名及技术要求应围绕文化主题这个中心展开。可根据不同的主题确定不同风格的菜单，应考虑整个菜名的文化性、主题性，使每一道菜都围绕主题，这样可使整个宴会气氛和谐、热烈，让人产生美好的联想。

［例］寿庆喜宴：麻姑献寿——拼盘围碟，合家欢乐——彩色虾仁，祥和如意——佛手鱼卷，蟠桃盛会——鸽蛋鱼翅，吉庆有余——鲍鱼四宝，花开富贵——桃仁花菇，松鹤延年——寿星全鸭，长命百岁——蛋黄寿面，寿比南山——猕桃银耳，五彩果盘——时令果拼。

设计主题菜单时应考虑主题文化强烈的差异性，突出个性。主题菜单只考虑一个独特的主题，菜单的制定必须具有独特的风格。菜单越是独特，就越是吸引人，越是能产生意想不到的效果。

（二）确定宴会主题

1. 可供选择的主题众多

现代餐饮经营促销，可供选择的主题很多。美食主题是餐饮所有活动所要表达的中心思想，它决定了餐饮活动对市场的吸引力。在确定主题时，应进行扎实的需求调研。一般来说，可供选择的宴会主题可以分为以下几类：

（1）地域、民族类主题，如地方风味主题活动：运河宴、长江宴、长白宴、岭南宴、巴蜀宴、蒙古族风味、维吾尔族风味以及泰国风味、日本料理、阿拉伯风味、意大利风味等主题；

（2）人文、史料类主题，如乾隆宴、大千宴、东坡宴、梅兰宴、红楼宴、金瓶宴、三国宴、水浒宴、随园宴、仿明宴、宫廷宴、射雕宴等；

（3）原料、食品类主题，如镇江江鲜宴、安吉百笋宴、云南百虫宴、西安饺子宴、海南椰子宴、东莞荔枝宴、漳州柚子宴等；

（4）节日、庆典类主题，如春节、元宵节、情人节、儿童节、中秋节、圣诞节以及饭店挂牌、周年店庆等；

（5）娱乐、休闲类主题，如歌舞晚宴、时装晚宴、魔术晚宴、影视美食、运动美食等；

（6）营养、养生类主题，如健康美食、美容食品、药膳食品、长寿美食、绿色食品等等；

（7）人文情感和审美意境类主题，如云香静心、春韵、喜上梅梢、曼妙琴岛、竹韵、爱在云端等；

（8）公务商务类主题，如公司年终的尾牙宴、和谐共赢招待宴、天籁之约欢迎宴等。

2. 强调主题的单一性与个性化

主题宴会的明显特点就是主题的单一性，一个宴会只有一个主题，只突出一种文化特色。推出某一个主题宴时，要求主题个性鲜明、与众不同，形成自己的独特风格，其差异性越大，就越有优势。宴会主题的差异也是多方位的，产品、服务、环境、服饰、设施、宣传、营销等有形与无形的差异都行，只要有特色，就能吸引人气。

3. 切忌空洞、名不符实的应景之作

近几年来，全国各地涌现了不少主题宴会，其风格多种多样，有原料宴、季节宴、古典宴、风景宴等等。但许多主题宴会设计存在的问题也不少，特别是那些古典人文宴和风景名胜宴，不少菜品给人牵强附会之感。把几千年的菜品挖掘出来这确实是件好事，但有些菜品令人不敢恭维，重形式轻市场，华而不实，中看不中“吃”；那些风景名胜宴，在盘中摆出山山水水、花花草草，还有亭台楼阁、人和动物，许多菜难以食用也不敢食用，违背了烹饪的基本规律。

另外，在主题宴菜品的开发上，许多企业对菜品本身的开发并不重视，而是一味地注重菜名的修饰、装扮、奇巧，有些甚至是在玩文字游戏；许多菜品的名称很艰涩，让人看不懂、搞不明，削弱和违背了菜肴应有的价值。

(三)主题宴会餐台设计

主题宴会餐台设计要求台面设计应突出主题创意、精选设计台面用品、设计特色菜单、工装与主题呼应、总体印象精美，具有推广性。

1. 台面设计

台面设计要求主题明确，创意新颖独特，具有时代感。台面整体设计能紧密围绕主题。中心主题艺术品设计外形美观，具有较强的观赏性，主题设计规格与餐桌比例恰当，不影响就餐客人餐中交流。

2. 台面用品设计

台面用品设计要求整体美观，具有强烈的艺术美感；台面餐具、酒具、布草（含台布、餐巾、椅套等）要求质地环保，符合酒店的经营实际情况；布草色彩、图案以及筷套、牙签套的设计应与主题呼应；台面用品的选择和摆放应方便客人就餐。

3. 菜单设计

主题宴会菜单设计就是按照客人设定的具体任务的目的和要求预先制订的工作方案和计划。首先要了解客人的想法，并把客人的想法贯穿到菜单设计之中，能够充分体现主题，这才是成功的菜单设计，而不是依据自己的性格爱好、技术特长来编制菜单。

菜单设计的各要素（例如颜色、背景图案、字体、字号等）合理，与主题一致，菜单整体设计与餐台主题相统一，外形有一定的艺术性。菜品设计（菜品搭配、数量及名称）合理，符合主题。菜品设计能充分考虑成本等因素，符合酒店经营实际情况。

4. 服装设计

主题宴会的员工服装及装饰的设计应符合酒店工作要求，服装设计与主题协调一致，一般来说中餐主题宴会女员工服装为传统旗袍，男员工服装为中式男装。

5. 总体印象

主题宴会餐台设计总体印象要求整体设计和谐、注重细节，主题设计具有推广性。

三、实操训练

(1)实训目标：能够根据时代风尚、消费导向、地方风格、客源需求、社会热点、时令季节、人文风貌、菜品特色等因素收集整理资料，依照主题特色去设计菜单及台面。

(2)实训形式：布置任务，分组调研和讨论，形成主题作品；评审组为各组评分，并填入表 5-5 中。

表 5-5 主题宴会餐台设计评分表

（共 20 分）

项目	内容及标准	满分	得分
主题创意（8 分）	主题明确，创意新颖独特，具有时代感	2	
	台面整体设计能紧密围绕主题	2	
	中心主题艺术品设计外形美观，具有较强的观赏性，主题设计规格与餐桌比例恰当，不影响就餐客人餐中交流		
	现场制作中心艺术品	2	
台面用品（4 分）	设计要求整体美观，具有强烈的艺术美感	1	
	台面餐具、酒具、布草（含台布、餐巾、椅套等）的质地环保，符合酒店经营实际情况	1	
	布草色彩、图案以及筷套、牙签套的设计应与主题呼应	1	
	台面用品的选择和摆放应方便客人就餐	1	
菜单设计（4 分）	菜单设计的各要素（例如颜色、背景图案、字体、字号等）合理，与主题一致，菜单整体设计与餐台主题相统一，外形有一定的艺术性	1	
	菜品设计（菜品搭配、数量及名称）合理，符合主题	1.5	
	菜品设计能充分考虑成本等因素，符合酒店经营实际情况	1.5	
服装设计（2 分）	主题宴会的员工服装及装饰的设计应符合酒店工作要求	1	
	服装设计与主题协调一致	1	
总体印象（2 分）	主题宴会餐台设计总体印象要求整体设计和谐、注重细节	1	
	主题设计具有推广性	1	
合计		20	

（3）实训地点：校内模拟餐厅。

（4）实训时间：2 学时。

四、任务小结

主题宴会餐台的精心设计能够很好地烘托餐厅气氛，在餐饮行业竞争日趋激烈的情况下，能为客人提供个性化的主题餐台设计无疑是一大亮点。

实训情境小结

本实训情境包含主题宴会接待方案创意设计和主题宴会餐台设计两个任务及技能。通过这两个实训项目的学习和实践,有利于学生开拓创新思维,提高学习和研究的能力,养成耐心细致的工作习惯,培养团队合作的意识和能力。

实训情境六

开餐服务

学习目标

知识目标

1. 熟悉开餐服务相关工作岗位及要领
2. 掌握开餐服务的相关知识要点

能力目标

1. 能够胜任开餐服务的相关岗位工作要求
2. 熟练完成开餐服务的各项工作任务
3. 学会开餐服务所需的各种技能

开餐服务是餐厅对客服务工作的开始，也是餐厅服务工作的重要一环，包括迎接客人、安排客人就座、善待候位客人等都是开餐服务的重要工作内容。

任务1　候位服务

一、任务布置

(1)查阅资料：利用课余时间到学校图书馆、地方文史馆或通过网络渠道等查阅相关资料，了解候位服务的内容、作用及做好候位服务的若干步骤。

(2)参观考察：将学生分为若干组，利用课余时间到各大酒店餐饮部、社会餐饮机构调查，重点为候位服务技能要领。

(3)整理查阅与调查的资料：每个小组的学生对查阅的资料和调查结果进行整理归类和总结。

(4)参与课堂讨论：积极参与教师在课堂组织的讨论活动，并发表自己的看法。

(5) 实操训练：各小组在模拟餐厅环境中完成候位服务任务。

二、知识准备

餐厅在营业高峰期时，经常会出现门庭若市的现象，致使用餐客人无位置坐。若出现这一现象时则要给每一位候位的客人休息的地方。一名合格的服务员不仅能提供高质量的服务，同时还具备掌控全局、处理各类事件的能力。

(一)注意公平，合理排号

处于候位的客人，由于认可该餐厅的某些因素，如菜肴、服务质量或环境等，宁愿用自己宝贵的时间在餐厅候餐而不愿到别处用餐，可见候位客人大多为餐厅的忠实顾客。候位服务员在提供优质服务的同时也不能区别对待，注意排号先来先入餐位，保证公平。很多时候，客人的心情变差不是因为等位置，而是因为受到不公平待遇才愤愤离场的。

(二)注重候位客的服务

在休息处，有专门人员为候位客人服务，如提供茶水、各类杂志等，提示客人本店的免费 WIFI，让等候的客人先看菜单和点菜等，以此冲淡时间的感觉，减轻焦虑感，服务员在服务时要尽可能地让客人不要产生不耐烦的感觉。

(三)适当赠送小礼品

客人在候餐时都有求偿心理，因此，餐厅方为了提高上座率、稳定客源，可为客人适当赠送小吃和水果拼盘等礼物。

(四)请客人就餐

保证在预计的时间内请等候的客人用餐，并提前或准时请客人进餐厅就坐。

(五)程序及服务标准

1. 迎接客人

当客人来到餐厅时，迎宾员应面带微笑主动上前问候。

2. 餐厅客满服务

餐厅客满时，可以为客人提供两种服务：

(1)候位服务。第一，礼貌地告诉客人餐厅已经客满。第二，询问客人是否愿意等候，并告知需要等候的时间。第三，安排客人在休息处等候，并提供相应的服务。第四，与餐厅及时沟通，了解餐位情况，以最快的速度为客人准备好餐台。

(2)推荐服务。当客人不愿意等候用餐时，可以推荐酒店的其他餐厅，并介绍其风味特点。如果客人同意去建议的餐厅用餐，立即帮助客人联系预订餐位，告诉客人去餐厅的路线，并再次对客人不能在本餐厅用餐表示歉意。

三、实操训练

（1）实训目标：各小组在模拟餐厅环境中完成候位服务工作任务。

（2）实训形式：教师布置任务，并将学生分组进行模拟；对学生的服务进行评分，填入表 6-1 中。

表 6-1 候位服务评分表

项目	内　　容	满分	得分
仪容仪表仪态符合岗位要求		30	
候位服务	问候客人，并说明已经客满	20	
	请客人等候，注意公平，合理排号	20	
	注重候位客人的服务	10	
	适当赠送小礼品	10	
	请客人就餐	10	
总　　计		100	

（3）实训用具：笔、纸、杂志、菜单、茶水或小礼品等。

（4）实训地点：校内模拟餐厅。

（5）实训时间：2 学时。

四、任务小结

候位服务为客人进入餐厅所接受的首项服务，作为候位服务员不仅要提供优质服务且要有处理各种问题的能力。

任务 2　迎宾、引座服务及座位安排

一、任务布置

（1）查阅资料：利用课余时间到学校图书馆、地方文史馆或通过网络渠道等查阅相关资料，了解迎宾、引领服务及座位安排的内容、作用及做好迎宾、引领服务及座位安排的若干步骤。

(2)参观考察:将学生分为若干组,利用课余时间到各大酒店餐饮部、社会餐饮机构调查,重点为迎宾、引座服务及座位安排技能要领。

(3)整理查阅与调查的资料:每个小组的学生对查阅的资料和调查结果进行整理归类和总结。

(4)参与课堂讨论:积极参与教师在课堂组织的讨论活动,并发表自己的看法。

(5) 实操训练:各小组在模拟餐厅环境中准备好桌椅餐具、菜单、酒单、笔(或者IPAD)、迎宾记录本、茶水、小毛巾等完成迎宾、引座服务及座位安排任务。

二、知识准备

(一)迎宾工作

(1)迎宾员要检查菜单,保证菜单干净整洁、无破损。了解每餐的菜单和预订情况,熟悉餐厅的所有宴会厅及餐桌、餐位。

(2)仪表要整洁美观,态度要彬彬有礼、热情,在开餐前 30 分钟站立于餐厅门口一侧(可以被客人直接看得见的位置),面带笑容迎接宾客。

(3)当宾客到达时,距离 3 米要向客人微笑致意;距离 1.5 米要躬身问好,行 60 度鞠躬礼。询问客人是否要用餐,当客人确定要用餐后,请先确认宾客是否有预订,若有预订问明就餐人数、订餐联系人。

(4)用手势表示请进,并协助宾客存放衣帽、雨具等物品,并提醒客人保管好贵重物品。

①对于没有预订的宾客,应询问宾客是需要宴会包间还是大厅零点,根据客人的要求安排好餐位,并主动征询宾客的意见。如需要安排宴会包间,可以这样征询宾客的意见:“×先生(小姐),您看在百度厅用餐可以吗?”如需要安排大厅零点,可以这样征询宾客的意见:“×先生(小姐),您看坐这里可以吗?”

②对于已有预订的宾客,若是生客,先查看预订记录,核对预订信息,并招呼:“先生(小姐)中午(晚上)好,欢迎光临,里边请。”若是熟客,应直接称呼:“×书记(×总),中午(晚上)好,欢迎光临,里边请。”若宾客是行动不便的残疾人、老年人,应主动上前搀扶,并用礼貌用语:“先生(小姐),您订的是××厅(××号桌),请随我来(或您这边请)。”并伸手示意,引领走在宾客侧前方 2～3 步,按客人步履快慢行走(在每个拐弯处都应侧身伸手示意,用语:“您这边请。”

(5)迎宾员还要做到:了解餐厅内客情,以便随机应变地安排客人入座。

(6)迎宾员将就餐客人数和客人姓名的信息告知服务员,以便能够提供个性化的礼貌服务。与服务员交接后,迎宾员应立即返回餐厅门口,记录台号、宾客用餐人数等相关信息,准备迎接下一批客人。并将客人的所有意见或投诉记录好,及时向上级汇报。详见表 6-2 迎宾记录表。

(7)送客人时应主动为客人开门,用礼貌用语:“您走好,欢迎下次光临。”

表 6-2 迎宾记录表

年 月 日 星期

餐 别	预订客人				零散客人				人数总计	
	人数		时间	台号	人数		时间	台号		
	住店	店外			住店	店外			餐	日
早 餐										
……	中 餐									
……	晚 餐									
小计										
合计										
备注										
中 餐										
……										
……										
小计										
合计										
备 注										
晚 餐										
……										
……										
小计										
合计										
备 注										

注：①人数统计可细分为住店客人、店外客人，还可细分出忠诚客人等。

②时间统计可划分时段统计。

③台号统计可知晓区域流动和热门餐桌。

(二)引座服务及座位安排

安排客人就坐的工作通常由餐厅经理、专职引座员负责。建立这种引座制度，一来会使客人感到受欢迎，对餐厅留下美好的第一印象；二来也使得餐厅有能力控制餐厅里客人的流动量，使餐厅处于有效的控制下。即使在客人可以自己挑选餐位的餐厅，问候和引座也是很重要的。

1. 引座的技巧

引座是客人进入酒店餐厅后接受服务的开始，规范优质的引座能使客人对酒店餐厅

留下良好的第一印象；同时，引位技能恰到好处地运用，可以使酒店餐厅的空间得到很好的利用，方便餐厅员工的服务，衬托出餐厅环境的不同一般的感观印象，提高客人的满意度。

将客人领至订好的（或合适的）餐位，征询客人意见："××先生，您看坐这儿可以吗？"如客人有异议，则重新安排餐桌。协助值台服务员拉椅让座，将椅子拉开，当客人坐下时，用膝盖顶一下椅背，双手同时送一下，让客人坐在离桌边合适的距离，一般以客人坐下前胸与桌的间隔距离为10～15厘米为宜。在零点餐厅要递上菜单，伸手示意，用礼貌用语"这是我们的菜单，请您先看一下菜单"。将宾客的就餐人数、单位、姓名、标准、特殊要求交接给值台服务员，对客人用礼貌用语"祝各位就餐愉快"，然后回到迎宾员岗位。

2. 引座注意事项

根据客人的人数安排相应的地方，使客人就餐人数与桌面容纳能力相对应。这样可以充分利用餐厅的服务能力。

酒店的引座应当表现出对客人的诚意，在具体的引座、推荐过程中应当尊重客人的选择，使双方的意见能很好地结合起来。

第一批客人到餐厅就餐时，可以将他们安排在比较靠近入口或距离窗户比较近的地方，使后来的客人感到餐厅人气旺盛，构造出热闹的氛围，避免给客人留下门庭冷落的印象。对于带小孩的客人，应尽量将他们安排在离通道较远的地方，以保证小孩的安全，同时也利于餐厅员工的服务。对于着装鲜艳的女宾，餐厅可以将其安排在较为显眼的地方，以增加餐厅的亮色。对于来餐厅就餐的情侣，可以将其安排在较为僻静的地方。

一张餐桌只安排同一批客人就坐；吵吵嚷嚷的大批客人应当安排在餐厅的单间里或餐厅靠里面的地方，以避免干扰其他客人。老年客人或残疾客人尽可能安排在靠餐厅门口的地方，这样就可以避免多走动。当然，最主要的是不违背客人的意愿，安排在其指定的席位就座。

餐厅经营高峰时，引座员工要善于做好调度、协调工作，灵活及时地为客人找到位置，掌握不同桌面客人的就餐动态。

引座员把客人引领到座位后应与值台服务员交接后方可离开，如值台服务员无法交接，引座员应继续为客服务，直到交接后方可离开。

3. 操作程序与服务标准

迎宾、引座工作的整个操作过程应注意热情周到，保持微笑，语音、语速、语调适中。按女士优先、先宾后主、顺时针服务的原则进行，具体详见表6-3中的操作程序与服务标准。

表 6-3　操作程序与服务标准

<table>
<tr><th colspan="3">程　　序</th><th>服务标准</th><th>服务用语</th></tr>
<tr><td rowspan="4">(1)迎接客人</td><td colspan="2">问候客人并确认预订</td><td>当客人来到餐厅时，迎宾员应面带微笑、欠身行礼，主动上前问候；并站在宾客对面礼貌地确认是否有预订。</td><td>晚上好！（您好！）欢迎光临！

（请问）您有预订吗？</td></tr>
<tr><td rowspan="2">无预订</td><td>候位服务</td><td>第一，礼貌地告诉客人餐厅已经客满。第二，询问客人是否愿意等候，并告知需要等候的时间。第三，安排客人在休息处等候，并提供相应的服务。第四，与餐厅及时沟通，了解餐位情况，以最快的速度为客人准备好餐台。</td><td>对不起先生，现在客满了。不知您是否可以稍等一下，一有空位我们马上为您服务。需要等 15 分钟左右可以吗？请您先到休息处等候，喝杯茶，好吗？您可以先看一下菜单。</td></tr>
<tr><td>有餐位</td><td>客人没有预订，询问客人就餐人数，若餐厅有座位，迎宾员则礼貌地将客人安排到满意的餐台就坐。引领客人时，走在宾客的右前方一米处。</td><td>请问您们几位用餐？这边请！先生，坐这可以吗？</td></tr>
<tr><td colspan="2">已预订</td><td>需确认订餐联系人以及用餐人数，迎宾员应热情地引领客人入座。引领时，走在宾客的右前方一米处。</td><td>请问先生贵姓？订了几人位？订餐时的联系电话？先生，这边请！</td></tr>
<tr><td colspan="3">(2)拉椅让座</td><td>①迎宾员将客人引到餐台边，应让座且不时回头，关照好客人；值台服务员应主动上前问好并协助为客人拉椅让座。②拉椅时首先站在主宾位椅背的正后方，双手握住椅背的两侧，后退半步的同时将椅子拉后半步；右手做请的手势，微笑并请客人入座。③在客人即将入座时，双手扶住椅背的两侧，并将椅子轻轻往前送，用右腿顶住椅背，手脚配合好使客人不用自己挪动椅子并能恰到好处地入座。④拉椅、送椅的动作要轻快、力度适中。</td><td>您请坐！（请坐！/请！）</td></tr>
<tr><td colspan="3">(3)呈上菜单</td><td>①站在客人的右后侧，打开菜单的第一页，右手拿菜单上部，递给女宾或主宾。②也可按照客人数，拿取相应的菜单，每人一份，依次将菜单送到客人手中。</td><td>这是今天的菜单，请您先看一下！</td></tr>
<tr><td colspan="3">(4) 服务茶水</td><td>①询问客人喜欢喝哪种茶，并适当介绍。②从主宾位开始顺时针为客人倒茶水。③在客人的右侧倒第一杯礼貌茶，以七分满为宜。茶水服务完后，将茶壶添满水后放在转盘上，供客人自己续茶。</td><td>我们有红茶、绿茶，请问您要什么茶？
请用茶！</td></tr>
</table>

续表

程　　序	服务标准	服务用语
(5) 服务香巾	①根据客人数从保温箱中取出香巾，放入托盘。②服务香巾时，站在客人的左侧，用毛巾夹依次放在香巾盘中。③香巾要干净无异味，热香巾一般保持在40度。	晚上好，请用香巾！
(6)铺餐巾	①站在客人的右侧服务。②拿起餐巾，在左侧打开，注意餐巾正面朝向自己，反面朝向客人。③然后右手在前，左手在后，将餐巾轻轻铺在客人腿上。	打扰一下，给您铺餐巾。
(7)撤筷套	①站在客人的右侧，右手拿起带筷套的筷子，交于左手，右手打开筷套封口，捏住筷子的后端并取出，摆在桌面原来的位子上。②每次脱下的筷套握在左手中，最后一起撤走。	
(8)记录	根据餐厅客情，协助服务员完成上述（可以是部分）工作后，迎宾员应回到自己的岗位上（离开服务的客人时应礼貌地跟客人道别），并将客人数、到达时间、台号等迅速记录在迎宾记录本上。	祝您用餐愉快！

三、实操训练

（1）实训目标：各小组模拟餐厅环境中完成迎宾、引座服务及座位安排工作任务。

（2）实训形式：布置任务，分组模拟；并对模拟情况进行评分，填入表6-4中。

表6-4　迎宾、引座服务及座位安排评分表

项目	内　　容	满分	得分
(1)迎接客人	主动热情微笑	3	
	确认是否有预订	5	
	礼貌用语恰当	5	
	无预订的候位服务：礼貌地告诉客人餐厅已经客满。询问客人是否愿意等候，并告知需要等候的时间。安排客人在休息处等候，并提供相应的服务。	12	
	无预订的有餐位：询问客人就餐人数，礼貌地将客人安排到满意的餐台就坐。		
	已预订：需确认订餐联系人以及用餐人数，应热情地引领客人入座。		

续表

项目	内　　容	满分	得分
(2)拉椅让座	将客人引到餐台边,应让座且不时回头,关照好客人。值台服务员应主动上前问好并协助为客人拉椅让座。拉椅时站在主宾位椅背的正后方,双手握住椅背的两侧,后退半步的同时将椅子拉后半步;右手做请的手势,微笑并请客人入座。在客人即将入座时,双手扶住椅背的两侧,并将椅子轻轻往前送,用右腿顶住椅背,手脚配合好使客人不用自己挪动椅子并能恰到好处地入座。拉椅、送椅的动作要轻快,力度适中。礼貌服务	18	
(3)呈上菜单	按照客人数,拿取相应的菜单。站在客人的右后侧,打开菜单的第一页,依次将菜单送到客人手中。礼貌服务。	6	
(4) 服务茶水	询问客人喜欢喝哪种茶,并适当介绍。从主宾位开始顺时针为客人倒茶水。在客人的右侧倒第一杯礼貌茶,以七分满为宜。茶水服务完后,将茶壶添满水后放在转盘上,供客人自己续茶。	10	
(5) 服务香巾	根据客人数从保温箱中取出香巾,放入托盘。服务香巾时,站在客人的左侧,依次放在香巾盘中。香巾要干净无异味,热香巾一般保持在40度。	5	
(6)铺餐巾	站在客人的右侧服务,顺时针进行。拿起餐巾,在左侧打开,注意餐巾正面朝向自己,反面朝向客人。然后右手在前,左手在后,将餐巾轻轻铺在客人腿上。服务礼貌。	16	
(7)撤筷套	站在客人的右侧,右手拿起带筷套的筷子,交于左手,右手打开筷套封口,捏住筷子的后端并取出,摆在桌面原来的位子上。每次脱下的筷套握在左手中,最后一起撤走。	12	
(8) 记录	协助服务员完成上述工作后,迎宾员应回到自己的岗位上,将客人数、到达时间、台号等迅速记录在迎宾记录本上。	8	
总　　计		100	

(3)实训地点:校内模拟餐厅。

(4)实训时间:1学时。

四、任务小结

开餐服务是餐厅对客服务工作的开始,也是餐厅服务工作的重要一环,无论是服务人员或管理人员都要认真做好这一环节,力争提供的是最优质服务。

拓展训练

1. 计划

将班级分成若干个小组,每个小组独立制订计划。

(1)列出老师分配给你或你所在小组的工作任务清单,将团队同学及组长的姓名记载下来。注意:男生、女生进行组合。

______

______

______

______

______

(2)列出你和团队小组所要调查的餐厅名称以及你们小组成员所在地市,如厦门市、漳州市。

______

(3)列出你和团队小组所要准备的材料。

______

______

______

______

2. 决策

小组独立作出决策并拟出实施计划的提纲及实施方案,记载下来。

(1)确定小组各成员调查的企业及内容。

成员 A:______

成员 B:______

成员 C:______

成员 D:______

成员 E:______

成员 F:______

成员 G:______

(2)确定小组成员在完成开餐服务中负责的工作内容,填写表 6-5。

表 6-5　小组成员工作内容一览表

成员	姓　名	工　作　内　容
组长		
成员 A		

续表

成员	姓　　名	工　作　内　容
成员 B		
成员 C		
成员 D		
成员 E		
成员 F		
成员 G		
…		

3. 执行

(1)汇报你所在小组的调查完成情况,以及在调查过程中发现和存在的问题,并进行讨论。

______

______

______

(2)列出你所在小组在完成开餐服务过程出现的问题。

______

______

______

4. 检查

(1)将各小组的调查结果以调查报告的形式进行评比,并由各小组选派人员进行汇报(PPT)。将汇报情况填入表 6-6 中。

表 6-6　小组成员工作汇报情况表

序　　号	组　　别	汇报人员	结　　果
1	第一组		
2	第二组		
3	第三组		
4	第四组		
5	第五组		
…			

(2)汇总各小组完成情况,填写表 6-7,并进行评比。

表 6-7　小组完成情况总结

材料内容	负责人	完成情况	存在问题
候位服务			
迎宾、引座服务及座位安排			

5. 评价

采用学生独立自我评价、其他同学提出问题并互评、老师评价的形式。

(1)学生对自己完成的工作任务进行自我评价,评价结果填入表 6-8 中。

表 6-8　学生完成工作任务自评表

班级＿＿＿＿＿　　姓名＿＿＿＿＿＿＿　　学号＿＿＿＿＿＿

实训情境		任务编号			
评价项目	评价标准	自我评价			
		优	良	中	差
工作准备	准备充分				
计划提纲	简洁明了、有针对性				
工作过程	能按照预期计划完成				
工作结果	符合预期要取得的结果				
汇总与汇报	能熟悉餐厅的开餐服务工作,汇报清晰				
学习、劳动态度	端正,按照要求出勤,无无故不到现象				
日常作业完成情况	按时、认真完成				
职业素质	按要求做好准备,自觉培养服务意识				
团队合作	小组成员之间合作交流成果显著				
创新点	PPT 制作有亮点				
综合评价结果					

(2)学生互评与教师点评。学生以个人或小组为单位,对完成工作任务的过程与结果进行互评;教师对学生工作过程与工作结果进行评价,并给出普适性意见。将学生互评结果填入表 6-9 学生完成工作任务的过程与结果互评表中,教师评价填入表 6-10 学生完成工作任务的过程与结果教师评价表中。

表 6-9　学生完成工作任务的过程与结果互评表

实训情境									任务编号									
序号	评价对象	评价项目与评价结果																备注
		调研计划				调查方案				调查成果				成果展示				
		优	良	中	差	优	良	中	差	优	良	中	差	优	良	中	差	
1	第一组																	
2	第二组																	
3	第三组																	
4	第四组																	
5	第五组																	
6	第六组																	
7	第七组																	
8	第八组																	
9	第九组																	
10	第十组																	

评价情况说明：

表 6-10　学生完成工作任务的过程与结果教师评价表

学习情境				任务编号	
班级		姓名		学号	
评价项目		评价标准			评价结果 （被扣除的分数及说明）
考勤 （20%）	迟到	无无故迟到、早退、旷课现象 每迟到、早退一次扣 2 分，旷课一节扣 5 分			
	早退				
	旷课				

续表

学习情境			任务编号	
工作任务(项目)完成情况(60%)	工作准备	准备充分		
	计划提纲	简洁明了、有针对性		
	工作过程	能按照预期计划完成		
	工作结果	符合预期要取得的结果		
	汇总与汇报	能熟悉餐厅开餐服务,汇报清晰		
	职业素质	按要求做好职业素养养成		
	团队合作	小组成员之间、同学之间合作交流成果显著		
	创新意识	有创新点		
任务(项目)报告(20%)	完成时间	按时完成		
	报告环节	格式正确、任务(项目)报告环节完整		
	书写	书写整齐、字体工整		
综　合　评　价　结　果(填写最后得分)				

实训情境小结

本实训情境包含迎宾、引座服务及座位安排两个内容,学习者不仅要力争掌握了本学习情境要求的技能,完成布置的任务。并且由于本学习情境比较特殊,在条件允许的情况下,由教师安排,指导学习者深入餐厅一线切身体会及学习开餐服务的各个环节和各项内容。

实训情境七

就餐服务

学习目标

知识目标

1. 熟悉宾客就餐服务的各项内容
2. 掌握宾客就餐服务的操作要求和标准

能力目标

1. 能够按照要求为就餐宾客提供点菜服务
2. 能够按照要求为就餐宾客提供斟酒服务
3. 能够按照要求为就餐宾客提供上菜、分菜服务
4. 能够按照要求为就餐宾客提供茶水、咖啡服务
5. 能够按照要求为就餐宾客提供撤换餐具服务
6. 掌握宾客就餐过程中的特殊情况处理方法

客人进入餐厅就座后即进入就餐服务过程。就餐服务亦称值台服务，为客人点菜，将客人点的食品、饮料送上餐桌，在客人整个就餐过程中，照料客人的各种需要，最大限度地使客人满意。就餐服务根据客人就餐形式的不同，服务程序也有所不同，一般可分为中西餐零点餐就餐服务和团队包餐就餐服务、中西餐宴会就餐服务、自助餐就餐服务等。

客人在餐厅就餐期间，餐厅服务人员提供的相关服务包括：菜点和点酒水服务、斟酒服务、上菜服务、分菜服务、茶水服务、咖啡服务、撤换餐用具服务、餐间巡视服务以及特殊情况处理等。

任务 1　点菜和点酒水服务

点菜和点酒水服务是为选择中西餐零点餐的客人提供的一项必要服务。在宾客入座后及时提供咖啡或茶(3 分钟内)，客人一边浏览菜单一边享用茶水，5～10 分钟点菜员开始为客人点菜，服务员应按规定接受点菜。为了提供优质的服务、进行良好的推销，服务员应了解宾客的需求，熟悉菜单，主动提供信息和帮助，并按规范安排菜单。

一、任务布置

(1)查阅资料:利用课余时间到图书馆或利用网络渠道等查阅相关资料,了解中西菜点知识。

(2)参观考察:将学生分为若干组,利用课余时间到各大酒店餐饮部、社会餐饮机构调查,重点了解点菜服务工作的内容及操作程序。

(3)整理查阅与调查的资料:每个小组的学生对查阅的资料和调查结果进行整理归类和总结。

(4)参与课堂讨论:积极参与教师在课堂组织的讨论活动,并发表自己的看法。

(5) 实操训练:各小组在模拟餐厅环境中完成点菜点酒水的服务工作任务,包括:①准备好点菜单、消费单、酒水单和菜牌。②熟悉菜单,并在开餐前与厨房联系当日的主推菜式、沽清菜式,唯有事前的了解,才能在点菜时给客人满意的安排。③掌握点菜、点酒水的步骤,填写点菜单(或订单)。④划单。

二、知识准备

(一)中餐零点点菜服务

1. 认识中菜及中式菜单

(1)中菜

中菜即中国菜,是中国各地区、各民族各种菜肴的总称。中菜具有历史悠久、技术精湛、品类丰富、流派众多、风格独特的特点,是中国烹饪数千年发展的结晶,在世界上享有盛誉。中国烹饪是中国文化的重要组成部分之一,又称中华食文化,是世界三大菜系(中国菜、法国菜、土耳其菜)之一,深远地影响了东亚地区。

中菜菜谱来源于中国各个地区和民族的菜肴。由于地理环境、气候物产、文化传统以及民族习俗等因素的影响,某一地区长期以来形成了有一定亲缘承袭关系、菜点风味相近、知名度较高,并为部分群众喜爱的地方风味流派,称作菜系。到唐宋时,南食、北食各自形成体系。发展到清代初期时,鲁菜、苏菜、粤菜、川菜成为当时最有影响的地方菜,被称作“四大菜系”。到清末时,浙菜、、湘菜、徽菜四大新地方菜系分化形成,共同构成中国汉族饮食文化中的“八大菜系”。

中国菜非常强调色、香、味、形、器俱佳。这既是一道菜的标准,也是一席菜的标准。

(2)中式菜单

了解中式菜单的结构和排菜方式,如图 7-1 所示。

图 7-1　中餐菜单

2. 了解中餐常见菜的制作方法

蒸：使用蒸汽加热的方法，如清蒸鲈鱼、清蒸大闸蟹等。

炒：是将加工成丁、丝、条、片等形状的原料投入小油锅并在旺火上急速翻拌的一种烹调方法，如清炒虾仁、炒时蔬等。

熘：是先将原料用炸、煮、蒸、过油的方法加热成熟后调制卤汁浇淋或将原料投入卤汁中搅拌的一种烹制方法，如醋熘鱼片、虾仁锅巴等。

炸：是用旺火、热油较长时间加热的一种烹调方法，如炸八块、口酥蘑菇等。

烹：先将形状小的原料用旺火、热油炸成金黄色，再烹入不勾芡调料的一种烹调方法，如炸烹带鱼等。

炖：将原料放入不易传热的器皿(陶器)中用小火长时间加热使原料成熟的一种烹调方法，如清炖狮子头等。

焖：是在经过炸、蒸、煸、炖或水煮的原料中加入酱油、糖等调味品和汤汁并用旺火烧开后再用小火长时间加热成熟的一种烹调方法，如焖子鸡、花雕酒焖甲鱼等。

煨：煨是将炸、煎、煸炒或水煮的原料放入陶制器皿内，加葱、姜、绍酒等调味品及较多的水，用旺火烧沸后再用微火长时间加热的一种烹调方法，如煨牛肉等。

烧：在经过炸、煎、煸炒或在某些水煮的原料中加适量汤和调味品后，用旺火烧开，用中小火烧透入味，再用旺火稠浓卤汁的一种烹调方法，如红烧划水、蟹黄鱼肚等。

煮：原料经过煎、煸炒后放入水中不断加热、使之成熟后汁浓白不勾芡的半汤半菜的一种烹调方法，如醋椒鳜鱼等。

烩：将经过初步熟处理的原料加工成片、条、丁、粒等形状的原料，再用旺火烹制并勾芡的半汤半菜的一种烹调方法，如烩八胗、湘莲鸭丁等。

汆：用旺火沸水下料、一滚即成的一种烹调方法，如白灼基围虾、莼菜鱼片汤等。

3．了解菜式单位

所谓菜式单位即一份菜的规格、分量等，通常以盘（如小盘、中盘、大盘）、斤、两、只、打、碗等来表示。如一斤基围虾、两只大闸蟹、半打小馒头、一碗小刀面等。

中餐用餐方式是共餐制，一桌宾客共同分享所用的菜肴，用餐宾客的点菜分量与人数的多少有关。

宾客在不同的地点、不同的时间及不同的情况下点菜的量不尽相同，这就要求点菜员帮助宾客点菜时，除提供餐厅内较特殊或较有特别口味的菜外，还必须考虑到客人用餐的意愿，如能够接受的菜点、合理的价钱还有用餐人数等，否则不易掌握宾客的心理需求，就不能使分量恰到好处而造成浪费。按人数提供的菜点应点清人数。

4．了解宾客口味及饮食需求

帮助宾客点菜首先要了解宾客的饮食习惯和口味要求，掌握主要客源国的饮食概况等知识，同时从宾客的言谈举止、国籍、口音、年龄等方面了解宾客的饮食需求。如：

中国香港游客：喜食清淡菜肴。

中国内地游客：口味特点是南甜、北咸、东辣、西酸。

美国游客：偏好清淡、鲜嫩、爽口、微辣、咸中带甜的菜肴。

日本游客：喜清淡、喜食生鱼片、麻辣豆腐、水鱼、榨菜汤面等。

在接受宾客点菜时，还必须注意宾客的饮食禁忌，如：伊斯兰教徒戒猪肉，佛教徒只吃素食，印度人忌食牛肉，欧美人不喜欢动物内脏、狗肉、鸽子肉，节食宾客喜食低热量、低脂肪、少油的食品。

在接受点菜时服务员要能用流利的中、英文介绍菜肴的口味、特点、烹饪方法，懂得上菜顺序、上菜时机和佐料搭配，做好宾客的参谋。

5．点菜服务要求

在宾客将菜单浏览完毕准备点菜时，服务员立即走上前询问："我可以为您点菜了吗"，得到主人首肯后，站在宾客身后右侧为其点菜。注意以下要求：

（1）站立

站在宾客右侧约 30 厘米处，左手持点菜单于身前，右手握笔随时准备记录。如先推销价格比较高的菜肴，重点推荐特色菜及近期新菜。

（2）提供建议

适时、适度地向宾客介绍菜品、酒品及当天的特选菜，如先推销价位比较高的菜肴、重点推荐特色菜及近期新菜；语言简洁明了，给宾客留下思考和比较选择的时间。注意观察、了解宾客需求，多用描述性语言介绍菜点，使宾客了解菜品的主配料、味道及制作方法，引导宾客购买和享用。语气要出于对宾客的关心，而不能强行推销，帮助宾客选择，注意荤素搭配、分量适中。切忌催促宾客或以指令性语气与宾客进行交谈。为宾客指示菜单上的菜品时，切忌以手指或手中的笔指指点点，应该保持掌心向上的指示方式。

西餐点菜时需要根据宾客所点菜肴，介绍推销与其相配的佐餐酒。

（3）填写点菜单（或订单）

接受宾客点菜时应保持站立姿势，身体微向前倾，不可俯身将点菜单（见表 7-1）放置于宾客面前的餐台上。很多餐厅是由领班或高级服务员替宾客点菜的，填单时应认真清楚地填写台号、人数、服务员姓名、日期、时间以及所点菜品的数量、名称及送单时间等。宾客有特殊要求的应在菜单上注明，填写点菜单应迅速、准确，尽量缩短宾客的等候时间。订单填写顺序为冷菜、汤、热菜、小吃、炒饭或炒面、甜食等，并注明甜食服务时间。

表 7-1　中餐零点点菜单

NO. 0000001

台号：		日期：　　月　　日	
人数：		时间：　　时　　分	
服务员签名：		送单时间：　　时　　分	
菜　　名	特别要求	数量(大、中、小份)	单　价

＊备注：此点菜单一式四联：第一联色交收银员，由收银员为宾客准备账单；第二联由收银员盖章转交传菜部送往相关档口准备菜肴酒水等；第三联服务员自存或放在宾客桌上以备核查；第四联交前台服务员。

(4)倾听

集中精力认真倾听并注意观察宾客的表情，与宾客交谈时声音应以能使宾客听清且不干扰其他宾客为标准。

(5)特殊处理

对宾客提出的特殊要求，在客观条件允许的情况下，方可对宾客作出承诺，并在点菜单中加以明确说明。

(6)复述所点菜名

宾客点菜完毕时，服务员必须认真地用清晰的语言重复宾客所点菜品的名称、数量及特殊要求。这是服务员对宾客负责、对餐厅经营效益负责，更是服务员对自己工作负责的必要环节，是点菜员为宾客点菜规范要求中不可忽视的重要环节。

(7)礼貌致谢

复述完毕，服务人员应收回菜单，并向宾客表示感谢："非常感谢，请稍等。"

6. 划单

划单即传菜员在厨房做好菜肴准备送至餐厅时，将贴在白板上的同一台号的点菜单上相应的菜肴用笔划去，以示此号台的某道菜已送至餐桌。划单是中餐厅传菜部的主要职责。传菜部是中餐厅前台和后台协作的枢纽，其主要任务是将餐厅服务所点的菜肴通知厨房，并将厨房做好的菜准确无误地送至餐厅(由餐厅服务人员送上桌)，同时控制出菜的节奏、顺序和质量。

(1)传菜部必备的用具和物品

①台号夹。一般用木制夹，写上餐厅桌号。注意保持木制夹的清洁卫生。②台号夹

隔架。即存放台号夹的架子。将不同台号夹分类放入台号夹架的各分隔栏内备用。③白板。将不同台的点菜单依次贴在白板上供划单员控制出菜并划单。④各种服务用品，如托盘、划单用油笔、透明胶带、洗手盅、保温盖、各种调味品等。

(2)划单程序

①服务员点菜后，立即将第一联点菜单交收银台，第二联由收银台盖章后送传菜部。②传菜部将第二联点菜单夹上与菜肴道数相同的台号夹(台号夹的餐桌号与点菜单的桌号应相同)，并递交冷菜间、热菜切配、点心间或酒吧台作准备；将第三联贴在白板上以备划单和控制出菜用。③厨房根据饮食习惯先准备冷菜，再准备热菜。传菜部负责掌握出菜节奏，根据出菜夹的号码，在白板上相应台号的点菜单上将已出的菜在点菜单上准确划掉，同时检查菜肴的数量和质量等。④传菜员迅速将菜传交餐厅服务员，由餐厅服务员送上餐桌。第二联点菜单划单结束后妥善保存，以备财务部审核。

7. 中餐零点服务程序和标准(见表 7-2)

表 7-2　中餐零点服务标准

服务环节	宾客动向	工作内容	操　作　方　法	一般用语
就餐服务	宾客入座	听单	备好笔纸和单据，站在宾客桌旁，与主人相距 1 米，欠身，微笑	对不起，打扰了，可以点菜了吗?
		写单	点菜单上填明台号、人数、时间，书写规范	您要了……对吗?还需要什么?
		落单	留顾客一联，交账台、传菜员各一联，传菜员夹上餐台夹，及时送入各生产间	谢谢，请您稍等。
		整理餐台，收掉多余餐具或增补餐具	①按用餐人数以及点酒水的情况，撤去多余餐具(如有加位则补齐餐具)，并协助调整座椅间距；②如有儿童用餐，需搬来加高童椅，帮助儿童铺餐巾。	对不起，打扰一下。
就餐服务	宾客就餐	送上酒水	数量较少时可用托盘，根据酒水特点或宾客需求，对酒水作适当处理	这是您要的××啤酒，需要冰镇吗?
		斟倒酒水	按照斟酒标准为其斟倒第一杯酒水，以后可以由客人自己倒	请大家慢用。
		上第一道菜	移妥台上物品	这是××菜(报菜名)。
		按顺序上菜	菜盘排放要保持餐桌的美观	
		席间服务	用托盘操作	

续表

服务环节	宾客动向	工作内容	操　作　方　法	一般用语
结账送客服　务	餐毕结账	续茶	续茶前可通知账台结账，倒掉冷茶	请给××台结账。
		核对账单	要仔细、无遗漏，避免差错	
		送账单	用小圆盘托送或账单夹账单反面向上	这是您的账单。
		接受款项	点清数	您给了××元，谢谢！
		账台交款		
	付款	找零		这是您的找钱。
		拉椅送客	拉椅时同时提醒客人是否遗留物品	欢迎再来！
整理	离席	翻台	清洁卫生	

(二)西餐零点点菜服务

1. 认识西式菜单

西式菜单的结构和排菜方式如图 7-2 所示。

图 7-2　西餐菜单

2.认识西菜及西菜主要菜系的特点

西餐大致可分为法式、英式、意式、俄式、美式等几种，不同国家的人有着不同的饮食习惯，有种说法非常形象，说“法国人是夸奖着厨师的技艺吃，英国人注意着礼节吃，德国人考虑着营养吃，意大利人痛痛快快地吃……”现在，我们就来看看不同西餐的主要特点。

(1)法式大餐——西菜之首

法国人一向以善于吃并精于吃而闻名，法式大餐至今仍名列世界西菜之首。

法式菜肴的特点是：选料广泛(如蜗牛、鹅肝都是法式菜肴中的美味)，加工精细，烹调考究，滋味有浓有淡，花色品种多；法式菜还比较讲究吃半熟或生食，如牛排、羊腿以半熟鲜嫩为特点，海味的蚝也可生吃，烧野鸭一般六成熟即可食用等；法式菜肴重视调味，调味品种类多样，若用酒来调味，什么样的菜选用什么酒都有严格的规定，如清汤用葡萄酒、海味品用白兰地酒、甜品用各式甜酒或白兰地等；法国菜和奶酪的品种多样。法国人十分喜爱吃奶酪、水果和各种新鲜蔬菜。

法式菜肴的名菜有：红酒山鸡、鹅肝排、法国香草焗蜗牛、奶油千层酥、巴黎龙虾、马赛鱼羹、沙福罗鸡、鸡肝牛排、普罗旺斯烤虾、牛仔骨必佳拉香橙汁、肉酱千层面、酸奶咖喱鸡、香草芝士烧羊排、法式牛排等。

(2)英式西餐——简洁与礼仪并重

英国的饮食烹饪有家庭美肴之称。英式菜肴的特点是：油少、清淡，调味时较少用酒，调味品大都放在餐台上由客人自己选用。烹调讲究鲜嫩、口味清淡，选料注重海鲜及各式蔬菜，菜量要求少而精。英式菜肴的烹调方法多以蒸、煮、烧、烤、熏见长。

英式菜肴的名菜、名点有：英式苹果色拉、奶油蘑菇色拉、鸡丁沙拉、烤大虾苏夫力、爱尔兰烩羊肉、英式烤羊腿、面包、布丁等。

(3)意式西餐——西菜始祖

在罗马帝国时代，意大利曾是欧洲的政治、经济、文化中心，虽然后来意大利落后了，但就西餐烹饪来讲，意大利却是始祖，可以与法国、英国媲美。意式菜肴的特点是：原汁原味，以味浓著称；烹调注重炸、熏等，以炒、煎、炸、烩等方法见长。意大利人喜爱面食，做法吃法甚多，其制作面条有独到之处，各种形状、颜色、味道的面条至少有几十种，如字母形、贝壳形、实心面条、通心面条等。意大利人还喜食意式馄饨、意式饺子等。

意式菜肴的名菜有：通心粉素菜汤、奶酪比萨饼、意大利馄饨、肉馅春卷、肉末通心粉、米兰牛排、烩意大利面条、海鲜汤、天使幼面、芝士焗蟹盖、玛格丽特比萨、蒜椒意粉、意大利芝士、提拉米苏、意式杂菌炖饭等。

(4)美式菜肴——营养快捷

美国菜是在英国菜的基础上发展起来的，继承了英式菜简单、清淡的特点，口味咸中带甜。美国人一般对辣味不感兴趣，喜欢铁扒类的菜肴，常用水果作为配料与菜肴一起烹制，如菠萝焗火腿、菜果烤鸭；喜欢吃各种新鲜蔬菜和各式水果。美国人对饮食要求并不高，只要营养、快捷。

美式菜肴的名菜有：苹果烤鸭、美式炸鸡、美式火鸡、橘子烧野鸭、美式牛扒、苹果沙拉、糖酱煎饼、美式四季牛排等。

(5)俄式大餐——西菜经典

沙皇俄国时代的上层人士非常崇拜法国，贵族不仅以讲法语为荣，而且饮食和烹饪技术也主要学习法国。但经过多年的演变,特别是俄国地带,食物讲究热量高的品种,逐渐形成了自己的烹调特色。俄国人喜食热食,爱吃鱼肉、肉末、鸡蛋和蔬菜制成的小包子和肉饼等,各式小吃颇负盛名。俄式菜肴口味较重,喜欢用油,制作方法较为简单;口味以酸、甜、辣、咸为主,酸黄瓜、酸白菜往往是饭店或家庭餐桌上的必备食品;烹调方法以烤、熏腌为特色。俄式菜肴在西餐中影响较大,一些地处寒带的北欧国家和中欧南斯拉夫民族人们的日常生活习惯与俄罗斯人相似,大多喜欢腌制的各种鱼肉、熏肉、香肠、火腿以及酸菜、酸黄瓜等。

俄式菜肴的名菜有:什锦冷盘、鱼子酱、酸黄瓜汤、冷苹果汤、鱼肉包子、黄油鸡卷、俄式牛肉素菜卷、格鲁吉亚腌白菜、红菜汤、首都沙拉等。

(6)德式菜肴——严谨实惠(啤酒、自助)

德国菜不像法国菜那样加工细腻,也不像英国菜那样清淡,菜肴以丰盛实惠、朴实无华著称;菜肴中常用灌肠、腌肉制品;在口味上多以咸中带酸、浓而不腻为特点,烹调方法擅长焖、煮,且重原汁本色。德国菜常以啤酒为调味品,制成的菜肴别有风味。德国人对饮食并不讲究,喜吃水果、奶酪、香肠、酸菜、土豆等,首先发明自助快餐。德国人喜喝啤酒,每年的慕尼黑啤酒节大约要消耗掉100万公升的啤酒。

传统的德国菜有蔬菜色拉、蔬菜烩牛肉、牛尾汤等。

总的来说,西菜具有以下特点:①口味香醇、浓郁。西菜多用奶制品,调料、香料品种也多,还喜用葡萄酒调味。②有别具一格的烹饪方法。西餐在烹饪过程中多用铁扒、烤、焗、炸等烹饪方法。③调味沙司与主料分开单独烹饪。④注重肉类的老嫩程度。在肉类的烹饪过程中,西餐并不要求一定熟透,而是根据个人的喜好控制老嫩程度。基本上有五种成熟程度:全熟(well done)、七成熟(well medium)、五成熟(medium)、三成熟(medium rare)、一成熟(rare)。

3.西菜的定名方法

西菜的定名方法主要有:突出主料,反映烹饪方法,反映地方特色,写明切割外形、湿度特征、菜品的色彩特征等。西餐的调料、香料品种也很多,多用奶制品,多用葡萄酒调味等来制作西餐菜肴。

4.西菜的组成

西菜是西式饭菜的统称,主要指源自西方国家、以刀叉取食的食物和饮品。西餐分早餐和正餐。

(1)早餐

目前酒店提供的西式早餐主要有大陆式(Continental breakfast,也叫欧陆式早餐、欧式早餐)、英式(English breakfast)、美式(American breakfast)三种。

大陆式早餐是大家最熟悉的早餐形态。星级酒店中的"欧陆式早餐"也叫"简单早餐",基础内容都是泛欧洲区的常见饮食,包括了饮品和面包类食品,以及简单用以搭配面包的夹料或涂料。饮品包括咖啡、牛奶(通常同时会有卡布其诺、拿铁或更简便的咖啡牛奶)和果汁;面包类通常不夹馅,如布里欧许甜面包、可颂面包、吐司面包等传统面包;简便的夹料和涂料如奶油、果酱,丰富一点的如火腿腊肠切片或奶酪等。除了这三大类,还常见附加的优格、水果、穀片、各式煎蛋煮蛋等,变化可以很多,但简单到一个果酱三明治加

杯热咖啡也属于大陆式早餐。

英式早餐有其自己的风格，如图 7-3 所示。不同于欧陆早餐面包加咖啡的简单搭配，英式早餐以菜点丰富闻名。需要说明的是标准英式早餐中这么多种类的食品不是供客人选用其中几样，而是全都放在一个大餐盘里让客人享受。一顿丰盛的英式早餐包括主食、面包、副食饮料。其中主食包括烤番茄(half a tomato)，即番茄底划十字口，入烤箱；炒蛋(scrambled egg)；香肠(sausage)；咸肉(bacon)；茄汁黄豆(baked beans)；蘑菇(mushroom)；炸薯块(hash browns)。面包包括：吐司(toast)，搭配牛油与果酱；可颂(croissant)；丹麦卷；炸面包，即选用烤制两天后的面包，切片后用中火在锅里加黄油煎烤，出锅时焦黄酥脆)。副食包括麦片粥(porridge)；麦片(cereal)搭配牛奶或酸奶，还可加入干果或水果。饮料包括果汁、牛奶、咖啡等。

图 7-3　传统英式早餐

星级酒店中的美式早餐相对于欧陆式早餐来说项目繁多，因此也被称为“复杂式早餐”和“全早餐”。美式早餐中，除了与欧陆式早餐相同的项目，如咖啡或茶、黄油、果酱、面包和果汁外，还包括英式早餐中的煮黄豆、德式早餐中的香肠，还有麦片、谷物粥类、鸡蛋类、肉食类等食品。

(2)正餐

西式正餐，尤其是在正式场合所用的正餐，其菜序复杂多样，一般由八道菜肴构成，一顿内容完整的正餐需耗时 1～2 个小时。这 8 道菜肴分别是：

①开胃菜。开胃菜，即用来打开胃口的菜肴，又称西餐的头盘。有时它不被列入正式的菜序，而仅作为正餐的“前奏曲”。一般情况下，开胃菜由蔬菜、水果、海鲜、肉食等组成的拼盘构成，这些菜一般色彩美观、容易引起食欲。

②面包。西餐正餐中的面包以切片面包为主，个人根据自己口味可在面包上涂果酱、奶油或奶酪等。

③汤。汤是西餐的“开路先锋”，其口感芬芳浓郁，具有较好的开胃作用。开始喝汤标志着西餐正餐的正式开始。西餐中常见的汤有白汤、红汤、清汤等。

④主菜。作为西餐的“主旋律”，西餐的主菜分为冷菜和热菜。正规的西餐中，一般上一个冷菜，包括各类泥子、冻子；热菜则一般有两道，一道为鱼菜，另一道为肉菜。肉菜可

谓重中之重，它标志着本餐的档次与水平。

⑤点心。点心放在主菜之后，意在使没有吃饱的人填饱肚子，一般包括蛋糕、饼干、馅儿饼、三明治等。

⑥甜品。常见的甜品有布丁、冰淇淋等。

⑦果品。果品有干、鲜果之分。常用的干果有核桃、榛子、腰果、开心果等；常用的鲜果则包括草莓、菠萝、苹果、橙子、葡萄等。

⑧热饮。西餐通常将热饮放于最后，以帮助消化。最正规的热饮是红茶或什么都不加的黑咖啡。西餐的热饮就餐地点灵活，可以是餐桌、客厅或休息厅等。

5. 西菜与酒水的搭配

(1)色调冷、香气雅、口味纯、较清淡的菜品，搭配色、香、味淡雅的酒品。如：头盆、鱼、海鲜搭配白葡萄酒。

(2)色调暖、香气浓郁、口味杂、较难消化的菜品，搭配香味浓郁的酒品。如：肉类、禽类搭配红葡萄酒。

(3)咸食选用干型酒，甜食选用甜型酒。如：甜食搭配甜酒。

(4)香槟酒可搭配所有菜肴。

6. 点菜服务程序和要求

(1)递菜单、征询餐前酒

为每位宾客呈递一份菜单，呈递按先女后男或先宾后主男或先宾后主的顺序进行。呈递时要打开菜单的第一页，同时介绍当日厨师特选和当日特殊套菜。在宾客看菜单时，应向其征询是否需要餐前酒、鸡尾酒服务。服务员询问并准确记录宾客所需的酒，3～5分钟后用托盘从宾客右侧提供餐前酒服务。

(2)接受点菜

接受点菜时应对客人说："May I take your order now, Sir/madam?"点菜服务过程中向宾客介绍菜单内容，回答宾客的提问，帮助宾客选择食品。在宾客点下列菜肴时，应注意相关事项：

①客人点煎蛋时，要问清是双面煎还是单面煎："How do you want fried? Double-sided fried or sunny side up?" ②点牛排、羊排的，问生熟程度(共有全熟、七成熟、五成熟、三成熟及一成熟等五种成熟程度)。用英语表达为："How would you like your steak done sir? Well done , well medium, medium, medium rare or rare?"③点法国洋葱汤问清是否配帕密森芝士："Would you like to have parmesan cheese with your onion soup?"④点色拉问配何种色拉汁。用英语表达为："What kind of salad fresing would you like to have? Oil vinegar, French dressing, thousand island dressing, or roqufont dressing?"⑤在客前烹制凯撒色拉时，要将装有各种调料的盆子端给客人看，征询客人是否要放全每种调料。用英语表达为："Would you like to put all the each condiments?"

(3)完成订单，送交厨房

服务员应该对宾客的特殊要求给予积极的回答，准确记录宾客所订的食品，并复述订单内容以得到宾客确认。订单完成后，将订单送交厨房，并准确传递有关宾客对食品的特殊要求的信息。

(4)递酒单、订佐餐酒

根据宾客所点的菜肴,介绍推销与其相配的佐餐酒,并提供葡萄酒展示、开启、品评酒质、斟酒等服务。

(5)重新安排餐桌

服务员根据订单重新摆放餐具,给每位宾客按上菜顺序摆换刀、叉、勺,最先吃的菜肴用具放在最外侧,其余餐刀叉依次向中央摆放,根据订单摆放酒杯。如果只订一种葡萄酒,则将多余的葡萄酒杯撤下。

三、实操训练

(1)点菜服务实训目标:掌握中西餐零点菜单的呈递与解释以及点菜服务技能;掌握菜点酒水知识、介绍和推销的基本方法、程序及注意事项。

(2)实训形式:角色模拟点单,并进行考核,将考核结果填入表7-3中。

表7-3　点菜点酒水服务实训考核表

序号	项　目	要求和评分标准	满分	扣分	得分
1	仪表、仪容(10分)	精神面貌:面带微笑、自然	4分		
		头发、指甲符合要求	2分		
		淡妆、不戴首饰、不留胡子	2分		
		工作服整洁,戴考生配号牌	2分		
2	准备工作(10分)	菜单、酒水单、笔、点菜单	10分		
3	点菜、点酒水服务(70分)	标准用语	10分		
		点菜服务时的标准身体姿势	10分		
		菜品、酒品介绍	20分		
		提供建议	10分		
		下订单	20分		
4	完成时间(5分)	整个操作过程完成自然、回答询问流畅	5分		
5	总体效果(5分)	总体效果好	5分		
备注					
合　计			100分		

考评员:

(3)地点:模拟餐厅或校外基地实践。

(4)时间:2学时。

四、任务小结

点菜点酒水服务工作是客人在餐厅就餐时必要的一项服务，这项工作若做得完美，可以使客人满意，也可以使餐厅获得很好的收益。

任务2　斟酒服务

酒水服务是餐厅服务工作中的一项基本服务技能，由于酒水的品种繁多，饮用要求的温度、盛载的杯具和服务都不尽相同，因此学生应熟练掌握中餐厅酒水服务技能，才能真正向客人提供优质服务。

一、任务布置

(1)查阅资料：利用课余时间到图书馆或利用网络渠道等查阅相关资料，了解中外酒水知识。

(2)参观考察：将学生分为若干组，利用课余时间到各大酒店餐饮部、专业酒吧调查，重点了解斟酒服务工作的内容及操作程序。

(3)整理查阅与调查的资料：每个小组的学生对查阅的资料和调查结果进行整理归类和总结。

(4)参与课堂讨论：积极参与教师在课堂组织的讨论活动，并发表自己的看法。

(5) 实操训练：各小组在模拟餐厅环境中完成斟酒服务工作的任务。

①准备杯具：熟悉各种杯具，各类杯具的总数量应不少于设计最大可用量的3倍。

②掌握斟酒服务的方法和步骤。

二、知识准备

(一)认识杯具

学生应了解不同酒水使用的杯具。如啤酒杯的容量大、杯壁厚，这样可较好地保持啤酒的冰镇效果；葡萄酒杯做成郁金香花型，斟倒5～7成满，使酒与空气保持充分接触，让酒香更好挥发；白酒杯容量小，杯中酒更加名贵与纯正。

餐厅常用的杯具如下：水杯、古典杯，如图7-4所示；白葡萄酒杯，如图7-5所示；红葡萄酒杯，如图7-6所示；香槟杯，如图7-7所示；白兰地杯，如图7-8所示；啤酒杯，如图7-9所示；鸡尾酒杯，如图7-10所示；烈性酒杯，如图7-11所示；果汁杯、高脚饮料杯、直身饮

料杯，如图 7-12 所示。

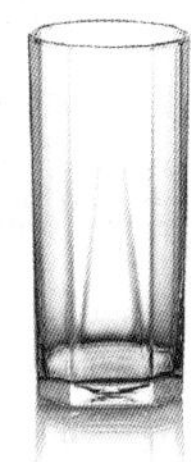

图 7-4　水杯、古典杯

图 7-5 白葡萄酒杯

图 7-6　红葡萄酒杯

图 7-7　香槟杯

图 7-8 白兰地杯

图 7-9　啤酒杯

图 7-10　鸡尾酒杯

图 7-11　烈性酒杯

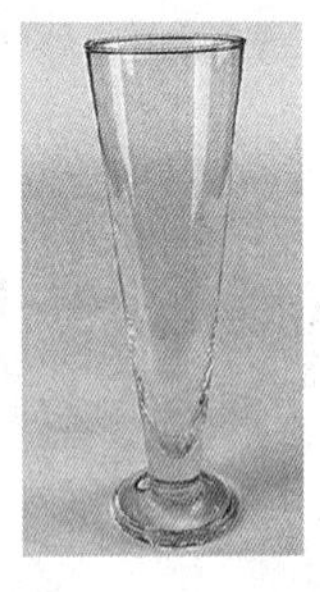

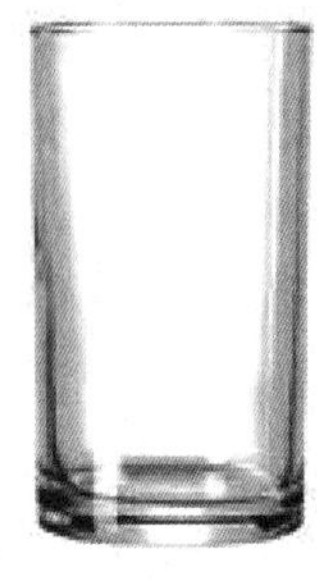
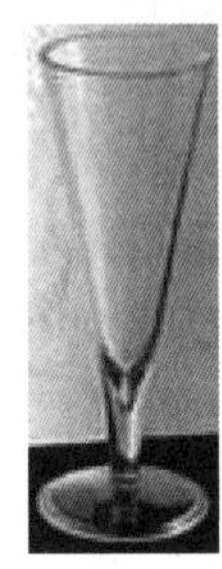

图 7-12　果汁杯、高脚饮料杯、直身饮料杯

(二)杯具的清洁卫生标准

杯具的清洁卫生必须严格按照卫生标准执行。杯具的清洁卫生工作必须在专用的洗消间进行。洗消间必须通风换气良好,建在清洁、卫生、供水方便、远离厕所和其他有害污染源的地方,严禁防止"四害"及其他有害昆虫的进入。洗消间面积应与场所规模相适应,但最小应不得低于 3 平方米。洗消间内四周墙壁应贴瓷砖做墙裙,高度不低于 1.8 米;地面应采用防潮、防滑材料,并有一定坡度(不少于 3%),易于排水;并按流程设立前置工作台、洗涤池、过水池、药物消毒池(或消毒柜)、后置工作台、保洁柜,各池应有明显标志且各池容积应与洗消量相适应。工作台面和各池应采用不锈钢或瓷砖,要便于清洗,不易积垢。前置工作台用于存放未清洁杯具,后置工作台用于存放清洁后待消毒杯具。

杯具的清洁卫生标准程序必须严格执行"一洗,二刷,三冲,四消毒,五保管"的制度,流程要合理,避免交叉污染。洗消程序的具体操作如下:

1. 清洗

清倒杯中残渣及茶水,然后在洗涤池中用洗洁液清洗。

2. 刷污垢

注意洗刷杯中污垢及杯口。

3. 冲水

在过水池中用清水漂洗杯具。

4. 消毒

(1)洗碗(杯)机洗消

按洗碗(杯)机的使用方法操作。

(2)高温消毒

高温消毒包括煮沸、蒸汽、红外线消毒等。煮沸、蒸汽消毒应保持 100°C,消毒时间不少于 15 分钟;远红外线消毒(如远红外线消毒柜)应控制温度 100°C,消毒时间不少于 15 分钟。

(3)药物消毒

在药物消毒池内,将杯具完全浸泡入药液中,药液浓度及浸泡时间必须按药物使用说明严格操作,用含氯消毒药时,浸泡液有效氯含量应达 250mg/L 浓度,浸泡时间不少于

15分钟；若浸泡有效氯含量低于200mg/L，应更换药液或加药使有效氯含量达到250mg/L。

5. 保管

(1)保洁柜保管

消毒后的杯具应干爽清洁，可直接放入保洁柜内。

(2) 消毒柜同时兼作保洁柜

消毒后可直接留置柜中，但该柜的容量应不少于杯具日常最高用量的2倍。凡新置入杯具后应立即消毒。

(3)杯具保洁柜

保洁柜内壁必须采用瓷砖或易于清洗、不发霉的材料；必须带门，柜内不准存放其他物品；容量应不小于日常用量的2倍。保洁柜内必须每天清洗、消毒，如果采用毛巾作垫子的，所垫的毛巾必须每天更换、清洗和消毒。

注意事项：所使用的清洗液和消毒药必须是已取得卫生许可批准文号的合格产品，并在批准的有效期内。使用单位应保存上述批件的复印件备查。用过的杯具与干净的杯具必须分开装放，且标注清晰，不得混用，并当天清洗消毒。

(三)酒水准备工作

酒水准备工作除了根据客人的要求填写点单并从酒吧取出酒水外，还应保证酒水的温度符合要求。

1. 冰镇

玫瑰露酒、啤酒和一些软饮料饮用温度要求低于室温。如啤酒的最佳饮用温度为8℃～10℃，白葡萄酒的最佳饮用温度为8℃～12℃，葡萄汽酒的最佳饮用温度为6℃～8℃。

冰镇的方法通常有用冰块冰镇和冰箱冷藏冰镇两种。为使整瓶的白葡萄酒、葡萄汽酒和玫瑰露酒保持较低的温度，主要用冰桶放冰块，连同冰桶架放在桌一侧。啤酒和软饮料需提前放入冰箱冷藏冰镇。此外还可以对杯具进行降温处理，如将杯子冷藏或在杯中放人冰块降温。

2. 温热

中国的黄酒和日本的清酒需要提高温度饮用才更有滋味。温热黄酒和日本清酒的方法主要是水烫法，即将黄酒或清酒倒入烫酒壶，再将烫酒壶放入蓄有开水的烫酒器内温热至60℃左右。

(1)黄酒和清酒的最佳饮用温度为60℃左右。

(2)红葡萄酒、中国白酒和白兰地等的最佳饮用温度为18℃左右。

(四)斟酒服务

服务酒水的时间不应超过3分钟。斟酒服务主要由示酒、开瓶、斟酒等几个环节完成。

1. 示酒

示酒是斟酒服务的第一道程序。服务员要站在点酒客人的右侧,左手托瓶底,右手扶瓶颈,酒标朝向客人。服务员要向客人介绍酒品的基本情况,如酒的品牌和度数,以便让客人确认,一是可以避免差错,二是表示对客人的尊重。

2. 开瓶

酒水的开瓶是斟酒服务中必须掌握的技能。酒水开瓶必须按照规定的服务流程和服务要求完成。

(1)酒水开瓶服务流程为:开瓶→检查→擦瓶口、瓶身→摆放。

(2)酒水开瓶服务要求:

①开瓶。开瓶时应尽量减少瓶体的晃动。将瓶放在桌子上开启,先用开酒刀将瓶口凸出部分的铅封割除,再用餐巾将瓶口擦净后,将酒钻慢慢钻入瓶塞,动作要准确、敏捷、果断。开启软木塞时,万一软木塞有断裂迹象,可将酒瓶倒置利用内部酒液的压力顶住木塞,然后再旋转酒钻。开拔瓶塞越轻越好,防止发出突爆声。②检查。拔出瓶塞后需检查瓶中酒是否有质量问题,检查时主要是以嗅觉辨别瓶塞插入瓶内的那部分为主。③擦瓶口、瓶身。开启瓶塞以后,用干净的餐巾仔细擦拭瓶口,香槟酒要擦干瓶身。擦拭时,注意不要让瓶口的积垢落入酒中。④摆放。开启的酒瓶、酒罐可以留在宾客的餐桌上;使用暖桶的加温酒水和使用冰桶的冰镇酒水要放在桶架上,摆在餐桌的一侧;用酒篮盛放的酒连同篮子一起,起放在餐桌上;随时将空瓶、空罐从餐桌上撤下。

(3)开瓶方法

不同的酒品有不同的开瓶方法。酒水瓶罐封口常见的有皇冠瓶盖、易拉环、软木制成的瓶塞和旋转瓶盖等。常用开启酒水瓶盖的工具有开赛钻和扳手。开瓶时要注意瓶口的卫生。

①葡萄酒的开瓶方法。值台员先用开瓶刀割下包装纸,通常是锡纸,用酒钻的螺旋锥从瓶塞的中心钻入,直至钻入瓶塞的3/4处,用杠杆原理将木塞慢慢拔出,再用干净的餐巾将瓶口擦干净。在开瓶过程中,动作要轻,以免摇动酒瓶时将酒瓶底的酒渣泛起,影响酒味。

② 香槟酒(葡萄酒)的开瓶方法。香槟酒的瓶塞是用外力将大部分木塞压进瓶口,露出一截帽形物,并且用铁丝绕扎固定瓶内丰富的气体。开瓶时,在香槟酒瓶身上覆盖一块餐巾(香槟酒都是事先冰过的,瓶身上有水雾),首先将瓶口的锡纸剥除,左手握住瓶颈,以45°的倾斜角度拿着酒瓶并用大拇指紧压软木塞,右手将瓶颈外面的铁丝圈扭开,右手转动瓶身,动作要既轻又慢,使瓶内的气压逐渐地将软木塞弹挤出来。开瓶时,瓶口不要朝向客人,以防在手不能控制的情况下,软木塞被气弹出。如已溢出酒沫,应将酒瓶呈45°斜握。③皇冠瓶盖饮料的开启。用托盘将饮料拖至工作台,当众用扳手开启。④易拉罐饮料开启。用托盘将饮料拖至餐台,左手托盘在客人右侧用右手开启,不可对着客人拉。开启啤酒和汽水前不可晃动易拉罐,避免液体外喷。

3. 斟酒

斟酒有桌斟和捧斟两种方法。

(1) 桌斟

桌斟分为徒手斟酒和托盘斟酒两种。

①徒手斟酒。徒手斟酒时，服务员左手拿一块干净的服务巾，置于后背，右手持酒瓶的下半部分，将酒瓶上的商标朝外显示给客人，右脚跨前踏在两椅之间，在客人右侧，与宾客保持 30 厘米的距离进行斟酒。②托盘斟酒。托盘斟酒时，服务员应站在客人的右后侧，右脚向前，侧身而立，身体前倾，左手托盘，注意掌握好托盘的重心，注意托盘不可越过客人的头顶，而应向后自然拉开，并且外侧于客人的椅背后，右手持酒瓶，手臂前伸，商标朝向客人进行斟酒。斟酒时，瓶口不可搭在酒杯口上，以相距 2 厘米为宜，以防将杯口碰破或将酒杯碰倒，但瓶口与杯口距离不宜太大，过大则酒水容易溅出杯外。服务员要将酒徐徐倒入杯中，当斟至酒量适度时上抬瓶口，并旋转瓶身 45°，使最后一滴酒随着瓶身的转动均匀地分布在瓶口边缘上。这样，可以避免酒水洒在台布或客人身上。每斟一杯酒后，即用左手所持的餐巾把残留在瓶口的酒液擦掉。

(2)捧斟

捧斟多适用于酒会和酒吧服务。捧斟时，一手握瓶，一手将酒杯捧在手中，站在宾客右侧，然后向杯内斟酒。要领：①斟酒动作应在台面以外的空间进行；②斟酒时动作要准确、优雅、大方；③斟好后应将酒杯放在宾客的右手处。

4. 斟酒量

不同的餐别、不同的酒水，斟酒量是不同的。主要有以下几种：

(1)中餐在斟倒酒水时，要求红酒五分满，白酒、水(果汁、可乐等)一律以八分满为宜。

(2)西餐斟酒不宜太满，一般红葡萄酒斟至杯的 1/3 处，白葡萄酒斟至杯的 2/3 处为宜。

(3)斟香槟酒要分两次进行，先斟至杯的 1/3 处，待泡沫消失后，再斟至杯的 2/3 处即可。

(4)啤酒顺杯壁斟以泡沫不溢出为准，分两次进行，酒液八分、泡沫二分为宜。

(5)白兰地斟倒 1/8 杯，即把白兰地酒杯(球型大肚杯)横放在桌上，酒液正好在杯口。

(6)鸡尾酒，一般斟倒 3/4 杯。

(7)冰水，一般为半杯水加入适量的冰块，不加冰块时应斟倒 3/4 杯。

5. 斟酒顺序

(1)中餐斟酒顺序

①斟酒时，可以从主宾位置(主人右侧第一个位置)开始，按顺时针方向依次斟倒。

②先斟红酒，再斟白酒和水。

(2)西餐宴会的斟酒顺序

西餐宴会用酒较多，几乎每道菜都配有一种酒，吃什么菜配什么酒，应先斟酒后上菜，其顺序为女主宾、女宾、女主人、男主宾、男主人。

6. 各种酒水的斟倒服务标准

(1)斟倒啤酒的服务标准

啤酒是一种饱含气体的饮品，因此斟倒啤酒时既要防止气体泡沫外溢，或是杯中气泡多于酒液的现象，又要避免杯中酒液无泡沫，破坏了啤酒饮用时的观赏效果和口感。规范的啤酒斟倒动作有助于提高服务的效果，增加啤酒消费者的品酒情趣，是提高啤酒销售的卓有成效的手段之一。操作标准如下:①开瓶。啤酒服务应根据季节控制好啤酒的酒温。斟酒前应保持酒瓶静止直立状最少两分钟,酒瓶应在宾客面前开启。②站立。侧身站立于宾客的右侧,与宾客保持 30 厘米的距离。③斟酒。右手扶酒瓶的下半部分,酒标向外以供宾客辨认,手臂伸直,斟倒果断,瓶口距杯口保持 2 厘米距离,使酒液沿酒杯内壁缓缓流入杯中。④旋口。当杯中啤酒接近七成满时,放慢斟倒速度。当啤酒泡沫与杯口平齐时停止斟倒,并顺时针旋转瓶口,防止酒液滴落。

(2)斟倒红葡萄酒的服务标准

红葡萄酒是一种高档酒类,斟倒红葡萄酒的服务标准如下:①滗酒。陈年红葡萄酒需要经过滗酒程序以后方可呈送至餐桌,以防止酒瓶中的沉淀物质直接斟入酒杯,影响红葡萄酒的品质。滗酒是将立起存放两小时后的红葡萄酒开启,并轻缓稳妥地借助背景烛光,将瓶中酒液倒入另一个玻璃瓶中,经过滗酒程序的陈年红葡萄酒方可送至宾客餐桌。一般红葡萄酒虽无须经过滗酒程序,但在整个侍酒过程中应该注意尽量减少服务过程中对酒液的晃动。②示酒。红葡萄酒的服务过程是从宾客所点酒品的酒标确认开始的。服务员以左手扶住酒瓶底部,右手扶握酒瓶颈部,酒标正对点酒的宾客,让酒标保持在与宾客视线平行的地方。③陈放。待宾客确认酒品后,服务员方可将酒瓶装入酒篮中,使酒标保持 30 度斜角状卧放其中。④启封口。用酒刀划开红葡萄酒瓶口处的封纸,酒钻对准瓶塞的中心处用力钻入,注意红葡萄酒瓶应始终保持 30 度角斜卧于酒篮的状态,切不可将酒瓶直立操作。酒钻深入瓶塞 2/3 处时停止。⑤开瓶塞。以酒刀的支架顶于红葡萄酒瓶口,左手扶稳支架,右手向上提酒钻把手,利用杠杆原理将酒瓶塞启出。⑥验木塞。酒瓶塞拔出后,放在一个垫有花纸的小盘中,送给宾客检验,服务员要用口布将瓶口的残留杂物认真擦除。⑦斟酒。右手捏握酒篮,左手自然弯曲在身前,左臂搭挂服务巾一块,站在点酒宾客的右侧,首先为宾客斟倒约 1 盎司红葡萄酒供其品尝。待宾客确认后,服务员方可按女士优先的原则,站在距离宾客 30 厘米处按顺时针方向服务,斟倒红葡萄酒时,手握好酒篮,手臂伸直,微倾酒篮使红葡萄酒缓缓流入杯中,动作切忌过于剧烈。⑧擦瓶口。每斟倒一次,在结束时应该轻转手腕,使酒液挂于瓶口边缘,后将瓶口在左臂上搭挂的服务巾上轻轻擦去残留酒液,以防止下一次斟酒时,口残留酒液滴洒在餐台或宾客的衣服上。⑨斟倒量。红葡萄酒的标准斟倒量应该是酒杯的 1/3。

(3)斟倒白葡萄酒的服务标准

①冰镇。白葡萄酒饮用前须冰镇,温度应为 7℃～13℃,过度冷却会使酒味减少。将冰酒桶装满 1/3 桶的冰和水,然后将白葡萄酒放入冰桶中冷却 15 分钟,一般可达到适宜温度。②放置。冰桶的位置放在主人的右后方,不要放在餐桌上。③斟倒。对冰镇过的酒,倒酒时要用餐巾包住酒瓶,防止水滴下,亦可防止酒的温度上升。

7. 西餐斟酒顺序

西餐用酒水品种繁多,有些需冷饮,有些需加冰块或兑入苏打水等。应根据不同酒水的饮用要求提供相应的服务,如为冷饮的酒备好冰酒桶、包酒布,斟酒前备好冰块、苏打水,同时准备好充足的酒篮、酒架等。吃西餐饮用的酒品种类一般视菜肴的品种而定,即吃什么菜饮什么酒,饮什么酒配什么杯。较高级的西餐酒席宴会,一般要用七种以上的酒,也就是说,每道菜都配饮一种酒。斟酒的顺序以上菜的顺序为准,具体操作流程如图 7-14 所示。

(1)上开胃菜时应上开胃酒,配专用的开胃酒杯。

图 7-14　西餐斟酒流程

(2)上汤时要上雪利酒(葡萄酒类),配专用雪利酒杯。

(3)上鱼要上酒度较低的白葡萄酒,用白葡萄酒杯并用冰桶。

(4)上副菜时上红葡萄酒,用红葡萄酒杯。冬天饮红葡萄酒,有的客人喜欢用热水烫热(宴会用酒不烫)。陈年质优的红葡萄酒沉淀物往往较多,应在斟用前将酒过滤。

(5)上主菜时上香槟酒,配用香槟杯。香槟酒是主酒,除主菜跟上香槟酒外,其他菜肴点心或祝酒时,也需跟上香槟酒。斟倒香槟酒前,应做好冰酒、开酒、清洁等各项准备工作。

(6)上甜点时跟上餐后酒,用相应的酒杯。

(7)上咖啡时跟上利口酒或白兰地,配用利口酒杯或白兰地酒杯。

8. 鸡尾酒会斟酒

鸡尾酒会不设餐台席位,宾客是自由来回交谈。其上菜和斟酒与其他形式的宴会有所不同。

(1)鸡尾酒会斟酒是在酒会开始后分别由服务员用手托着酒盘、菜盘在客人中来回端送。

(2)每逢来了一位客人同主人寒暄后,服务员即上前敬酒,另一位服务员用双手托菜盘随后敬菜。

(3)酒会中,发现客人已经喝完,即应上前斟酒敬菜。

9. 酒吧斟酒

(1)在酒吧柜台上斟酒,如用一只调酒壶将酒倒入两杯以上的酒杯时,应把所有的杯子整齐地排列在一起。

(2)先将酒注到所有酒杯的一半,然后逐杯添加,要使各杯酒量相当,做到公平分配。

10. 斟酒的注意事项

(1)开瓶后的封皮、木塞、盖子等杂物可放在小盘子里,操作完毕后一起带走,不要留在餐桌上。开启带汽或者冷藏过的酒罐封口时,常有水汽喷射出来,因此在宾客面前开启时应将开口对着自己,并用手遮挡,以示礼貌。

(2)西餐斟酒服务中要注意:①斟倒葡萄酒时,首先斟 1/5 杯,请主人品评酒质,待主人确认后再按顺序斟倒。②进餐时,每斟一种新酒,就应将上道酒酒杯调位到外档右侧,便于宾客举杯取用。③如果有国家元首(男宾)参加,饮宴则应先斟男主宾位,后斟女主宾位。④一般宴会先斟女主宾位,后斟男士宾位,再斟主人位,最后按顺时针方向依次向其他宾客斟酒。

(3)斟酒时,要随时注意瓶内酒量的变化情况,以适当的倾斜度控制酒液的流出速度。因为瓶内酒量越少,酒液流速越快,越容易冲出杯外。

(4)斟啤酒时,因为泡沫较多,极易沿杯壁溢出杯外。所以,斟啤酒速度要慢,也可分两次斟或使啤酒沿着杯的内壁流入杯内。

(5)由于操作不慎而将酒杯碰翻时,应向客人表示歉意,立即将酒杯扶起,检查有无破损。如有破损要立即更换新杯;如无破损,要迅速用一块干净餐巾铺在酒迹上,然后将酒杯放回原处,重新斟酒;如是客人不慎将酒杯碰破、碰倒,服务员也要这样做。

(6)服务员须将剩有饮料的罐和瓶放在客人饮料杯的右侧,间距为 2 厘米,同时四指并拢、手心向上用手示意请客人慢慢品尝。

(7)在进行交叉服务时,要随时观察每位客人酒水的饮用情况,当发现客人杯中酒水仅剩 1/3 时,应及时添加酒水。当整瓶酒水已经斟完时,应征询客人意见是否同意添加,如客人同意则马上开单为客人添加酒杯;如客人不需再添加,等客人喝完酒水后,须从客人的右侧撤走空杯。

(8)在斟软饮料时,要根据宴会所备品种放入托盘,请客人选择,待客人选定后再斟倒。

(9)大型宴会一般在开宴前 10 分钟左右斟好葡萄酒、白酒和饮料等。在宴会进行中,一般宾主都要讲话(祝酒词、答谢词等),讲话结束后双方都要举杯祝酒。因此,在讲话开始前,要将其酒水斟齐,以免祝酒时杯中无酒。

(10)讲话结束,负责主桌的服务员要将讲话者的酒水送上供祝酒之用。有时,讲话者要走下讲台向各桌客人敬酒,这时要有服务员用托盘托着酒瓶跟在讲话者的身后,随时准备为其添续酒水。

(11)宾主讲话时,所有服务员要停止一切操作,站在适当的位置(一般站立在边台的两侧)。因此,每位服务员都应事先了解宾主的讲话时间,以便在讲话开始时能将服务操作暂停下来。

(12)如果是使用托盘斟酒,应先略弯身,将托盘中的酒水饮料展示在客人的眼前,示意让客人选择自己喜好的酒水及饮料。同时,服务员也要有礼貌地询问客人所用酒水饮料,待客人选定后,服务员直起上身,将托盘托移至客人身后。托移时,左臂要将托盘向外托送,避免托盘碰到客人;然后用右手从托盘上取下客人所需的酒水进行斟倒。

(13)客人要求“斟满”时,不要固执地按照理论去做,应该尽量尊重客人的要求。

三、实操训练

(1)斟酒服务实训目标:掌握各类酒水服务的基本方法,包括:酒水的准备、检查、示瓶、冰镇或温烫、开瓶、斟酒、续酒,啤酒、白酒及红白葡萄酒、香槟酒等的斟倒方法。

(2)实训形式:分组实操并进行考核,考核结果填入表 7-4 中。

表 7-4　斟酒服务实训考核表

题号	项　目	要　求　和　评　分　标　准	满分	扣分	得分
1	仪表、仪容（5 分）	精神面貌：面带微笑、自然	2 分		
		头发、指甲符合要求	1 分		
		淡妆、不戴首饰、不留胡子	1 分		
		工作服整洁，戴考生配号牌	1 分		
2	识别酒杯（10 分）	识别 10 种不同的酒杯名称及用途（每个酒杯 1 分）	10 分		
3	斟倒红、白酒 10 位（70 分）	示酒，斟倒时商标朝向客人	10 分		
		斟酒，按主宾顺时针方向的次序进行操作	5 分		
		旋口，酒瓶不碰杯口，2 厘米的距离（每碰一次扣 0.5 分）	10 分		
		不滴洒、不溢出，（若滴洒每滴扣 2 分，溢出每小滩扣 3 分）	25 分		
		斟酒量：红葡萄酒 1/3 杯，白酒八分满（每杯 0.5 分）	10 分		
4	托盘（10 分）	整个操作过程：姿势正确，托盘在身的左侧、椅背处	5 分		
		托送自如、灵活	5 分		
5	总体效果（5 分）	总体效果好	5 分		
备注	（1）少倒一杯酒分别扣 2 分，且按数量递扣，直至扣完相应项总分 （2）不符合操作程序的每项扣 2 分 （3）要求在 3 分钟内完成，时间到停止操作 扣罚原因：			（　　） （　　） （　　）	
合　计			100 分		

考评员：

（3）地点：模拟餐厅或校外基地实践。

（4）时间：2 学时。

四、任务小结

斟酒服务工作要求按照操作规范进行，注意斟酒时的服务姿态，掌握斟酒的时机和斟酒量，让客人在就餐过程中感到舒适满意。

任务3　上菜服务

上菜服务是指餐厅服务员将厨师烹制好的菜点传至餐厅，按上菜程序、上菜位置、台面图案、快慢节奏等将菜点送上餐桌，是服务员为宾客就餐服务必不可少的一项内容。根据中西餐的就餐特点、传统习惯、礼貌礼节等，要求分别掌握其上菜服务方法。宾客所点第一道菜点应不超过10分钟服务到桌。

一、任务布置

(1)参观考察：将学生分为若干组，利用课余时间到各大酒店餐饮部、社会餐饮机构调查，重点了解上菜服务工作的内容及操作程序。

(2)整理资料：每个小组的学生对调查资料结果进行整理归类和总结。

(3)参与课堂讨论：积极参与教师在课堂组织的讨论活动，并发表自己的看法。

(4)实操训练：各小组在模拟餐厅环境中准备好托盘、中西餐桌椅、各种餐具和模拟食物，分组进行模拟上菜服务训练。

二、知识准备

(一)中餐的传菜、上菜

1. 中餐零点的传菜、上菜服务

(1)传菜服务

传菜员是餐厅与厨房的纽带，其工作任务是将厨师做好的菜肴及时、准确地传送至相应的服务区域，供值台服务员上菜，再将餐厅撤下的餐具托送至洗碗间。传菜服务的工作要求是：①接到订单后，检查订单是否已盖章，订单上是否写清订单时间、服务员姓名、客人人数、台号及日期。②检查订单是否有写明客人的特殊要求，如有，马上通知厨师长，并将结果告诉服务员。③通知冷菜间制作冷菜，并保证5分钟将冷菜送进餐厅。④传送热菜时，先传高档菜，如鱼翅、鲍鱼、大虾等，后传鸡、鸭、肉类，最后传送蔬菜、炒饭类，如客人有特殊要求，应按照客人要求传菜。⑤小吃配相应的热菜送进餐厅，注意辛辣的小吃配清淡的菜。

传菜服务时还应注意：①传菜员应准备好大、中、小三种不同的托盘，按托盘的操作要领进行菜肴、酒水的托送。②传菜员应核实厨师制作的菜肴是否与点菜单相符并核对桌号，以防传错台号。③传菜员必须熟悉菜点质量，严格把好菜点质量关，并有权拒绝托送不合格的菜肴至餐厅。传菜员应做到“五不取”，即数量不足不取，温度不适不取，颜色不

正不取，调、配料不全不取，器皿不洁、破损或不符合规格不取。④传菜员传菜时应做到传送托盘平衡，汤汁不洒，及时到位，不拖不压。⑤菜肴食品做好后，需在 2 分钟以内送到宾客的餐台上，传菜员将菜肴传到位后静站桌旁，值台服务员应快步迎上取菜并为宾客上菜。如果值台服务员正忙于为其他宾客服务，传菜员可将菜肴放在工作台上，但要告知值台服务员，不要放下菜肴后悄然离去，以免影响服务质量，传菜员不得自己动手上菜。⑥密切注意宾客的用餐情况，并按指定路线传菜，以免发生碰撞。⑦托菜肴的托盘不得传菜后又用来收拾餐具。⑧传菜员应及时将餐厅各桌宾客的进餐情况反映到厨房，以便厨师掌握好出菜时机，保持厨房与餐厅的协调，满足宾客的就餐需要。

(2)上菜服务

上菜服务时要注意上菜位置、上菜时机、上菜顺序、上菜服务注意事项。

①上菜位置。视具体情况，一般服务员应从宾客间隙较大的位置为宾客上菜，尽量选择最少干扰客人的位置，并要避开小孩、老人和女士。②上菜时机。上菜应该根据餐别及各地上菜规格和习惯，按照客人的具体要求和进餐速度灵活掌握上菜时机。冷菜应尽快上，当冷菜用去 1/2 时，便可上第一道热菜；热菜要一道一道地上，一般在 30 分钟内上完，每道菜间隔时间原则上不超过 5 分钟。要注意控制节奏，防止出现“空盘空台”的情况；但上菜也不可过勤，过勤会造成菜肴堆积，菜肴易凉。③上菜顺序。上菜顺序各地不尽相同，原则上是根据各地传统习惯来决定的。如北方的上菜顺序是：冷菜、热菜、大菜、汤类、点心、水果；南方的上菜顺序是：冷菜、热菜、汤、大菜、海鲜、米饭、点心、水果。④上菜服务注意事项。注意核对台号和菜肴名称，避免菜肴上错；整理台面，留出摆菜位置；先上调味品，再用双手将菜肴端上，主动报菜名，对特色菜肴要介绍其主要原料、烹制过程和典故等；上新菜时，要及时更换盘碟，席上的空菜盘也应及时撤下，餐桌上严禁盘子叠盘子，保持餐桌的清洁、美观；服务员上最后一道菜时，应低声告诉副主人菜已上齐，提醒客人是否还有其他需要，以便控制时间。

2.宴会的传菜、上菜服务

(1)传菜服务

中餐宴会传菜服务请参照本节的中餐零点传菜服务。

(2)上菜服务

中餐宴会上菜服务时也是要注意上菜位置、上菜时机、上菜顺序和上菜服务注意事项。

①上菜位置。中餐宴会上菜一般选择在陪同与翻译之间进行，也有在副主人右边，便于副主人向宾客介绍菜肴的口味和名称，严禁服务员从主人与主宾之间上菜，这是不礼貌的行为。②上菜时机。中餐宴会上菜是在宴会开餐前就把第一道菜即各种冷盘摆放在餐桌上，摆放冷盘时要注意保持冷菜的拼摆造型，同时要注意荤素调开，颜色相似调开。宾客入座开席后，服务员即可通知厨房准备出菜。当冷盘用去 2/3 左右时开始上热菜和大菜了，菜要一道一道地上，每道菜间隔时间原则上不超过 5 分钟。服务员应注意观察宾客的进餐情况，控制好上菜的快慢和节奏。上菜如果不及时，出现“空盘空台”的现象，一方面会使宴会主人尴尬，客人无菜下酒，也容易喝醉，让餐厅形象大打折扣；另一方面，上菜也不可过勤，过勤会造成菜肴堆积，菜肴易凉，同时也影响客人的品尝。当上完最后一道菜时，服务员应低声告诉副主人菜已上齐。③上菜顺序。中餐宴会上菜遵循的一般原则

是:先冷后热、先菜后点、先咸后甜、先炒后烧、先清淡后浓厚,顺序各地不尽相同,原则上是根据各地习惯,然后严格按照席面菜单顺序进行。④上菜服务注意事项。服务员应熟悉菜单,上菜时要仔细核对,并检查所上菜肴与宾客所点菜肴是否一致;上菜时应说"对不起",以提醒宾客防止碰撞而发生意外,动作要轻、稳,避免从宾客头上、肩上越过而引起宾客的不满;菜肴上桌后应主动报菜名,同时将菜肴转至主宾位置并介绍菜肴,如果菜肴有调、配料,应先上调料,再上菜肴;按照我国传统的礼貌习惯,上整鸡、整鸭、整鱼时,还应注意"鸡不献头、鸭不献尾、鱼不献脊",即不要把鸡头、鸭掌、鱼背朝向主宾,应将鸡头、鸭掌、鱼背朝向内侧;上有图案的菜肴时,如孔雀、凤凰等拼盘,应将菜肴的正面朝向主宾,先让主宾欣赏、品味和食用;在上每一道新菜时需将上一道菜移向第二主人一边,将新上的菜肴放在主宾前面以示尊重。

3. 特殊菜肴的上菜方法

(1)炸炒菜肴

这类菜肴一出锅要立即端上餐桌,上菜时要轻、稳,以保持菜肴的形状和风味。

(2)锅巴类菜肴

这类菜肴一出锅也要以最快的速度端上桌,随即把汤浇在锅巴上,使之发出响声,应该注意的是浇的动作要连贯,否则会失去应有的效果。

(3)原盅炖品类菜肴

这类菜肴要在端上餐桌后当着客人的面启封,以保持炖品的原汁原味,并使菜肴的香气在席面上散发,揭盖时要将盖子反转移开,以免汤水滴落在客人身上。

(4)泥纸包、荷叶包菜肴

这类菜肴应先将菜肴端上台供客人观赏后,再拿到一边台上拆开后启封,以保持菜肴的香味和特色。

(5)火锅

火锅由于自烹自食,又具有浓厚的家庭气氛,近年来深受广大宾客的欢迎。它的上菜方式比较特殊,具体要求如下:①将荤、素生菜相互搭配,摆放在转台上。当厨房把火锅送出来时,值台服务员应将荤的肉类加工成各种造型与素菜搭配摆放在转盘上,素菜主要有粉丝、蛋、白菜、冬菇、菠菜等;然后轻轻拨动转盘,慢慢转一周,以供宾客欣赏。同时,准备一双筷子、一只大汤匙、一块干净的小毛巾和一盒火柴。②将火锅上席。目前,各地使用的火锅有三种:一种是烧炭,一种是燃酒精和煤气,另一种是使用电加热的。火锅里的汤在厨房已经加热煮沸,所以在上席的时候一定要注意安全,待火锅放稳后,再点火加热把汤再煮沸。③按先荤后素的顺序下锅。待汤煮沸后,按先荤后素,先猪肉、羊肉、鱼虾的顺序逐一下锅,盖上锅盖。这时可把每位宾客的汤碗备好,排列在火锅周围待用。④派菜。待食品熟透后,服务人员就应按顺序将菜分派在汤碗内,分派时尽量荤素搭配,汤、料适口,做到第一碗与最后无差别。如火锅汤不够时,可到厨房再添一些。⑤撤下火锅。当宾客餐毕,服务员应把火熄灭,再轻撤火锅并注意安全。

4. 中餐上菜服务程序

(1)上菜准备

①准备上菜的用具——托盘等菜肴服务用具。②准备菜单—熟悉上菜顺序。③确定

上菜口。

(2)上菜服务操作规范

①从上菜口将菜肴送上餐桌并注意菜肴摆放的位置、搭配和间距。②上菜时动作要轻，严禁将菜肴从客人的头上越过。③展示菜肴、报菜名、介绍菜肴。④上菜时，菜盘内放置服务叉、勺，要注意将叉(勺)柄朝向主人。如果盘子很热一定要提醒客人注意。⑤上汤类菜肴时，服务员要给客人分汤。⑥如果有小孩同桌就餐，一定要将热菜、汤类远离孩子并提醒成年人注意。⑦上带头尾的菜品，应根据当地的上菜习惯摆放；上带有佐料的菜肴，要先上配料后上菜，要一次上齐，切勿遗漏；上带壳的菜肴要跟上小毛巾和洗手盅。⑧菜上齐后要告知客人并询问是否需加菜或其他帮助。⑨上菜撤盘的基本礼节要求是：上菜不准推，撤盘不准拖。

5. 上菜注意事项

(1) 上菜要核对，服务员要事先了解客人的用餐菜单，上菜时要仔细核对，切忌送错对象。

(2)当传菜员将菜肴送至餐台旁后，服务员应快步上前上菜。上菜时双手将菜奉上餐桌并报菜名，有调配料或洗手盅时，应先上调配料或洗手盅，并告知宾客后上菜。

(3)注意上菜的速度与节奏

冷菜吃了1/2时上热菜。大桌菜肴道数较多，要求热菜在30分钟左右上完，小桌20分钟上完，烹制时间较长的菜肴应告知宾客。此外，如果宾客有特殊要求，应尽量满足。

(4) 严格按照上菜顺序上菜。

(5) 要认真把关。

一道菜肴或点心上到客人桌上前要认真把好关，如色、香、形、卫生与数量是否符合标准，原料是否鲜，盛器是否适合等。如发现问题应立即采取措施，一般来说，菜肴从厨房出来到餐厅台面上要经过三道关：厨师长、传菜员与服务员，如这3个环节都能把好关，则可保证质量了。

(6) 注意菜肴台面排放。

荤素要错落开来，排列要讲究造型艺术，注意礼貌，尊敬主宾，方便食用，菜肴的观赏面要面对主位。

(7) 每盘菜均配勺以方便宾客取菜，同时保持卫生。随时撤走空盘，忌盘子叠盘子。

(8)菜上齐后，告知宾客，征求宾客有无其他要求并主动向宾客介绍甜品、水果。

知识链接

常见佐料跟用方式有3种：

(1) 将佐料盛入味碟或味瓶中，上菜前就放在餐桌上，由客人自取。

(2) 佐料与菜肴一起端上台，由服务员将佐料拌撒在菜肴内。

(3) 将菜肴佐料摆放在菜盘四周，随菜一起端上餐桌，由客人选择食用。

(二)摆菜

摆菜是上菜的继续,它是将上台的菜按一定的格局摆放好。其基本要求是,讲究造型艺术,注意宾客的风俗习惯,尊敬主宾,方便食用,具体要求如下:

1. 中餐零点摆菜

(1)摆菜的位置

零点摆菜要摆在小件餐具前面,间距要适当。一桌有几批散座宾客的,各客的菜盘要相对集中,相互之间要留有一定的间隔,以防止差错。零点的主菜、高档菜一般也应摆在中间的位置上。

(2)摆菜的看面

零点摆菜的看面要朝向宾客。

(3)摆菜的造型

各种菜肴要对称摆放,要讲究造型艺术。菜盘的摆放艺术是,两个菜可并排摆成一字形,一菜一汤可摆成竖一字形,汤在前、菜在后;两菜一汤或三菜,可摆成品字形,汤在上,菜在下;三菜一汤可以汤为圆心;四菜一汤,汤放中间,菜摆四周;五菜以上都以汤或头菜或大拼盘为圆心,摆成圆形。

2. 中餐宴会摆菜

(1)摆菜的位置

摆菜的位置要适中。一般从餐桌中间向四周摆放。中餐宴席中的大拼盘、大菜中的头菜一般要摆在桌子的中间。汤菜(如品锅、砂锅、暖锅、炖盆)一般也摆在桌子的中间。比较高档的菜,有特殊风味的菜,要先摆在主宾的位置上,以示尊重来宾,在上下一道菜时再移到副主人一侧;有造型的菜肴应将菜肴图案正面朝向主宾,以供主宾和主人欣赏。

(2)摆菜的看面

菜肴的所谓看面,就是最宜于观赏的一面。各类菜的看面是:整形有头的菜肴,如烤乳猪、冷碟孔雀开屏、金鱼等菜,其头部为看面;而头部被隐藏的整形菜肴,如烤鸭、八宝鸡、八宝鸭等菜,其丰满的身子为看面;冷蝶中的独碟、双拼或三拼,如有巷缝的,其巷缝为看面,一般菜肴,其刀精细、色调好看的部分为看面。酒席中的头菜,其看面要对正主位,其他菜的看面要朝向四周。

(3)摆菜的造型

各种菜肴要对称摆放,讲究造型艺术。①对称摆放的方法是:要从菜肴的原材料、色彩、形状、盛具等几个方面考虑,如鸡可对鸭、鱼可对虾等。同形状、同颜色的菜肴也可相间对称摆在餐台的上下或左右位置上,一般不要并排在一起。②菜盘的摆放形状:两个菜可以并排摆成一字形;一菜一汤可摆成竖一字形,汤在前菜在后;两菜一汤或三个菜,可摆成品字形,汤在上,菜在下;三菜一汤可以汤为圆心,菜沿汤内边摆成半圆形;四菜一汤,汤放在中间,菜摆四周;五菜一汤,以汤为圆心摆成梅花形;五菜以上都以汤或头菜或大拼盘为圆心,摆成圆形。

(三)西餐上菜

不同国家和地区的西餐服务方式不尽相同,这里就一般的服务加以介绍。

1. 西餐的上菜服务要求

(1)西餐的上菜原则

西餐上菜遵循先冷后热，最后是冷；从鲜美到甜味，从清淡至浓重，再到清淡；从生的到熟的原则。

(2)西餐的上菜顺序

西餐的上菜顺序为：开胃菜(头盆)、汤、色拉、主菜、甜品、咖啡或茶。具体操作如下：

①上黄油、面包。餐厅员工应在开餐前 5 分钟为客人送上面包与黄油。检查黄油是否够量、形状是否完好，确保面包新鲜。先用小方盘装上热的小梭子面包，上面用清洁的口布盖上；再用小圆盘装上黄油，数量与客数相等。然后将黄油刀移放到黄油盅上，在芝士盆的右上角放上黄油，中间放上面包，注意先给女士上黄油和面包。

②佐餐酒服务。用餐巾托起瓶身向主人展示酒的牌子，让主人确认是其所点的酒；在宾客面前用开瓶器将木塞取出，木塞直接递给主人，主人闻闻木塞，待其确认酒品没有问题后再用餐巾擦拭瓶口；用餐巾包裹瓶身，但需露出牌子。先在主人杯子里倒入少许让主人品尝，然后按先女后男的顺序斟酒，最后再给主人斟至标准量；将斟后的酒瓶放回冰箱，上面覆盖餐巾，随时准备为宾客添加。如果酒瓶空了，征求宾客意见是否再订一瓶，说："Excuse me sir, would you like to have another one? "

③服务开胃菜(头盆)。端上菜肴时，要告诉宾客菜名，一般情况下，上菜时值台服务员用右手从宾客右边端上，直接放入装饰盘内；头盆吃完后，撤盘前应征求宾客的意见，收盘时用右手从宾客的右边撤下，然后按先女后男、顺时针方向依次撤下每位宾客的空盘，刀叉放在空盘里一同撤下；西餐服务要求徒手撤盘，只有玻璃杯具、烟灰缸、面包盘、黄油盅等小件物品用托盘撤送。

④服务汤或色拉。在西餐中汤有清汤与浓汤之分，清汤又包括热清汤与冷清汤两种。要用热盆放浓汤，从而保持汤的原汁原味。夏天用西餐时一般喝冷清汤，上汤之前首先要将盛放冷清汤专用杯(带两耳)用冰冻冷；汤盅需垫上餐巾折成的小荷花，这样既美观又可保温；色拉木碗与汤一样需垫小荷花，以使冷食品保持低温。色拉汁、奶酪粉等调配料一律从宾客左手边分派；汤或色拉吃完后，空菜盘应连同装饰盘一起撤下。餐位上只留下吃主菜的刀叉用具及面包碟等。

⑤服务主菜。食用主菜时要用大菜盆，所以主菜通常又称为大盆。员工在为客人送上主菜的同时还要在大菜盆的前面随送上卤汁和蔬菜，这些配料用半月形的生菜专用盆装盛。在宾客右侧上菜，上完后要报菜名，要告知牛、羊排几成熟；放盘时，让主菜、肉类靠近宾客面前，蔬菜则放到桌心方向；主菜用完后，应按先女后男的次序撤走主菜盘刀叉，服务员将桌上的面包碎屑扫干净，并征求宾客对主菜的意见。

⑥推销奶酪和甜点。推销奶酪和甜点时，先展示放有各式奶酪的木板或手推车，将宾客点的奶酪当场切割装盘、摆位，并配上胡椒、盐盅、黄油、面包、凉蔬菜；待宾客吃完奶酪后，将用具托盘撤下，只留下甜品叉、勺及斟有酒水的杯子、餐巾、烟灰缸、花瓶、蜡烛。食用冰淇淋时，要将匙放到底盆内与冰淇淋一道端上去，烩水果的则应为宾客摆上菜匙。食用热点心，要用中叉与点心匙。有的西餐，服务时已事先在台面上摆好了水果盘，作为装饰点缀之用。在这种情况下，给客人上水果时只要为客人送水果刀叉、净手盅便可以；如

果桌面上并没有事先摆好水果盘，酒店员工可以在放上辅助工具之后，为客人送上准备好的果盘。

⑦服务咖啡或茶。先问清宾客喝咖啡还是茶，“Would you like to have coffee or tea?”随后送上糖缸、奶壶或柠檬片，准备咖啡具、茶具。咖啡配糖和淡奶，普通红茶配糖和淡奶，柠檬茶配糖和柠檬片。用托盘撤走盛甜点的用具，将咖啡或茶杯移到宾客面前，不等宾客呼叫，随时准备添加。西餐中早、中及晚餐饮用咖啡的杯子各不一样，通常情况下分别使用大、中及小 3 种杯子。餐厅员工可以在客人食用水果时就将一套咖啡杯送到客人的水杯后面。分派咖啡的盘上应当垫上口布，并装上糖缸、牛奶盅、咖啡壶等用品；员工为客人斟好咖啡后，应当先将客人的水果盘与洗手盅收去，然后将咖啡轻移到客人前面。

⑧推销餐后酒或雪茄。问宾客用餐后是否需要点利口酒或干邑白兰地。

(3)西餐上菜的位置

服务员依不同的西餐服务方式，可站在宾客的左侧或右侧上菜，若站在宾客的左侧上菜，则左手托盘，右手拿叉分菜。

(4)西餐上菜的次序

上菜的次序遵循女士优先、先宾后主的原则，按逆时针方向依次进行。

(5)先斟酒后上菜

西餐的任何一道需配酒类的菜肴在上桌前应先斟酒，然后再上菜。

(6)先撤后上

每道菜用完均需撤走用过的餐具(包括餐盘和刀、叉、勺等)，然后再上新菜。

2. 几种西餐上菜服务方式

西餐的上菜有法式服务、俄式服务、美式服务等，这些服务方式又因各国的习俗不同而略有变化。

(1) 法式上菜服务方法

法式服务由两名服务员操作，上菜时用服务车推出菜肴，服务员当着客人的面进行烹制表演、切割装盘，服务助手用右手在客人右侧送上每道菜，面包、黄油与配菜则从客人左侧上，斟酒及撤盘均在客人的右边。

(2) 俄式上菜服务方法

服务员手托菜盘，拿着夹菜用的叉和匙，从客人的左侧把菜夹到客人餐盘里，要逆时针绕台进行。

(3) 美式上菜服务方法

厨师在厨房里将每道菜分成一人一份，服务员直接端给客人即可，一般要求服务员一次能端 4 个主菜盘，上菜时站在客人左侧，从客人的左边上，从客人的右侧撤掉用过的餐盘及餐具。

(4) 英式上菜服务方法

这种服务方式是从厨房里拿出已盛好菜肴及食品的大盘和加过温的餐盘，放在服务桌上，由主人将菜肴分入餐盘后递给服务员，再由服务员分送给女主宾、女主人及其他来宾，各种调味、配菜放在餐桌上，由客人自取。

(5)大陆式服务

大陆式服务综合了美式服务、法式服务、俄式服务和英式服务,常用于西方宴会服务。在服务过程中,根据菜肴特点选择相应的服务方式,如头盆用美式服务、主菜用俄式服务、甜点用法式服务,但应符合既方便宾客就餐、又方便员工操作,同时也便于餐厅管理的原则。

三、实操训练

(1)上菜服务实训目标:掌握中西餐上菜的基本程序、方法;上菜时要求动作迅速、准确到位并注重礼仪。

(2)实训形式:分组实操并进行考核,将考核结果填入表 7-5 中。

表 7-5　餐饮上菜服务技能训练考核表

上菜服务操作要求	满分	得分
表情自然、仪态优美	10	
双手干净,无长指甲,无首饰	10	
能够准确定位上菜口	10	
能够按照上菜顺序进行上菜服务	10	
上菜时使用托盘	10	
上菜时无滴漏,无溢出	20	
上菜时手指不碰到食物	10	
注意上菜时的各项要求	20	
总　计	100	

(3)地点:模拟餐厅或校外基地实践。

(4)时间:1 学时。

四、任务小结

上菜服务工作要求按照操作规范进行,注意上菜时的服务姿态,控制上菜速度,让客人在就餐过程中感到舒适满意。

任务4　分菜服务

分菜服务是在用餐标准较高或是宾客身份较高的宴会上，每道菜肴均需分派给宾客，也叫派菜或让菜。分菜服务是餐饮服务中技术性很强的工作之一，要想熟练地掌握分菜技巧，就必须对各种菜肴的烹制方法、菜肴成形后的质地有很好的了解。中餐和西餐的分菜要求各不相同，西餐中的美式服务不要求服务员掌握分菜技术，俄式服务要求服务员有较高的分菜技术，法式服务要求服务员有分切技术；但都注重礼仪、顺序与节奏，要求动作迅速、准确到位。

一、任务布置

(1)参观考察：将学生分为若干组，利用课余时间到各大酒店餐饮部、社会餐饮机构调查，重点了解分菜服务工作的内容及操作程序。

(2)整理资料：每个小组的学生对调查资料结果进行整理归类和总结。

(3)参与课堂讨论：积极参与教师在课堂组织的讨论活动，并发表自己的看法。

(4) 实操训练：各小组在模拟餐厅环境中准备好托盘、中西餐桌椅，分菜叉、勺、筷等各种餐具和小石子若干，以及水、小布条、土豆丝、清蒸鱼等模拟食物，分组进行模拟分菜服务的训练。

二、知识准备

(一)认识分菜用具

(1)中餐分菜的用具：分菜叉(服务叉)、分菜勺(服务勺)、公用勺、公用筷、长把勺等。

(2)俄式服务的分菜用具：叉和勺，通常以不锈钢材为主。

(3)法式服务的分切用具：服务车、分割切板、刀、叉、分调味汁的叉和勺。

(二)分菜用具的使用方法

1. 中餐分菜用具的使用方法

(1)服务叉、勺的使用方法

服务员操作时右手捏叉柄和勺柄的后部，叉尖向上，叉的底部向勺心，勺心向上；右手食指插在叉柄和勺柄之间与大拇指配合捏住叉把，用中指支撑勺柄，无名指、小指按在勺柄上面起稳定作用；在夹菜肴和点心时，主要依靠手指来控制，分带汁菜肴时用服务勺盛汁。如图7-15所示。

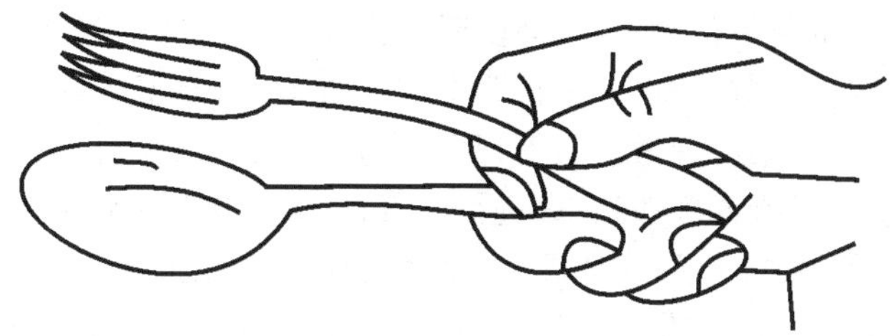

图 7-15　服务叉、勺使用图

(2)公用勺和公用筷的用法

服务员站在与主人位置成 90°角的位置上，右手握公用筷，左手持公用勺，相互配合将菜肴分到宾客的餐碟之中。

(3)长把汤勺的用法

分汤菜，汤中有菜肴时需用公用筷配合操作。

2. 西餐分菜用具的使用方法

西餐分菜的用具有：服务叉一把、服务匙一把，切肉刀、叉各一把。分菜时，匙和叉的柄在手掌中，叉的底部靠在匙柄上，用手指控制来夹钳食物。食指夹在叉和匙之间，可以用力，而用中指支撑服务匙。无名指与食指在同一侧(叉、匙长柄之间)，小指与中指同侧，无名指主要起稳定作用。操作时，右手背向下，掌心向上，用匙先插入菜中，同时用拇指和食指大叉向右分开。待匙操起菜点后再将大叉移向菜点上部夹紧。右手背向上将菜点送主菜盘内。其中俄式、法式分菜用具的使用方法各有自己的要求，具体如下：

(1)俄式分菜用具的使用方法

一般是匙在下，叉在上。右手的中指、无名指和小指夹持，拇指和食指控制叉，五指并拢，完美配合。这是俄式服务最基本的技巧。

(2)法式切分工具的使用方法

①分让主料。将要切分的菜肴取放到分割切板上，再将切板放在餐车上。分切时左手拿叉压住菜肴的一侧，右手用刀分切。②分让配料、配汁。用叉勺分让，勺心向上，叉的底部向勺心，即叉勺扣放。

(三)分菜的方法

分菜的方法主要是根据服务方式来决定的，下面从中西餐两个方面进行介绍。

1. 中餐分菜服务

中餐分菜方法主要有各客式分菜服务、分叉分勺派菜法、转盘式分菜法和旁桌式分菜法四种。

(1)各客式分菜服务

厨房工作人员根据菜单和宾客人数，在厨房将冷菜、汤或热菜分别装盘，每人一份，直接端至宴会厅，由服务员从主宾右侧送上，按顺时针方向绕台进行。

特点：规格高，效率高，减轻前台压力，装盘美观，适用于汤类、煲类、高档宴会的分菜。

(2)分叉分勺派菜法

分叉分勺派菜法也叫餐位分菜法，即由服务员在每位宾客的就餐位置旁将菜肴分派到宾客各自的餐盘内。核对菜肴，双手将菜肴端至转盘上，转至主位前示菜并报菜名、作介绍，再顺转一圈后从上菜位置撤下菜肴；服务员左手托住菜盘，盘下垫一块叠成方形或条形的餐巾以隔热，右手持握服务叉、匙进行分菜；分菜时按顺时针方向绕台进行；服务员分菜姿势是右脚在前，左脚在后，稍弯腰，上身微向前倾，菜盘的边与宾客骨碟的边上下重叠；从客人右侧依次分派菜肴，分菜时做到一勺准、数量均匀，不允许一把匙的菜分给两位宾客。每道菜分完后要剩下 1/5 或 1/10 以示菜肴丰盛，放上服务匙后从上菜位置重新上菜，转至主宾前；也可一次性将菜全部分完。

特点：效率高，适合汤汁少及块状菜肴的分派。

(3)转盘式分菜法

转盘式分菜法也叫转台分菜法。提前将与宾客人数相等的餐碟有序地摆放在转盘上，并将分菜用具放在相应位置；核对菜肴，双手将菜肴端至转盘上，转至主位前示菜并报菜名、作介绍。立即用长柄勺、筷子或服务叉勺分菜；全部分完后，撤前一道菜的餐碟后，从转盘上取菜端给宾客。

特点：效率高，少打扰宾客，适合大型宴会分菜服务。

(4)旁桌式分菜法

旁桌式分菜法也叫工作台分菜法。在宾客餐桌旁放置服务手推车或服务桌，准备好干净的餐盘和分菜用具。核对菜品，示菜并报菜名和作介绍，然后撤至工作台，服务员在工作台上用分菜工具将菜肴分入干净的餐碟中，从主宾右侧上菜，按照顺时针方向绕台进行。这种分菜方法有一人操作和两名服务员配合操作两种。一人操作时，由服务员个人完成所有分菜服务工作；两名服务员操作时，一名服务员分菜，另一名服务员为宾客上菜，然后将分剩的菜肴整理成形或装在小盘中，放上服务匙后重新上菜，转至主宾前。

特点：规格高，少打扰宾客，但节奏较慢，适合长条桌或大圆桌。

2. 西餐分菜服务

西餐的分菜用具和使用方法与中餐大致相同。西餐的分菜一般是由厨师按份切好装在盘内再由服务员上台分菜，服务员应站在宾客的左边，左手托盘，右手拿叉匙，按女士优先、先宾后主的次序分菜。

(1)分菜的主要事项

①手法卫生，动作轻快。②掌握数量，分派均匀。③优质部位分给主宾。④不要全部分完，要剩 1/5～1/10 左右，以备宾客再用。

(2)西餐常见菜的分切方法

①牛排。把烤牛肉最大的一端放在盘上，先用叉插入上面两根肋骨间，再从肥的一面开始，用刀(刀与肉的纹理成垂直角度)横切到肋骨。用刀尖沿肋骨把肉切下来，切时必须紧沿肋骨，把刀插进肉片下，用叉稳定，挑起肉片放入盘边上。边切边摆，直至完毕。②火腿。左手拿叉插入火腿大头部位，以固定火腿。右手拿刀从火腿薄的一面切掉几片，以形成一个平面；再把火腿转过来，将所切平面朝下，从火腿的后部开始切掉一小块楔形的肉，然后垂直均匀地切片，直至切尽为止。③火鸡。将火鸡放在砧板上，用左手握住鸡腿下部，右手拿刀切开鸡身和鸡腿之间的皮，并将皮轻轻拿掉。左手拿叉插入鸡身紧靠鸡腿的地方，右手用刀从鸡身背部与鸡腿的主骨之间关节处将鸡切开。拿住切下来的鸡腿下部

放在盆上，与盆形成一个角度，再用刀把鸡的大腿肉从鸡腿下部一片片切到关节处。切完一面，再切另一面，直到切完。切鸡脯肉则要从鸡脯中间开始一片片地切到胸骨为止。

（四）各种特殊情况的分菜方法

特殊情况包括特殊宴会形式和特殊菜盘两大类。

1.特殊宴会的分菜方法

(1)顾客只顾谈话而冷淡菜肴

遇到这种情况服务员应抓住顾客谈话出现短暂的停顿间隙时机，向客人介绍菜肴并以最快的速度将菜肴分给客人。

(2)主要客人带少年儿童赴宴

此时分菜先分给儿童，然后按常规顺序分菜。

(3)老年人多的宴会

此种情况下采取快分慢撤的方法进行服务。分菜步骤可分为两步，即先少分再添分。

(4)外事会晤宴会

如果是政府间的会晤或宴会，服务员除照顾好宾主外，也要照顾好翻译人员，应将易食或骨刺少的部位分给翻译，以保证翻译工作的正常进行。

2.特殊菜肴的分菜方法

(1)汤类菜肴的分菜方法

汤类菜肴分菜时先将盛器内的汤分进客人的碗内，再将汤中的原料均匀地分入客人的汤碗中。

(2)造型菜肴的分菜方法

先将造型的菜肴均匀地分给每位客人。如果造型较大，可先分一半，处理完上半部分造型物后再分剩余的一半。也可将可食用的造型物均匀地分给客人；不可食用的，分完菜后撤下。

(3)卷食类菜肴的分菜方法

卷食类菜肴一般情况是由客人自己取拿卷食；如有老人或儿童多的情况，则需要分菜服务。分菜方法是：服务员将吃碟摆放于菜肴的周围；放好铺卷的外层，然后逐一将被卷物放于铺卷的外层上；最后卷上送到每位客人面前。

(4)拔丝类菜肴的分菜方法

拔丝浆果菜肴的品种很多，如拔丝苹果、拔丝香蕉、拔丝白薯、拔丝芋头等。此类菜肴往往是在就餐接近尾声时作为一道甜食上席的。它的服务要求是：速度快、动作敏捷，即上，即拔，即浸，即食。其服务方法为：①送上水碗，备好公筷。②分菜。此类菜一上桌，即用公筷将菜一件件夹起，随即放在凉开水里浸一下，以免糖浆沾在碗筷上，宾客食用时也不至于烫嘴，然后再分派夹到宾客盘碗里。如是两位服务员服务时，由一位服务员取菜分菜，另一位服务员快速递给客人。

(5)鱼的分菜方法

分鱼首先要剔除鱼骨，其方法是用公用勺压住鱼头，用公筷(或鱼刀)从头至尾把鱼肉拨在盘边，然后切断鱼头、鱼尾，剔除中间鱼骨。剔骨时注意不要把鱼肉戳碎，要尽量保持鱼的原形。待鱼汁浸透鱼肉后，再用餐刀将鱼肉切成若干块，按宾主的先后次序分派。

(6)鸭的分菜方法

鸭的分菜方法是先用公筷压住鸭身，用公勺或刀将腿肉和鸭脯切扒成若干基本均匀的鸭块，再按宾主次序分派。鸭头、翅尾不分，留在碟上任宾客自行食用。

(7)肘子的分菜方法

分肘子时，用公筷压住肘子，用公勺或刀将肘子切成若干基本均匀的肉块，再按宾主次序分派。

(8)蛋煎制品的分菜方法

分蛋煎制品时，用公筷压住蛋饼，用公勺或刀将蛋饼拔成若干件，再按宾主次序分派。

(9)冬瓜盅的分菜方法

冬瓜盅是夏日名菜，是带皮的炖品。由于器皿较高，一般要分派两次。第一次先用公勺将上端冬瓜肉和盅内配料、汤汁均匀地分给宾客；第二次先用餐叉叉住瓜皮，后用餐刀从上向下切，横削去皮，一般分四刀削完，分派瓜肉。

(10)鸡的分菜方法

鸡的分菜方法是用公筷先把鸡腿、鸡肉夹在公勺里，再将随拼的配菜也夹放在公勺里，然后倒在宾客的餐碟里。要注意使鸡皮朝下，使鸡块保持完整；鸡头、鸡尾一般不分给宾客，任宾客自行食用。

(五)分菜的基本要求和注意事项

1. 展示菜品

向客人展示菜点，并介绍名称和特色后方可分让。大型宴会，每一桌服务人员的派菜方法应一致。服务员分菜时应使用叉匙或专用夹子。

2. 动作利索

服务员在分菜时动作要轻、快、准，在保证分菜质量的前提下以最快的速度完成分菜工作，切不可在分完最后一道时菜已冰凉。

3. 分量均匀

分菜时要胆大心细，掌握好菜的份数与分量，做到保持菜肴原形，并分派均匀一致，尽量把优质部分给主要客人。此外，通常还要留两份左右以备客人添加。如果菜品很多，则将余下菜肴用小盘盛上整理好后送上餐桌。头尾残骨不宜分给客人。

4. 跟上佐料

对于需要佐料的菜肴，分菜时要跟上佐料，在用佐料时宜在征求客人的意见后让客人自行添加，有卤汁的菜肴应分好后涂上卤汁。

5. 控制质量

分菜时留意菜的质量和菜内有无异物，及时将不合标准的菜送回厨房更换。菜不合标准时，若客人表示不要此菜，则不必勉强。此外应将有骨头的菜肴，如鱼、鸡等的大骨头剔除。分汤时，直接用长柄勺，汤中有菜时，还需用长筷配合操作。在分汤后为客人换一道新毛巾。

6. 手法卫生

分菜是在客人面前进行的，因此手法一定要卫生，最好带上白手套，手拿餐碟的边缘，避免污染；用具要清洁，分菜时做到一勺准、一叉准，注意动作轻巧，卤汁不能弄出盘外。若分菜时不慎将菜落在台面上，切忌用手直接拾起，可先用干净的布巾包起，再清洁台面。

三、实操训练

(1)分菜服务实训目标：掌握中西餐分菜的工具及用途，掌握分菜及摆菜的基本方法和要求。分菜时要求均匀、无滴漏，并注重礼仪。

(2)实训形式：分组实操并进行考核，并将考核结果填入表 7-6 中。

表 7-6　餐饮分菜服务技能训练考核表

分菜服务操作要求	满分	得分
表情自然、仪态优美	10	
双手干净，无长指甲，无首饰	10	
掌握勺、叉、筷的使用要领	20	
分菜时做到均匀一致	10	
分汤均匀	10	
保持分菜有形、无散乱	15	
一次分好，要富余两份，以备客人添要	10	
注意分菜时不能发出声响	15	
总　计	100	

(3)地点：模拟餐厅或校外基地实践。

(4)时间：1 学时。

四、任务小结

分菜服务工作要求按照操作规范进行，注意分菜时的服务姿态，保持分菜有形、无散乱，分菜分汤均匀，让客人在就餐过程中感到舒适满意。

任务5　茶水咖啡服务

提供茶水咖啡服务时，应先问清宾客喝咖啡还是喝茶，随后送上糖缸、奶壶或柠檬片，准备咖啡具、茶具。咖啡配糖和淡奶，普通红茶配糖和淡奶，柠檬茶配糖和柠檬片。用托盘撤走盛甜点的用具，将咖啡或茶杯移到宾客面前，不等宾客呼叫，随时准备添加。

一、任务布置

(1)参观考察：将学生分为若干组，利用课余时间到各大酒店餐饮部、社会餐饮机构调查，重点了解茶水咖啡服务工作的内容及操作程序。

(2)整理资料：每个小组的学生对调查资料结果进行整理归类和总结。

(3)参与课堂讨论：积极参与教师在课堂组织的讨论活动，并发表自己的看法。

(4) 实操训练：各小组在模拟餐厅环境中准备好托盘、茶、水、茶具、咖啡、咖啡杯、中西餐桌椅等，分组进行模拟服务训练。

二、知识准备

(一)茶的相关知识

我国是最早将茶作为饮料的国家，茶分为绿茶、红茶、花茶、乌龙茶、白茶、黄茶、黑茶等多种。西餐中多用红茶，红茶为全世界人民所喜爱，是经过加工、发酵、干燥等工序制成的，既可单独饮用，又可加牛奶和糖饮用。

1. 认识茶的分类

由于历史的积淀，我国成为世界茶叶品种最多的国家，饮誉海内外。古往今来，几经演变，我国茶叶品种不断翻新，大体经历了咀嚼鲜叶、生煮羹饮、晒干收藏、蒸青做饼、炒青散茶几个阶段，直至形成目前的茶类格局。目前常见的有两种分法，即按颜色分和按工艺分，前者分出的茶称为基本茶类，后者分出的称为再加工茶。

(1)基本茶类

基本茶类包括绿茶、红茶、乌龙茶、白茶、黄茶、黑茶。

①绿茶

绿茶又称不发酵茶，是指采取茶树新叶，未经发酵，经杀青、揉捻、干燥等典型工艺，其制成品的色泽、冲泡后茶汤较多地保存了鲜茶叶的绿色主调。绿茶是中国产量最多、饮用最为广泛的一种茶，它的特点是汤清叶绿、营养丰富。常饮绿茶能防癌和降血脂，防电脑辐射；吸烟者喝绿茶可减轻尼古丁伤害。

绿茶的主要品种有：西湖龙井、黄山毛峰、太平猴魁、洞庭碧螺春、信阳毛尖、崂山绿茶、新林玉露、中岳仙茶、竹栏翠芽等品种。

②红茶

红茶的鼻祖在中国，世界上最早的红茶由中国福建武夷山茶区的茶农发明，名为"正山小种"，属于全发酵茶类，是以茶树的芽叶为原料，经过萎凋、揉捻（切）、发酵、干燥等典型工艺过程精制而成的。因其干茶色泽和冲泡的茶汤以红色为主调，故名红茶。红茶种类较多、产地较广，祁门红茶闻名天下，工夫红茶和小种红茶处处留香，此外，从中国引种发展起来的印度、斯里兰卡的产地红茶也很有名。

红茶的种类较多，自然产地也就较广，按照其加工的方法与出品的茶形，一般又可分为三大类：小种红茶、工夫红茶和红碎茶。

工夫红茶是中国特有的红茶，比如祁门工夫、滇红工夫、闽红工夫、湖红工夫、铁观音红茶、台湾工夫、粤红工夫等等。这里的"工夫"两字有双重含义，一是指加工的时候较别种红茶下的工夫更多，二是冲泡的时候要用充裕的时间慢慢品味。

小种红茶是福建省的特产，有正山小种和外山小种之分。正山小种产于 1 000 米以上的高山，如今那里已经实行了"原产地保护"。正山小种又可分为东方口味和欧洲口味，东方口味讲究的是"松烟香，桂圆汤"；欧洲口味的松香味则更浓郁，比较适合配熏鱼和熏肉。

红碎茶按其外形又可细分为叶茶、碎茶、片茶、末茶，产地分布较广，遍于云南、广东、海南、广西，主要供出口。

另外，世界很多地方均出产红茶，例如：印度（以大吉岭茶最为珍贵）、东非（以肯尼亚所产最为著名）、斯里兰卡（最著名的是锡兰红茶）、印尼（以爪哇岛及苏门答腊为中心盛产精品红茶）。

③乌龙茶

乌龙茶亦称青茶、半发酵茶，是中国几大茶类中独具鲜明特色的茶叶品类。乌龙茶是经过杀青、萎雕、摇青、半发酵、烘焙等工序后制出的品质优异的茶类。乌龙茶由宋代贡茶龙团、凤饼演变而来，创制于 1725 年（清雍正年间）前后，品尝后齿颊留香、回味甘鲜。乌龙茶的药理作用突出表现在分解脂肪、减肥健美等方面，在日本被称为"美容茶"、"健美茶"。乌龙茶为中国特有的茶类，主要产于福建（闽北、闽南）及广东、台湾三个省。近年来四川、湖南等省也有少量生产。乌龙茶除了内销广东、福建等省外，主要出口日本、东南亚和港澳地区。

乌龙茶（青茶）的名贵品种有武夷岩茶、台湾乌龙茶、罗汉沉香、东方美人、凤凰水仙、闽北乌龙茶、闽南乌龙茶等等。

④白茶

因成品茶的外观呈白色，故名白茶，为六大茶类之一。白茶为福建特产，主要产区在福鼎、政和、松溪、建阳等地。其基本工艺包括萎凋、烘焙（或阴干）、拣剔、复火等工序，萎凋是形成白茶品质的关键工序。白茶具有外形芽毫完整、满身披毫、毫香清鲜、汤色黄绿清澈、滋味清淡回甘的品质特点，属轻微发酵茶，是我国茶类中的特殊珍品。因其成品茶多为芽头，满披白毫，如银似雪而得名。此外，中国浙江的安吉白茶和贵州正安白茶因自然变异整片茶叶呈白色，不同于带有白色绒毛的一般白茶。

白茶因茶树品种、原料(鲜叶)采摘的标准不同,分为芽茶(白毫银针)和叶茶(如白牡丹、新工艺白茶、寿眉)。白茶主要品种有白牡丹、白毫银针、贡眉、寿眉。

⑤黄茶

人们从炒青绿茶中发现,由于杀青、揉捻后干燥不足或不及时,叶色即变黄,于是产生了新的品类——黄茶。黄茶的品质特点是"黄叶黄汤"。这种黄色是制茶过程中进行焖黄的结果。黄茶分为黄芽茶、黄小茶和黄大茶三类。

黄芽茶原料细嫩,系采摘单芽或一芽一叶加工而成,主要包括:湖南岳阳洞庭湖君山的"君山银针",四川雅安、名山县的"蒙顶黄芽"和安徽霍山的"霍山黄芽"。

黄小茶系采摘细嫩芽叶加工而成,主要包括:湖南岳阳的"北港毛尖",湖南宁乡的"沩山白毛尖",湖北远安的"远安鹿苑",安徽的"皖西黄小茶"和浙江温州、平阳一带的"平阳黄汤"。

黄大茶系采摘一芽二、三叶甚至一芽四、五叶为原料制作而成,主要包括:安徽霍山的"霍山黄大茶",安徽金寨、六安、岳西和湖北英山所产的"黄大茶"和广东韶关、肇庆、湛江等地的"广东大叶青"。

⑥黑茶

因成品茶的外观呈黑色,故名黑茶,为六大茶类之一,属全发酵茶。黑茶的主产区为四川、云南、湖北、湖南等地。黑茶采用的原料较粗老,是压制紧压茶的主要原料。制茶工艺一般包括杀青、揉捻、渥堆和干燥四道工序。黑茶按地域分布,主要分类为湖南黑茶、四川黑茶、云南黑茶(普洱茶)及湖北黑茶。

(2)再加工茶类

以基本茶类绿茶、红茶、乌龙茶、白茶、黄茶、黑茶的原料经再加工而成的产品称为再加工茶,它包括花茶、紧压茶、萃取茶、果味茶和药用保健茶等,分别具有不同的品味和功效。

①花茶:又名香片,利用茶善于吸收异味的特点,将有香味的鲜花和新茶一起焖,茶将香味吸收后再把干花筛除,制成的花茶香味浓郁,茶汤色深,深得偏好重口味的中国北方人的喜爱。最普通的花茶是用茉莉花制成的茉莉花茶,普通花茶都是用绿茶制作,也有用红茶制作的。花茶是主要以绿茶、红茶或者乌龙茶作为茶坯,配以能够吐香的鲜花作为原料,采用窨制工艺制作而成的茶叶。根据其所用的香花品种不同,分为茉莉花茶、玉兰花茶、桂花花茶、珠兰花茶等,其中以茉莉花茶产量最大。

②紧压茶:是以黑毛茶、老青茶、做庄茶及其他适合制毛茶为原料,经过渥堆、蒸、压等典型工艺过程加工而成的砖形或其他形状的茶叶。紧压茶的多数品种比较粗老,干茶色泽黑褐,汤色澄黄或澄红。紧压茶有防潮性能好、便于运输和储藏、茶味醇厚、适合减肥等特点,在少数民族地区非常流行。

③萃取茶:以成品茶或半成品茶为原料,用热水萃取茶叶中的可溶物,滤去茶渣取得茶汁,有的经浓缩、干燥,制备成固态或液态茶,统称为萃取茶。萃取茶主要有罐装饮料茶、浓缩茶和速溶茶。

④果味茶:利用红、绿茶提取液和果汁为主要原料,再加糖和天然香料经科学方法调制而成的一种新型口味的饮料。其滋味酸甜可口、回味甘凉,是一种提神解渴、老少皆宜的饮料,如柠檬茶、鲜橘汁茶等。

⑤药用保健茶:主要是利用保健茶原料植物中特有的营养成分和保健功能成分,通过经常饮用达到健身祛病的目的,正像人们常说的:“喝出健康。”保健茶大都按茶树茶的制作工艺和技术,产品的外形和颜色,茶汤的滋味、浓淡和色泽,饮用时的冲沏方法和饮用量,都与茶树茶相似。

2. 中国十大名茶

(1)西湖龙井

西湖龙井产于浙江杭州西湖区,茶叶为扁形,叶细嫩,条形整齐,宽度一致,为绿黄色,手感光滑,一芽一叶或二叶;芽长于叶,一般长3厘米以下,芽叶均匀成朵,不带夹蒂、碎片,小巧玲珑。龙井茶味道清香,假冒龙井茶则多是青草味,夹蒂较多,手感不光滑。

(2)碧螺春

碧螺春产于江苏吴县太湖的洞庭山碧螺峰。碧螺春银芽显露,一芽一叶,茶叶总长度为1.5厘米,每500克有5.8万～7万个芽头,芽为白豪卷曲形,叶为卷曲清绿色,叶底幼嫩,均匀明亮。假的碧螺春为一芽二叶,芽叶长度不齐,呈黄色。

(3)信阳毛尖

信阳毛尖产于河南信阳车云山。其外形条索紧细、圆、光、直,银绿隐翠,内质香气新鲜,叶底嫩绿匀整,青黑色,一般一芽一叶或一芽二叶。假的信阳毛尖为卷曲形,叶片发黄。

(4)君山银针

君山银针产于湖南岳阳君山。由未展开的肥嫩芽头制成,芽头肥壮挺直、匀齐,满披茸毛,色泽金黄光亮,香气清鲜,茶色浅黄,味甜爽,冲泡看起来芽尖冲向水面,悬空竖立,然后徐徐下沉杯底,形如群笋出土,又像银刀直立。假银针为青草味,泡后银针不能竖立。

(5)六安瓜片

六安瓜片产于安徽六安和金寨两县的齐云山。其外形平展,每一片不带芽和茎梗,叶呈绿色光润,微向上重叠,形似瓜子,内质香气清高,水色碧绿,滋味回甜,叶底厚实明亮。假的六安瓜片味道较苦,色比较黄。

(6)黄山毛峰

黄山毛峰产于安徽歙县黄山。其外形细嫩稍卷曲,芽肥壮、匀齐,有锋毫,形状有点像“雀舌”,叶呈金黄色;色泽嫩绿油润,香气清鲜,水色清澈、杏黄、明亮,味醇厚、回甘,叶底芽叶成朵,厚实鲜艳。假茶呈土黄,味苦,叶底不成朵。

(7)祁门红茶

祁门红茶产于安徽祁门县。茶颜色为棕红色,切成0.6～0.8厘米,味道浓厚、强烈、醇和、鲜爽。假茶一般带有人工色素,味苦涩、淡薄,条叶形状不齐。

(8)都匀毛尖

都匀毛尖产于贵州都匀县。茶叶嫩绿匀齐、细小短薄,一芽一叶初展,形似雀舌,长2～2.5厘米,外形条索紧细、卷曲,毫毛显露,色泽绿润,内质香气清嫩、新鲜、回甜,水色清澈,叶底嫩绿匀齐。假茶叶底不匀,味苦。

(9)铁观音

铁观音产于福建安溪县。叶体沉重如铁,形美如观音,多呈螺旋形,色泽砂绿、光润,绿蒂,具有天然兰花香,汤色清澈金黄,味醇厚甜美,入口微苦,立即转甜,耐冲泡,叶底开展,青绿红边,肥厚明亮,每颗茶都带茶枝。假茶叶形长而薄,条索较粗,无青翠红边,叶泡三遍后便无香味。

(10)武夷岩茶

武夷岩茶产于福建崇安县。外形条索肥壮、紧结、匀整,带扭曲条形,俗称“蜻蜓头”,叶背起蛙皮状砂粒,俗称蛤蟆背,内质香气馥郁、隽永,滋味醇厚回苦、润滑爽口,汤色橙黄、清澈艳丽,叶底匀亮,边缘朱红或起红点,中央叶肉黄绿色,叶脉浅黄色,耐泡6~8次以上。假茶开始味淡,欠韵味,色泽枯暗。

3.世界十大名茶

世界十大名茶分别是印度奶茶、玄米茶、伯爵茶、抹茶、铁观音、普洱茶、洋甘菊茶、如意茶、正山小种、白茶等十种。

(1)印度奶茶

在印度制作奶茶时所添加的香料,也会因地区的不同或喜好的不同而有所差异。基本上,印度奶茶是由四种材料所组合而成的:浓郁的红茶、牛奶、多种香料,以及糖或蜂蜜。其中,丁香、姜、胡椒、豆蔻、肉桂是最常使用的香料。

(2)玄米茶

玄米茶是一种日韩风味绿茶饮品。玄米茶极具特色,它既有日本传统绿茶淡淡的幽香,又蕴含特制的烘炒米香;茶米的香气有机交融,无论是滋味、香气,还是营养价值,都极大地超越了传统绿茶饮料。玄米茶之味恬静而淡雅、温馨又醇和,因此,在日本和韩国极受上班族的青睐。

(3)伯爵茶

查尔斯·格雷二世于1830—1834年任英国首相大臣。他是一个伟大的改革家,这种世界闻名的混合型调味茶就是以他的名字命名的。据说此类混合型调味茶来源于中国,是清朝时期一个中国人作为回馈的礼物送给格雷伯爵二世的。香柠檬油是一种在格雷伯爵茶中使用的香味剂。香柠檬油来源于佛手柑的皮,如今在意大利南部广泛种植,但是其起源是越南和中国南方。

(4)抹茶

“碧云引风吹不断,白花浮光凝碗面。”这是唐代诗人卢仝对抹茶的赞美,诗句中有对抹茶泡沫的形状、颜色所作的描述和赞美。抹茶对工艺和原料的要求较高,9世纪末随遣唐使进入日本的中国抹茶,在日本得到了发扬光大。现在日本最具影响力的是抹茶道的“表千家”和“里千家”茶道,流传极广,盛行全国。

(5)铁观音

铁观音是中国十大名茶之一,乌龙茶类的代表。它介于绿茶和红茶之间,属于半发酵类茶。20世纪70年代,日本刮起“乌龙茶热”,随即风靡全球,如今,下午茶喝极品铁观音已经成为欧美高品位生活的符号之一。

(6)普洱

人们对普洱的关注似乎超出了茶的范围,文化、保健、收藏、升值……普洱承载了太多。举杯热普洱于鼻前,陈味芳香如泉涌般扑鼻而来,其高雅沁心之感,不输幽兰清菊。啜饮入口,虽略感苦涩,但待茶汤与喉舌间略作停留时,即可感受茶汤穿透牙缝、沁渗齿龈,并由舌根产生甘津送回舌面,此时满口芳香、甘露生津,令人神清气爽,这才是普洱的真韵所在。

(7)洋甘菊茶

原产于欧洲和西亚、北非的洋甘菊,在当地家喻户晓,因为它保健功能强大,是欧美家庭中最常见的花草茶之一。金黄色的茶在浓烈香甜中伴着独特的苦味,不妨酌量添加蜂蜜、鲜奶或肉桂,温饮、冰饮都芳香可口。它能松弛神经,餐后饮用可助消化,常饮用也有助于明目、养肝、降血压,功能十分强大,无怪乎别名为"医生的花草茶"。但由于它的助眠功能显著,不适合在早晨饮用。

(8)如意茶

如意茶也叫博士茶,这是一种南非的豆荚类植物加工而成的茶。如意茶以它稀有深邃的香味和浓郁的口感被称为非洲最流行的饮品。如意茶有多种享用方法,可以热饮、冷饮,可以原味、甜味或添加牛奶等。如意茶含有比普通茶叶含量更高的抗氧化剂和酚类化合物;但不含任何咖啡因,其单宁酸含量也很低。

(9)正山小种

经过精心采摘制作的正山小种,条索肥壮、紧结圆直,色泽乌润,冲水后汤色艳红,经久耐泡,滋味醇厚,似桂圆汤味,气味芬芳浓烈,以醇馥的烟香和桂圆汤、蜜枣味为其主要品质特色。如加入牛奶,茶香不减,形成糖浆状奶茶,甘甜爽口,别具风味。正山小种红茶非常适合用于咖喱和肉的菜肴搭配。一位日本茶人曾说:这是一种让人爱憎分明的茶,只要有一次你喜欢上它,便永远不会放弃它。

(10)白茶

白茶是中国十大名茶之一。白茶叶是两片叶子,中间有一叶芽,叶子隆起呈波纹状,叶子肥嫩,边缘后垂微卷,叶子背面布满白色茸毛。冲泡后,碧绿的叶子衬托着嫩嫩的叶芽,形状优美,好似牡丹蓓蕾初放,恬淡高雅。茶汤色清澈呈杏黄色,茶味甘醇清新。

抹茶、铁观音、正山小种、白茶、普洱茶这五个名茶都来自中国,其中铁观音、正山小种、白茶产于福建,足见中国作为世界产茶大国的影响力之大,而福建作为中国的茶叶大省也自然有其魅力所在。

4. 中国茶与外国茶的区别

(1)外国茶推崇混合技术,在茶叶中添加其他食品、天然调味品等,使口感更迷人;中国茶推崇纯正,不在茶叶中添加其他食品、调味品。

(2)外国茶不一定由茶叶制成,但能风靡市场,中国也有"非茶之茶",但中国的功能茶更具药品性质。

5. 认识茶具

茶具从狭义上来分有陶质茶具、瓷器茶具、漆器茶具、玻璃茶具、金属茶具和竹木茶具等,目前在市场上还有用玉石、水晶和玛瑙等制作的茶具;从广义上来分则包括:主茶具、辅助茶具、备水器、备茶器、盛运器、泡茶席、茶室用品等七大类,具体介绍如下:

(1)主茶具

主茶具有茶壶、茶船、茶盅(亦称茶海)、小茶杯(如翻口杯、敞口杯、直口杯、收口杯、把杯、盖杯等)、闻香杯、杯托、盖置、茶碗、盖碗、大茶杯、同心杯、冲泡盅等。

(2)辅助茶具

辅助茶具有桌布、泡茶巾、茶盘、茶巾盘、奉茶盘、茶匙、茶荷、茶针、茶箸、茶筒、茶食

盘、计时器、消毒柜等，用以增加美感、方便操作。

(3)备水器

备水器包括净水器、贮水缸、煮水器、保温瓶和水盂。

(4)备茶器

备茶器包括茶样罐、贮茶罐和茶瓮(箱)。

(5)盛运器

盛运器包括提柜、都篮、提袋、包壶巾和杯套。

(6)泡茶席

泡茶席包括茶车、茶桌、茶席、茶凳和坐垫。

(7)茶室用品

茶室用品有屏风、茶挂和花器等。

(二)茶水服务程序

茶水服务依宾客所点的茶不同，其服务程序标准有所差异，如表 7-7 所示。

表 7-7　茶水服务程序标准表

程序	茶水服务标准	
问茶	服务员要先问清宾客需要饮茶的品种，如绿茶、红茶、花茶、乌龙茶、白茶、黄茶、普洱茶等	
准备	中国茶，绿茶服务	袋茶(红茶)服务
	①在茶壶内放入适量茶叶 ②在茶壶内倒入 1/3 的开水，浸泡两三分钟，再将壶注满开水	①在茶壶内放入和宾客人数相应的茶包 ②倒入开水，将茶包涮两下，浸泡两三分钟，再注满开水
摆茶具	①为宾客摆放茶杯、茶碟 ②杯把向右 ③使用托盘	①为宾客摆放茶杯和茶碟、勺，茶杯放在茶碟上，杯把向右，茶勺放在碟内上方，勺把向右 ②服务红茶需配新鲜淡奶、糖 ③使用托盘服务
斟茶服务	①从宾客右侧为宾客斟茶，从主宾开始，按顺时针方向逐位斟上，同时使用礼貌语言："先生/女士，请用茶。" ②为宾客斟茶时，服务员不得将茶杯从桌上拿起，也不得用手触摸茶杯口。服务员要右手拿壶把，左手轻按壶盖 ③斟完茶水后，将茶壶内重新注满开水，再放回到宾客桌上	①从宾客右侧用茶壶为宾客斟茶，不可将茶杯从桌面拿起 ②斟完后将茶壶内重新注满开水，再放回宾客桌上
续茶服务	①随时观察，宾客杯中的茶水少于 1/3 时应及时续茶 ②斟茶时不要斟满，七八成满即可，斟完茶水后放茶壶时不要把茶壶嘴对着宾客	

(三)咖啡

咖啡中有许多营养成分,其中蛋白质含量12.6%、脂肪含量16%、糖类含量46.7%,还有少量的钙、磷、钠和维生素B_2。此外,咖啡含有少量的咖啡因,约占1.3%。饮用咖啡有兴奋大脑的作用,还有扩张支气管、改善血液循环和帮助消化的功能。

1.酒店常用的咖啡

(1)普通速溶咖啡(instant coffee)。速溶咖啡顾名思义,是即冲泡即饮用的咖啡。普通速溶咖啡是没有抽取咖啡因的咖啡。

(2)不含咖啡因的速溶咖啡(decaffe inated coffee)。这种咖啡是在加工中将咖啡因提取掉。饮用这种咖啡不会刺激神经系统,更不会影响睡眠。这种咖啡的形状和颜色与普通速溶咖啡完全相同。

(3)意大利爱斯波莱索咖啡(espresso)。爱斯波莱索是意大利风味咖啡,它有两个意大利语名称,即Espresso或Expresso。这种咖啡烘焙的火候较大,因此呈黑色粉末状,味道浓郁。冲泡爱斯波莱索咖啡应当使用专用的压力开水器,这种机器在水蒸气的压力下,使沸水通过咖啡,达到最佳冲泡效果。

(4)法国浓咖啡(demitasse)。这种咖啡很浓,颜色较深。欧美人习惯在正餐后饮用,饮时用小咖啡杯。一杯好的咖啡必须是色、香、味俱全,而质量的好坏,除与咖啡的品种有关外,还与冲煮的方法有密切的关系。

煮泡咖啡时一定要使用新鲜的咖啡;煮咖啡时,水与咖啡的比例是1∶3;通常冲泡咖啡的水温应当在85℃～93℃,煮咖啡的水温可以适当提高至接近沸点;调制好的咖啡应使用陶瓷和玻璃器皿盛装,服务前先用热水预热咖啡杯,这样可以保持其原有的风味,同时,必须保证器皿干净、没有油渍。煮咖啡一定要使用自动过滤式并且水是一次性通过咖啡的装置。

2.咖啡服务

(1)准备咖啡用具

西餐中早、中及晚餐饮用咖啡的杯子各不一样,通常情况下,分别使用大、中、小三种杯子。餐厅服务员可以在宾客食用水果时就将一套咖啡杯送到宾客的水杯后面。咖啡具必须配套使用;咖啡杯、碟、勺、奶盅、糖缸要经过高温消毒,干净无污,无破损,无水迹。

(2)准备咖啡

①将制好的咖啡装入咖啡壶。②开启淡奶听,在奶盅中装入2/3的淡奶。③准备糖缸,普通砂糖、低热量糖粉、咖啡焦糖等按每人各2袋的标准装入糖缸。④咖啡、淡奶要新鲜,咖啡温度在80℃。

(3)摆咖啡具

①咖啡碟置于宾客正前方,咖啡杯反扣在垫碟上,杯柄朝右。②咖啡勺置于咖啡碟内上方,柄朝右。③奶盅、糖缸置于桌子中央,按每2～3人一套摆放。④摆放餐具时应使用托盘。

(4)咖啡服务

①分派咖啡的盘上应当垫上口布,并装上糖缸(内放2包低糖、4包咖啡晶糖、6包白

糖)、牛奶盅(内倒 1/2 奶)、咖啡壶等用品。

②将糖缸、奶盅置于餐桌中间。

③服务顺序是先女士,先客人,后主人,按顺时针方向。

④服务员为宾客斟好咖啡后,应当先将宾客的水果盘与洗手盅收走,然后右手拿咖啡底碟,上放咖啡杯,茶匙平置于咖啡杯前,从宾客右手边放于宾客两手之间。

⑤用咖啡壶为宾客斟倒咖啡时,不可将咖啡杯从桌面拿起。应翻开咖啡杯,右手持咖啡壶,从宾客右侧将咖啡倒在宾客杯中,并倒 2/3 满,然后将壶放于宾客右手边,壶口勿对宾客,应朝外。

⑥添咖啡。及时为宾客添 1～2 次咖啡,当第三次添加时需告知宾客要追加订单。

三、实操训练

(1)茶水咖啡服务实训目标:掌握茶水咖啡的基本知识、服务方法和标准要求,并注重礼仪。

(2)实训形式:分组实操并进行考核,将考核结果填入表 7-8 中。

表 7-8 茶水咖啡服务实训考核表

题号	项 目	要 求 和 评 分 标 准	满分	扣分	得分
1	仪表、仪容(5 分)	精神面貌:面带微笑、自然	2 分		
		头发、指甲符合要求	1 分		
		淡妆,不戴首饰,不留胡子	1 分		
		工作服整洁,戴考生配号牌	1 分		
2	识别用具(10 分)	识别不同的茶水杯、咖啡杯及用途(每个杯 1 分)	10 分		
3	斟倒茶水、咖啡(65 分)	斟倒茶水、咖啡的位置准确	10 分		
		按主宾顺时针方向,次序进行操作	10 分		
		不碰杯口,2 厘米的距离(每碰一次 0.5 分)	15 分		
		不滴洒、不溢出(滴洒每滴扣 2 分,溢出每小滩扣 3 分)	20 分		
		斟量:八分满(每杯 0.5 分)	10 分		
4	托盘(10 分)	整个操作过程:姿势正确,托盘在身的左侧、椅背处	5 分		
		托送自如、灵活	5 分		
5	总体效果(10 分)	总体效果好	10 分		

续表

题号	项　目	要　求　和　评　分　标　准	满分	扣分	得分
备注					
合　计			100 分		

考评员：

(3)地点：模拟餐厅或校外基地实践。

(4)时间：1 学时。

四、任务小结

茶水咖啡服务工作要求按照操作规范进行，注意茶水、咖啡服务时的姿态，确保茶水咖啡服务时无滴漏，掌握标准量，让客人在就餐过程中感到舒适满意。

任务 6　撤换餐用具

撤换餐用具是服务员把宾客使用过的菜品换小盘，将脏骨碟、小汤碗或者不再进餐的菜盘以及一切用不着的餐具从台上撤下，是餐饮就餐服务过程中必不可少的一项服务工作。这项服务工作完成得好，能提高服务层次，给宾客舒适感并留下美好印象。

一、任务布置

(1)参观考察：将学生分为若干组，利用课余时间到各大酒店餐饮部、社会餐饮机构调查，重点了解撤换餐用具服务工作的内容及操作程序。

(2)整理资料：每个小组的学生对调查资料结果进行整理归类和总结。

(3)参与课堂讨论：积极参与教师在课堂组织的讨论活动，并发表自己的看法。

(4) 实操训练：各小组在模拟餐厅环境中准备好各种中西餐撤换餐用具，如托盘、干净的小毛巾、骨碟、吃盘、汤碗、菜盘、口布和台布等，分组进行训练。

二、知识准备

(一)撤换餐用具的准备工作

撤换餐用具服务时,服务员需要准备托盘、干净的小毛巾、骨碟、吃盘、汤碗、菜盘等就餐用具。

(二)中餐台面撤换餐用具的方法

1. 撤换餐具的时机

宾客就餐时,应保持餐桌清洁,值台服务员要注意观察宾客的用餐情况,做好撤换骨碟的相应准备。一般不超过两道菜为宾客换一次骨碟。中餐宴会一般要调换几次骨碟,较高级的宴会每道菜都要换骨碟。当宾客吃完一道菜后,值台服务员应先询问是否可以撤掉,宾客肯定答复后才能撤换。一般在下列情况下进行:

(1) 吃了带壳、带骨的菜肴,如油爆虾等之后。

(2) 吃了带有糖醋、浓汁的菜肴,如糖醋鲤鱼等之后。

(3) 客人骨碟比较脏的情况下。

(4) 客人的口汤碗应用一次更换一次。

(5) 吃名贵菜之前应更换餐具,以保证原汁味纯。

(6) 上菜快时,也可更换餐具,将宾客使用过的菜品换小盘。

2. 撤换餐用具的方法

(1)问询

左手托托盘,走到宾客面前,礼貌地问:“打扰了,先生/女士,可以为您换一下骨碟吗?”得到宾客允许后,方可用右手将用过的骨碟撤下,并放到左手的托盘中。上菜时,若桌上放满了菜盘,也可将宾客使用过的菜品换小盘,以便腾出空间上新菜;并礼貌地征询宾客意见:“先生/女士,这道菜换小盘好吗?”

(2)撤换餐具的位置

撤换餐具按上碟时顺时针的顺序从主宾开始。服务员应站在宾客右侧、距宾客30厘米处,服务员左手托盘,从宾客右侧用右手将宾客用过的骨碟撤下,然后送上干净的骨碟。

(3)徒手撤盘

站在宾客右侧,用右手撤下餐具,将其放入左手后,左手要移到宾客身后;撤盘时手指不能伸入盘内,撤酒水杯只能持杯颈或杯子下半部;移送脏碟不要将残菜或汤汁洒在地上或宾客身上。

3. 更换餐具注意事项

(1) 手法要卫生

干净的骨碟与客人用过的脏骨碟用托盘分别盛放。如果餐桌台面上有剩余食物,一定要用叉匙或其他工具拿取,不可用手直接去抓。

(2) 尊重客人的习惯

客人没有吃好不能撤盘，有的客人将筷子搁在骨碟上，调换过后服务员应仍将客人筷子照原样搁上。

(3) 托盘要平稳

物品堆放合理，切忌乱七八糟。撤换时，应为下一道菜点准备条件。

(4)动作要轻稳

左手托盘，右手撤餐具，不能将托盘放在餐台上收餐具；动作要轻、稳，防止餐具碰出响声，禁止当着宾客刮盘。

(三)西餐台面撤换餐用具的方法

(1)西餐每吃一道菜均要换一副刀叉，刀叉排列从外到里。因此，每当吃完一道菜就要撤去一副刀叉，到正餐或宴会快结束时，餐桌上已无多余物品。待到宾客食用甜点时，值台服务员即可将胡椒盅、盐盅、调味架一起收拾撤下。

(2)撤盘前，要注意观察宾客的刀叉摆法。如果宾客很规矩地将刀叉平行放在盘上，即表示不再吃了，可以撤盘；如果刀叉达放在餐盘两侧，说明宾客还将继续食用或在边食用边说话，不可贸然撤盘。

(3)如果宾客将汤匙底部朝天，或将匙把正对自己心窝处，则应马上征询宾客意见，弄清情况后再做处理。宾客若将汤匙搁在汤盘或垫盘边上，通常表示还未吃完，此时不能撤盘。

(4)撤盘时，左手托盘，右手操作。先从宾客右侧撤下刀匙，然后从其左侧撤下餐叉，餐刀、餐叉分开放入托盘，然后撤餐盘，撤盘按顺时针方向依次进行。

(5)在宾客未离开餐桌前，桌上的酒杯、水杯不能撤去，但啤酒杯、饮料杯可在征求宾客意见后撤去。

(6)西餐收盘一般用方形的托盘。其姿势是：左手托盘，右手收盘，第一只盆放在托盘的外面一点，以便将剩菜、剩汤倒在第一盆内。刀叉集中放在托盘的一头，留出近身的地方放其余的盆子，这样摆放重心偏里，易于掌握平衡。

(7)当餐桌上放满了菜盘，可将宾客使用过的菜品换小盘，以便腾出空间上新菜；并礼貌地征询宾客意见：“Would you like this dish in the small dish, sir/madam?”

(四)撤换烟灰缸

目前公共场所规定禁止吸烟，则无须此项服务，但如果在包厢里宾客需要吸烟，则提供此项服务并按照下列方法操作：

(1) 当桌面烟缸中有两个或两个以上的烟蒂时，应及时撤换烟缸。

(2)撤换烟缸时，值台服务员应左手托盘，将干净的烟缸整齐地叠放在托盘内，行走至需撤换烟缸的餐桌旁，轻声说：“对不起”，以示打扰客人的歉意。

(3)把干净的烟缸扣在用过的烟缸上。

(4)两只烟缸一起放进托盘中，这样可避免烟灰到处乱飞。

(5)将加入少许清水的新烟缸放回桌上。

(五)收拾台面

1. 中餐收台服务

客人离开餐厅后,值台服务员要立即开始清理餐桌,应做到以下两点:

(1) 检查:检查桌面有无客人的遗留物品。如有,迅速追还给客人;如已无法追及,则送交上级处理;检查台面台布及设备等是否有被客人损坏。

(2) 摆齐座椅收台:摆齐座椅后按餐酒具种类收台。收台顺序一般为先收餐巾及毛巾,后收玻璃器皿,再收不锈钢餐具,最后收瓷器类餐具和筷子。收台时应分类摆放,坚持使用托盘,并注意安全和卫生;撤下的布草、餐酒具等应及时送至指定地点。

2. 西餐收台服务

西餐的收台整理工作和中餐的相同。客人离开后,值台服务员要立即检查桌面有无客人的遗留物品,并按照正确的次序(与中餐同)收台。

(六)重新摆台

按要求重新摆台,准备等候迎接下一批客人的到来或继续为其他客人服务。在餐厅更换台布时,动作要迅速、优美,尽量不要让客人看见光台面。具体操作如下:

(1)客人买单离开,服务员要立刻更换台布,重新摆设。

(2)服务员到备餐室拿台布。

(3)先将干净的台布放在椅子上,再将花瓶移到桌边。

(4)将脏台布折到 1/2 圆的位置,干净的台布摊成长方形对齐中线,注意与底台布垂直错开成 45°。将干净的台布摊开 1/2,放下垂角,以手整平。

(5)将花瓶移到新台布上。

(6)服务员走到桌子另一边,摊开另一半台布,放下垂角,以手整平。

(7)将花瓶放在桌子正中央。

(8)服务员取餐具,重新摆设。

特别提示:收台、摆台等操作应尽量轻声,以免影响其他客人就餐,破坏餐厅的宁静气氛。

三、实操训练

(1)撤换餐用具服务实训目标:掌握餐饮服务过程中,餐台残菜、小毛巾、餐具、酒具及其他就餐工具的撤换服务方法和标准要求,并注重礼仪。

(2)实训形式:分组实操并进行考核,考核结果填入表 7-9 中。

表 7-9　撤换餐具服务实训考核表

题号	项　目	要 求 和 评 分 标 准	满分	扣分	得分
1	仪表、仪容（5）	精神面貌：面带微笑、自然	2 分		
		头发、指甲符合要求	1 分		
		淡妆，不戴首饰，不留胡子	1 分		
		工作服整洁，戴考生配号牌	1 分		
2	撤换餐具（75）	用托盘、毛巾夹撤换小毛巾	10 分		
		撤换杯具，要控制不发出响声	10 分		
		撤换餐具，要控制不发出响声	25 分		
		撤换菜盘时不滴洒、不溢出（滴洒每滴扣 2 分，溢出每小滩扣 3 分）	20 分		
		撤换餐具时不叠放	10 分		
3	托盘（10）	整个操作过程：姿势正确，托盘在身的左侧、椅背处	5 分		
		托送自如、灵活	5 分		
4	总体效果（10）	总体效果好	10 分		
备注					
合　　计			100 分		

考评员：

（3）地点：模拟餐厅或校外基地实践。

（4）时间：1 学时。

四、任务小结

撤换餐用具服务工作要求按照操作规范进行，注意撤换餐用具时的姿态，确保不打扰客人，无滴漏，不发出响声，让客人在就餐过程中感到舒适满意。

任务7　巡视服务

值台服务员在宾客就餐的过程中，要时常巡视每桌客人的用餐情况，细心观察宾客的表情及需求，以便及时主动地提供个性化服务，满足宾客的需求。

一、任务布置

(1)参观考察：将学生分为若干组，利用课余时间到各大酒店餐饮部、社会餐饮机构调查，重点了解餐厅巡视服务工作的内容及操作程序。

(2)整理资料：每个小组的学生对调查资料结果进行整理归类和总结。

(3)参与课堂讨论：积极参与教师在课堂组织的讨论活动，并发表自己的看法。

(4) 实操训练：各小组在实习酒店的餐厅环境中分组进行。要求：

①巡视实习餐厅、餐台，发现不合规范之处提出改进意见；

②观察宾客需求；

③检查服务人员的仪容仪表及工作状态。

二、知识准备

注意宾客进餐情况，巡视餐厅及每桌宾客的台面情况，仔细观察宾客的需求。服务员的良好服务工作体现在：要做到在宾客开口之前提供必要的服务。

(一)巡视餐厅、餐台

巡视餐厅是酒店相关管理人员、餐厅主管、经理在餐厅开餐过程中必不可少的一项工作。通过巡视确保餐厅工作有序进行，及时发现餐厅环境、餐厅布置、餐厅服务人员工作的不足并进行调整，具体要求如下：

1. 保持餐厅餐台整洁有序

在餐厅营业过程中，服务员要巡视餐厅环境、餐台、服务台区域是否零乱，发现问题及时调整。具体要求如下：

(1)服务区：①服务柜清洁且所需用品(牙签、烟缸、点单纸等)补充适量、堆放整齐；②桌卡外观清洁、无缺角破损；③全场桌面、桌边、桌角完好清洁，水平无晃动并摆放整齐；④全场椅面、椅角完好清洁且不摇晃、无破损；⑤出品台所有器具齐全；⑥领位台、电话整洁。

(2)餐厅环境：①餐厅内植物摆放整齐，盆内无垃圾，外观清洁；②空调温度适当，无异常声响，出风口、天花板清洁无积灰；③餐厅内的照明按时开启且完好，灯具表面清洁无破损，没有暴露的电缆；④餐厅墙面、墙角无积灰和积垢；⑤全场地板清洁，无垃圾、水渍，地

砖无破损，踢脚线无明显黑痕；⑥展示柜及陈列物品无积灰、无破损且按规定位置摆放整齐；⑦玻璃、镜面清洁无手印，无裂痕、缺口；⑧灭蝇灯清洁，无昆虫尸体；⑨餐厅内无虫害；⑩餐桌上调味料补充齐全。

2. 保持转盘、餐台整洁

要经常巡视宾客餐台，及时为宾客撤掉空碟。①撤去空盘、空瓶、空罐等，及时整理台面，保持台面清洁美观；②烟缸里有烟蒂或杂物应马上撤换；③若客人在餐碟中盛满了骨壳和其他脏物，应随即更换；④撤走菜盘和吃咸味菜的餐具，只留下牙签和有酒水的杯子。

3. 提供温馨服务

提供温馨服务包括：①及时添加酒水、推销饮料。②宾客席间离座，应主动帮助拉椅、整理餐巾；待宾客回座时应重新拉椅，递铺餐巾。③宾客席间站起祝酒时，服务员应立即上前将椅子向外稍拉，坐下时向里稍推，以方便宾客站立和入座。④宾客在进餐过程中由于菜不够吃，或对某一道菜特别提出加菜要求时，应快速了解其情况，开单下厨，给予满意的处理。⑤宾客停筷后，主动询问是否需要水果、甜品。上甜品前，送上相应的餐具和小毛巾；撤去酒杯、茶杯和牙签以外的全部餐具，抹净转盘，服务甜点和水果。宾客用完水果后，撤去水果盘并摆上鲜花，以示宴会结束。⑥宾客用完餐，询问是否需要将多余的菜肴打包带走，如需要，则迅速替宾客打包。

4. 巡视菜品

巡视服务中，如果是自助餐还需要巡视菜品情况，及时与后厨进行沟通补台。

(二)观察、读懂宾客需求，提供相应的服务

每一位宾客在用餐过程中，根据其饮食习惯，其需求是有所不同的，所以服务员要随时掌握宾客的真正动机，才能为其提供满意的服务。那么，怎样才能了解宾客的需求，提供相应的服务呢？

1. 了解顾客的五种需求

顾客的五种需求是：(1)说出来的需求；(2)真正的需求；(3)没说出来的需求；(4)满足后令人高兴的需求；(5)秘密需求。

2. 通过观察、询问、聆听、思考、建议来了解宾客需求并及时提供相应服务

(1)观察：目光敏锐，及时发现宾客的需求。就拿喝茶这个日常生活中最常见的例子来说，你能观察到：哪个宾客喜欢喝绿茶、哪个宾客喜欢喝红茶、哪个宾客只喝白开水，或者哪个宾客喝得快、哪个宾客喝得慢吗？观察宾客可以从年龄、服饰、语言、身体语言、行为、态度等角度进行，观察宾客时要表情轻松，不要扭扭捏捏或紧张不安。

(2)询问：根据宾客的表情、动作，设身处地为宾客着想，仔细询问宾客需要什么帮助，掌握宾客的真正需求。

(3) 聆听：仔细倾听了解宾客的真实意图，不打断宾客的话，听出重点，适时响应。

(4)思考：沟通过程中思考并揣摩宾客心理。宾客究竟希望得到什么样的服务？宾客为什么希望得到这样的服务？这是服务人员在观察宾客时要不断提醒自己的两个问题。因为各种各样的原因会使宾客不愿意将自己的期望说出来，而是通过隐含的语言、身体动

作等表达出来，这时，就需要及时揣摩宾客的心理。心理学家的实验表明，人们视线相互接触的时间，通常占交往时间的30%～60%。如果超过60%，表示彼此对对方的兴趣可能大于交谈的话题；低于30%，表明对对方或话题没有兴趣。视线接触的时间，除关系十分密切的人外，一般连续注视对方的时间在1～2秒钟内，而美国人习惯在1秒钟内。

(5)建议：了解到宾客的真实需要，及时提供专业的服务建议并进行服务，满足宾客需求。

(三)检查服务人员的仪容仪表及工作状态

餐厅管理人员到餐厅巡视时还要检查服务人员的仪容、仪表、仪态及工作状态(仪容、仪表、仪态及工作状态规范参见实训情境二的内容)。

三、实操训练

(1)巡视服务实训目标：掌握餐饮服务过程中，各种餐饮的餐间与巡台服务的基本方法和要求，并注重礼仪。

(2)实训形式：分组实操并进行考核，将考核结果填入表7-10中。

(3)地点：合作酒店实训基地。

(4)时间：1学时。

表7-10　餐厅巡视检查考核表

检查项目	要　　求	问题描述	得分
员工仪容仪表仪态(15分)	制服、工号牌、头发、鞋、化妆		
	站姿、坐姿、走姿、手势、表情等		
	微笑		
服务区(25分)	服务柜清洁且所需用品(牙签、烟缸、点单纸、菜单等)补充适量，摆放整齐		
	桌卡外观清洁、无缺角破损		
	全场桌面、桌边、桌角完好清洁，水平无晃动并摆放整齐		
	全场椅面、椅角完好清洁且不摇晃、破损		
	出品台所有器具齐全		
	领位台、电话整洁		

续表

检查项目	要　　求	问题描述	得分
用餐区（30 分）	餐厅内植物摆放整齐，盆内无垃圾，外观清洁		
	空调温度适当，无异常声响，出风口、天花板清洁无积灰		
	餐厅内的照明按时开启且完好，灯具表面清洁无破损，没有暴露的电缆		
	餐厅墙面、墙角无积灰和积垢		
	全场地板清洁，无垃圾、水渍，地砖无破损，踢脚线无明显黑痕		
	展示柜及陈列物品无积灰、无破损且按规定位置摆放整齐		
	玻璃、镜面清洁无手印，无裂痕、缺口		
	灭蝇灯清洁，无昆虫尸体		
	餐厅内无虫害		
	餐桌上调味料补充齐全		
观察宾客需求（30 分）	仔细观察		
	询问		
	聆听		
	思考		
	建议		

填表人：

四、任务小结

餐厅巡视服务工作要求按照操作规范程序进行，注意巡视服务应注意到的三个方面，即关注餐厅餐台符合规范；观察、读懂宾客需求，提供相应的服务；检查员工仪容仪表。

任务 8　特殊情况处理

餐厅经常会发生各种令人意想不到的情况，因此服务员应设法提高自己的应变能力，善于处理各种特殊情况。另外在餐厅就餐的宾客中也时常会有一些特殊宾客，需要掌握相应的服务技巧来处理。

一、任务布置

(1)参观考察:将学生分为若干组,利用课余时间到各大酒店餐饮部、社会餐饮机构调查,重点了解餐厅特殊情况处理服务工作的内容及操作程序。

(2)整理资料:每个小组的学生对调查资料结果进行整理归类和总结。

(3)参与课堂讨论:积极参与教师在课堂组织的讨论活动,并发表自己的看法。

(4) 实操训练:各小组在实习酒店的餐厅环境中分组进行,要求掌握特殊情况的处理方法,并熟悉特殊宾客的服务技巧。

二、知识准备

(一)餐厅特殊情况的处理方法

餐厅营业时间内可能会出现各种特殊情况,餐厅服务员应掌握相关情景的处理方法。

1.餐厅经营过程中发生停电、停水的处理方法

餐厅经营过程中应尽量避免发生停电、停水等事件。如果发生上述事件,服务员首先应想到的事情是:给客人用餐造成了不便,我们应该怎样服务才能方便客人。服务员可以考虑将餐厅进行简单调整和布置,由停电变成烛光晚餐,给客人一个惊喜,变坏事为好事,引导事件由不良的一面转向好的一面。

2.在餐厅客满的情况下,接待来用餐的客人的处理方法

(1)领位员首先应问候客人,并礼貌地告诉客人餐厅已经客满。

(2)请客人等候:确认餐厅内宾客用餐情况,并预计客人需要等候的大约时间;提出建议,请客人在餐厅外的吧椅上等候,并告知客人当餐厅有座位时会尽快请客人进餐厅就座。如果客人同意等候,首先提供酒水服务,同时请客人看菜单;如客人询问需等候多久时,应告知客人预计等候的大约时间。如客人不愿接受等候的建议,就立即提出第二个建议,建议客人在本饭店内的其他餐厅用餐,并主动介绍其他餐厅的风味特点;如果客人同意去其他餐厅用餐,应立即用电话帮助客人做用餐预订;告诉客人去其他餐厅的路线,并再次为客人不能在本餐厅就餐表示歉意。

(3)请客人就餐:保证在预计的时间内让等候的客人就餐,并准时或提前几分钟请客人进餐厅就座。

3.听不懂客人问题的处理方法

(1)第一次没听懂,可请客人重述一次:

①当客人第一次向你提出问题你没能听懂时,必须礼貌地请客人再重复一遍:"Excuse me,Sir/madam。I beg your pardon?"②当客人重复后,如仍未懂时,须马上向客人道歉未听懂问题,并马上请当班经理帮助解决:"I am very sorry,Sir/madam。I do not understand. Please wait a moment! I will ask our restaurant manager to help you."

③不要轻易回答“是”或“不是”以避免不必要的误解；不得对客人的问题置之不理，以避免更多的麻烦。

（2）向宾客道歉：①询问经理宾客所提出的问题，从中学习新的知识；②再一次向客人道歉。

4.宾客所点的菜已经售完的处理方法

服务人员在工作过程中应主动与厨房联系，沟通各类菜肴的供应情况，尽量减少这种矛盾。如果发生了上述情况，应主动向宾客解释清楚并向他表示歉意，同时再介绍一些原料相近、口味相近、价格相近的菜肴。

5.碰到宾客提意见的处理方法

对于宾客提出的正确意见，应虚心接受或马上改正，或引以为戒，或向有关部门转达，或向领导反映。如果客人所提的意见与事实不符或根本就是错误的意见时，我们也应冷静对待，并适当作些解释，切不可与宾客争吵。例如客人对某菜肴的质量有意见时，服务员应妥善处理如下：

（1）宾客反映菜肴口味太淡，造成宾客不满意的，这时对不便回烧的菜，可以采取添加佐料的方法加以弥补，当然，有些菜肴则应回烧。

（2）宾客反映鱼不新鲜或变质时，服务人员一定要弄清楚，鉴别其是否变质。鉴别的方法主要看鱼的眼睛和肉质等，如果确实变质，应给予调换。有些鱼本身并没有变质，而是烹饪过程中出现了问题，如口味不好、色泽不好等，此时，应当想办法弥补，有些是加工方面的问题，如胆破了肉苦等，对这些情况应作适当处理。

（3）宾客发现同一道菜有多有少向服务员反映时，服务员首先要注意态度，不能简单对待。要了解情况、分析原因，如果是烹调方面的原因，应作出适当的解释，比如主料一样，辅料有多有少；又如菜肴的卤汁有稀稠，这样也会给人或多或少的感觉；再如装盘不同，也可能给宾客造成或多或少的错觉。如果发生某盘菜的数量确实不足，则立即给予补足。但饭店应加强对菜点质量的检查，尽量避免发生这种情况。

（4）宾客若提出菜肴中有异物，服务员应认真了解并核实后决定是否予以退还。退还时应先上调换后的新菜，然后再撤下有异物的菜肴。

（5）客人因等候时间过长产生了不耐烦的情绪，这时服务员一定要注意态度，从关心体贴客人的角度出发，先打招呼请客人原谅，并及时与厨房联系，尽快出菜。还可以通过上毛巾、上茶水等服务来缓解客人的情绪。

6.宾客点的某道菜漏掉的处理方法

服务人员在工作中要密切关注宾客所点的菜肴的上桌情况，以免遗漏。如果发现某道菜遗漏了，则应马上与厨房取得联系，要求其尽快制作；如果宾客已等不及了，则应退款，并恳请宾客原谅。

7.宾客进餐过程中要退减菜肴的处理方法

宾客在进餐过程中提出要退减菜肴的，服务人员要及时与厨房取得联系。如果该道菜还没有制作，一般都可以退减；如果已经烹制好或者已经上桌，则要向宾客问清退菜的原因；如果是属于口味的问题，应采取措施弥补；如果是价格原因，应解释清楚；如果是菜肴太多吃不了，可以退掉或者建议宾客打包带走。

8. 宾客无意中打碎餐具的处理方法

在服务过程中，如果有宾客无意中打碎餐具，服务人员应先表示同情，问其是否受伤，然后应及时收拾破损餐具，并酌情请宾客作出赔偿。

9. 弄脏客人衣服的处理方法

在服务过程中弄脏了客人的衣物时，应立即向客人道歉并帮助客人处理衣物，用热的干毛巾尝试帮客人擦去衣物上的脏物。污渍去不掉时，与客人协商可行的办法；并建议把衣物拿到洗衣房进行快速处理，如果客人同意，马上由部门经理批准到布草房领取一件干净的衣服，给客人作临时更换，然后立刻把脏衣服拿到洗衣房处理并告知客人处理所需要的时间，如果客人不能等候，要记录客人的地址或房号，洗好后由主管亲自送还并再次道歉。

10. 宾客要求服务人员赠送一些餐具的处理方法

招待宾客（尤其是贵宾）用的餐具，有些是比较高档的，有些是中国特有的，会很受宾客的赞赏。如果宾客在就餐后提出要一些餐具留作纪念时，在一般情况下，我们都应该婉言回绝，如果商店有售，可介绍他们前去购买。如果属特殊情况，则应特殊处理。

11. 宾客赠送给服务人员物品的处理方法

有些客人出于感激之心，要送给服务人员一些礼物，此时我们应该婉言谢绝，并向客人说明，为宾客服务是我们应尽的责任。如果确实难以拒绝，可以先接受下来，并向客人致谢，事后应及时向领导汇报，并将礼品如数上缴。如果客人要送的礼物比较贵重或物品数量较多时，则应先请示领导后再作处理。

12. 宾客不礼貌使服务人员受了委屈的处理方法

在服务过程中，有个别客人对服务人员不礼貌，一般情况下我们不要与其计较，应主动避让，不能以牙还牙，使宾客难堪。

13. 宾客的剩菜剩酒想请服务人员代管的处理方法

对于宾客吃剩的菜和酒、饮料之类的食品，一般不应该为其代管，以防出现意外的情况，此时应婉言劝说宾客将其带走。如遇特殊情况可进行特殊处理。

14. 餐厅打烊时间已到但宾客仍进店要求进餐的处理方法

遇到这种情况，只要餐厅厨师还在，就要热情接待宾客，首先要主动热情地打招呼，使客人感到自己是受欢迎的，同时应马上与厨房联系，做好准备，然后请客人点菜。在介绍菜肴时，应重点介绍一些耗时少的菜肴，以尽快让客人用餐。

15. 营业时间已过有些客人用餐完毕还不想离开的处理方法

营业时间已经过了，大部分客人已经离去，但仍有少数客人餐后还没有离去，此时服务人员千万不能以任何方式赶宾客，如熄灯、打扫卫生等，而是为客人送上茶水毛巾，自始至终为他们提供优质的服务。

（二）特殊宾客的服务技巧

餐厅服务过程中会遇到一些特殊客人需要特殊服务，服务员需要掌握一些技巧才能服务好这些客人，令客人满意。

1. 为有急事客人服务的技巧

遇到有急事的宾客，首先是态度要诚恳，其次是要加快服务节奏，同时还要注意向宾客介绍一些烹饪时间短的菜肴品种。具体操作为：

(1)了解客人情况：领位员了解到客人赶时间时，应礼貌地问清客人能够接受的用餐时间，并立即告诉服务员；领位员将客人安排在靠近餐厅门口的地方，以方便客人离开餐厅。

(2)服务员为客人提供快速服务：①待客人就座后，立即为客人订好饮料，并取回饮料；②同时另一服务员立即为宾客订食品单，推荐制作和服务较为迅速的菜肴，如果宾客已经订了需要等待时间较长的菜，服务员要向宾客说明所用时间，并询问宾客是否能够等待；③为客人订好食品单后，立即将订单送到厨房，将客人赶时间的情况及制作服务时限通知到传菜部和厨师；④在客人要求的时间内，快速准确地把菜上齐；⑤在客人用餐过程中，不断关照客人，及时为客人添加饮料，并撤空盘，换餐盘。

2. 为喝酒客人服务的技巧

在餐饮服务工作中，如果发现客人喝闷酒时，应主动关心，上前劝说，并采取适当方法控制客人的喝酒数量。同时应积极防止客人喝醉酒，特别对单身宾客更应注意，如果单身宾客喝醉酒，应采取措施将客人照顾好，此时可送茶水、醒酒药、冷毛巾，或将客人安排在通风处休息，并负责其所带物品的安全，同时还要设法与其家属或单位取得联系。

3. 为左手用餐的客人服务的技巧

为客人服务饮料时，将饮料放在客人左手易拿到的位置，即放在筷架的正前方，用右手托托盘，左手拿饮料，站立于客人左侧为客人服务饮料；为客人服务食品及小吃时，将食品从客人左侧，用左手放在餐盘上，将小吃放在客人的左侧。

4. 为挑剔的客人服务的技巧

同客人谈话时要有礼貌，认真听清楚客人所挑剔的事情，当客人抱怨不休时，要有耐性，不得打断客人的话；回答客人问题时不得同客人争论；不得将自己的意愿或饭店的规则强加给客人；不得因客人向你发脾气而影响自己的情绪；在饭店不受损失的前提下，尽量满足客人的要求；尽可能记录下爱挑剔客人的名字、饮食起居情况，以便以后避免类似问题的发生；在服务挑剔客人的时候，须保证服务态度和服务水准由始至终的一致性。

5. 为儿童服务的技巧

(1)安排座椅

当客人带儿童用餐时，服务员主动及时地为客人提供儿童用餐必需服务，减少客人的麻烦。当客人带小孩出现时，领位员应主动询问客人是否需要特制的儿童椅，得到认可后，及时通知服务员立即准备；服务员备好儿童椅后，请客人将儿童抱到椅子上，并放好儿童椅上的小桌，服务员为儿童系好椅子上的安全带，以防儿童滑落。

(2)摆放餐具

按照儿童年龄的大小摆放餐具，5 岁以下儿童只摆放一个餐盘、一个鱼翅碗、一个瓷勺。

(3)推荐适合儿童的食品和饮品

①当客人订饮料时,主动向客人推荐适合儿童口味的软饮料,并为其准备吸管。②客人订食品单时,主动向客人推荐一些适合儿童口味的菜肴或小点心。

(4)为儿童提供特殊服务

①为客人分汤时,为儿童准备一小汤碗,放在儿童母亲右侧。②当儿童用餐完毕后,客人仍在谈话而未照顾儿童客人时,可由一名女服务员征得客人同意后,把儿童带到乐队旁请孩子观看表演,以免影响客人谈话。③餐厅经理可适当为来就餐的儿童准备一些小点心、小礼品、纸和彩笔,在小孩玩耍影响客人就餐时送给儿童,以稳定儿童情绪。④当客人准备离开餐厅时,服务员在征得客人同意后,将儿童从儿童椅上抱下交给儿童的母亲。

6. 为老年人和残疾人就餐服务的技巧

若有老年人和残疾人前来就餐,尽量安排他们就座于靠近门口或舒适的位置,客人就座时必须积极协助拉椅子、挪动桌子。对于行动不便的客人给予及时的帮助。服务时要礼貌、耐心、周到,不允许催促客人,随时了解客人的特殊要求。如有必要,须帮助客人将食品分切开。

7. 为生病客人服务的技巧

在餐厅服务的过程中,有时需要为生病的客人提供服务,服务员应沉着应对,具体操作如下:

(1)生病客人的就餐服务

①当客人来到餐厅后,告诉服务员客人生病需要特殊食品时,服务员应礼貌地问清客人哪里不舒服、需要何种特殊服务,并尽量满足客人的要求。②安排座位。领位员将生病的客人安排在餐厅门口的座位上,以便客人离开餐厅或去洗手间;如客人头痛或心脏不好,为客人安排在远离乐队、相对安静的座位就餐。③积极向客人推荐可口饭菜,同厨房配合,为客人提供稀饭、面条一类的食品。④为客人提供白开水,以方便客人服药。⑤由经理同客房部餐饮部联系,告知客人所在房间,建议为其送上花篮或果盘,以示慰问。

(2)突发病客人的服务

①如遇突发病客人,服务员须保持冷静,餐厅经理应立即通知饭店医务室或客房部经理,同时照顾病人坐在沙发上休息。如客人已休克,则不宜搬动客人,应立即通知急救中心(120)。②应安慰其他客人,等候医生到来。待医生赶到,协助医生送宾客离开餐厅去医院就医。③如果客人在就餐过程中表现出身体不适而没有告诉服务员时,服务员需主动询问客人,以便帮助客人。④如客人需要就医,向客人介绍附近的就医场所。

8. 接待穿戴不整齐客人的服务技巧

(1)问候客人并告诉客人餐厅衣着要求

当穿戴不整的客人出现在餐厅门口时,领位员应热情、礼貌地问候客人,并礼貌、有效地阻止客人步入餐厅;然后用诚恳、礼貌的态度告诉客人,本餐厅用餐时的衣着要求,婉转地告诉客人衣着不合规定之处。

(2)向客人提出建议

领位员应建议客人回房间更换衣服,并告诉客人餐厅将为他保留用餐座位。如果客人不住本店,无法更换衣服时,建议客人换上饭店为客人准备的长袖衫和长裤;并请客人等候，立即与制服室联系，请制服员送上适合客人身材的衣服，此服务须在10分钟内完成。如果遇到态度较为强硬的客人，应耐心向其解释本饭店的规定，请客人理解。

（3）特殊情况处理

如果客人来参加宴会，又不愿穿饭店制服时，领位员可征得宴会主人的同意，请客人坐在比较靠里的座位，并劝其尽量减少走动。

9.为分单的客人服务和结账的技巧

（1）确定客人是否分单

当两位以上的外国客人光临本餐厅时，应用礼貌用语询问客人是否需要分单（夫妻和家庭除外）。服务员为客人订完饮料和食品后，礼貌地询问客人："Excuse me，sir/madam，do you want separate bills of just one master bill?"如客人需要分单，询问其分单的形式，并在上面记录分单情况，写清分单顺序，记录客人所就座的位置。

（2）填写订单

①服务客人所订食品和饮品。②对照订单重新开具一张订单，并在订单上划分横线以标明分单顺序，最后在订单的落款处注明"分单"字样。③将开好的订单交给收银员，并在每张账单的后面注明"A"、"B"或①、②等以示区分。④收银员应将此台的分单顺序告诉领班及服务员。

（3）为客人添加饮品

注意客人是否已喝完饮料，主动询问客人是否需要添加，并将所添加饮料的费用随时记入由该客人分付的账目中。仔细观察并牢记客人所坐的位置，避免由于座位记录有误而开错账单。

（4）结账

由开具原账单的服务员为客人结账。

三、实操训练

（1）特殊情况处理实训目标：掌握餐饮服务过程中，各种特殊情况处理的基本方法以及特殊宾客的服务技巧。

（2）实训形式：分组实操，操作程序是：开始实训→对挑剔客人的服务→对老年人和残疾人的服务→对儿童的服务→对有急事客人的服务→对独自就餐客人的服务，具体服务内容如表7-11所示。同时对学生进行考核，将考核结果填入表7-12中。

表7-11　特殊客人服务的内容

实训时间	实训授课1学时，总计45分钟，其中讲授示范10分钟，学员操作30分钟，考核测试5分钟
实训要求	（1）为特殊客人提供服务时注重礼仪礼貌 （2）机智灵活，对不同情境下的问题能够作出迅速的反应 （3）熟练掌握对特殊客人的服务技巧
实训器具	餐桌、座椅、儿童椅、餐具、酒具、菜单、口布、账单等

续表

<table>
<tr><td rowspan="5">实训步骤
与
操作标准</td><td>1. 对挑剔客人的服务
(1)服务时礼貌、耐心,不可打断客人的讲话
(2)不允许同客人争论人和事物的正确与否
(3)不将自己的意志强加于客人
(4)不要因为客人的挑剔而影响自己的情绪
(5)对客人所挑剔的问题,在企业不受损失的情况下,尽力给予解决
(6)记录爱挑剔的宾客的姓名和饮食习惯,提供给其他的服务人员
(7)所有服务人员在服务时,须保证一致性</td></tr>
<tr><td>2. 对老年人和残疾人的服务
(1)尽量安排此类客人就座于靠近门口或舒适的位置
(2)客人就座时必须积极协助拉椅子、挪动桌子
(3)对于行动不便的客人给予及时的帮助
(4)服务时要礼貌、耐心、周到,不允许催促客人,随时了解客人的特殊要求
(5)如有必要,须帮助客人将食品分切开</td></tr>
<tr><td>3. 对儿童的服务
(1)准备儿童座椅,协助家长帮助儿童就座
(2)帮助儿童铺好口布,调整桌椅间的距离
(3)及时撤下儿童面前的刀、叉、盘、杯
(4)为儿童准备一把甜食叉和一个厚边瓷杯
(5)家长阅读菜单时,如有可能,为儿童准备一件玩具
(6)服务饮料时不得使用高脚杯,需准备吸管
(7)协助家长为儿童点菜,介绍一些适合儿童的食品
(8)如果必要则帮助家长把儿童的食品分切开
(9)随时撤下儿童面前的脏盘,更换干净的口布
(10)在家长面前尽量多称赞他们的孩子</td></tr>
<tr><td>4. 对有急事客人的服务
(1)以最快的速度安排客人就座,并询问客人就餐需要的时间
(2)立即为客人呈送菜单、订饮料,并向客人介绍可以立即服务的食品项目
(3)订菜时须说明每道菜所需用的制作时间
(4)到厨房送单时须向厨师长说明客人情况
(5)加快服务速度,缩短每道菜的间隔时间
(6)服务员之间相互提醒,优先服务此类客人
(7)提前准备好账单</td></tr>
<tr><td>5. 对独自就餐的客人的服务
(1)安排客人就座于边角位置
(2)多与客人进行接触,服务过程中延长在客人桌旁的停留时间
(3)对经常光顾餐厅独自一人的客人,要记住客人的饮食习惯,有意安排一个固定的位置
(4)服务速度不宜过快或过慢</td></tr>
</table>

表 7-12　考核表

组别：__________　姓名：__________　时间：__________

项　目	应得分	扣　分	实际得分
服务礼仪礼貌			
服务态度			
服务技能			
服务时效			

考核时间：　　　年　　月　　日　　考评老师(签名)：________

(3)地点:模拟实训餐厅

(4)时间:2 学时。

四、任务小结

餐厅特殊情况处理工作应按照操作规范要求进行,掌握特殊宾客的服务技巧令宾客满意。

知识拓展

1.团队包餐服务

(1)团队用餐的特点

各类旅团体餐厅主要接待各类旅游和参加会议的团体宾客用餐,其特点如下:①用餐标准统一,消费水平一般低于宴会和零点;②菜式品种统一,但要注意每天不重复;③用餐时间统一,人数集中,准备工作要充分;④服务方式统一,经常会出现特殊情况。团队用餐服务虽然不像宴会那样菜肴精致、礼节繁多、服务讲究,也不像零点餐厅服务那样注重推销、灵活应变、相互配合,但要保证服务质量也并非一件容易的事情。

(2)团队用餐服务的程序

①了解客情,熟悉当日菜单品种,注意宾客的特别要求和生活中的忌讳;②布置餐桌,准备好各种调料和服务用品;③准备酒水、茶水、毛巾,冷菜可先放上餐桌;④宾客到达时,问清团队或会议名称,引领宾客入座;⑤替宾客上茶,斟酒水、饮料;⑥上菜,报菜名,同时开始上热米饭;⑦继续上菜,注意台面清洁,撤走空盘,菜上齐后告诉宾客;⑧宾客用餐结束后,上毛巾、茶,送客。

(3)团队用餐服务的注意事项

①注意饭菜的保温,应等宾客到齐后再上菜,不能提前上菜、上饭。②宾客如果要标准外的酒水,应满足要求,但差价现付,应向宾客解释清楚。③个别宾客用餐时有特殊要

求,如想吃面食、不吃猪肉等,应尽量满足。④对在酒店逗留时间较长的旅行团宾客或会议代表,应根据宾客情况提供不同菜单,切忌每天都是重复的菜肴。⑤注意巡台,随时给宾客换餐碟、添加饮料、换烟灰缸。外宾中有的不会使用筷子,应及时递上叉、勺。

2. 中餐宴会就餐服务

(1)入席服务

当宾客来到席前时,值台服务员应面带微笑,拉椅帮助宾客入座,先宾后主、先女后男。待宾客坐定后,帮助宾客落餐巾、松筷套,拿走台号席位卡、花瓶或花插,撤去冷菜的保鲜膜。

(2)斟酒服务

为宾客斟酒水时,先征求宾客意见,根据宾客的要求斟各自喜欢的酒水饮料。应从主宾开始先斟葡萄酒(提前斟除外),再斟烈性酒,最后斟饮料。葡萄酒斟七成,烈酒和软饮料斟八成。宾客干杯或互相敬酒时,应迅速拿酒瓶到台前准备添酒。主人和主宾讲话前,要注意观察每位宾客杯中的酒水是否已准备好。在宾、主离席讲话时,服务员应备好酒杯、斟好酒水供客人祝酒。

(3)上菜、分菜服务

根据宴会的标准规格,按照宴会上菜、分菜的规范进行上菜、分菜,可用转盘式分菜、旁桌式分菜、分羹分叉派菜、各客式分菜,也可将几种方式结合起来服务。

(4)席间服务

宴会进行中,要勤巡视、勤斟酒、勤换烟灰缸,并细心观察宾客的表情及需求,主动提供服务,并注意以下几点:

①保持转盘清洁。②宾客席间离座,应主动帮助宾客拉椅、整理餐巾,待宾客回座时应重新拉椅、落餐巾。③宾客席间站起来祝酒时,服务员应立即上前将椅子向外稍拉,坐下时向里稍推,以方便宾客站立和入座。④上甜品和水果之前,送上热茶和小毛巾。撤去酒杯、茶杯和牙签以外的全部餐具,抹净转盘,服务甜点和水果。⑤宾客吃完水果后,撤去水果盘,送上小毛巾,然后撤去用甜点和水果的餐具,摆上鲜花,以示宴会结束。

3. 西餐宴会就餐服务

(1)餐前鸡尾酒服务

①在宴会开始前半小时或 15 分钟,通常在宴会厅门口为先到的客人提供鸡尾酒会式的酒水服务。②由服务员托盘端上饮料、鸡尾酒,巡回请客人选用,茶几或小圆桌上备有虾片、干果仁等小吃。

(2)酒水菜肴服务

①在宴会开始前几分钟摆上黄油,分派面包。②安排宾客就座后,先女后男,最后给主人斟上佐餐酒,征求是否需要其他酒品。③按顺序上菜,分别是:冷开胃品、酒、鱼类、副盘、主菜、甜食、水果、咖啡或茶。④按菜单顺序撤盘上菜。每上一道菜之前,应先将用完的前一道菜的餐具撤下;客人如果将刀叉并拢放在餐盘左边或右边或横于餐盘上方,是表示不再吃了,可以撤盘;客人如果将刀叉呈“八”字形搭放在餐盘的两边,则表示暂时不需撤盘;西餐宴会要求等所有宾客都吃完一道菜后才一起撤盘。⑤上甜点水果之前撤下桌上除酒杯以外的餐具,包括主菜餐具、面包碟、黄油盅、胡椒盅、盐盅,换上干净的烟灰缸,摆好甜品叉匙。水果要摆在水果盘里,跟上洗水盅和水果刀、叉。⑥上咖啡或茶前放好糖

缸、淡茶壶，每位宾客右手边放咖啡或茶具，然后拿咖啡壶或茶壶依次斟上。有些高档宴会需推酒水车询问是否需要送餐后酒或雪茄。

4. 自助餐服务

(1)自助餐服务员的工作任务

①像主人般地服务客人。②保证菜肴及餐具的供应。③切分烤肉并供给客人。④检查器具的保温性能，以保持菜肴应有的温度。⑤当客人不慎把地毯或台布弄脏时，应及时擦拭或清扫。⑥及时收走客人用过的餐酒具，保持用餐环境的清洁卫生。

(2)自助餐的服务

①宾客到餐厅时，迎宾员要迎接客人，引领客人人席，拉椅请坐，并给客人送上茶水及给客人递毛巾。②值台服务员要征询客人需要什么饮料，并给客人提供。值台服务员要及时收去用过的餐具。餐具上的空碟、饮料杯要及时撤走，撤碟、杯要从客人左边撤取。④客人取一轮食品后，要增补食品，整理好餐台盘里零乱的食品，保持它的美观，并要注意热菜的保温。⑤宾客就餐完毕，值台服务员送上茶水、毛巾，并根据宾客要求结账。菜点金额无论食用多少，均按人头收取(儿童可酌情减少)，外加宾客所点的饮费。⑥残留物清扫。当客人把菜肴掉落在服务台上时，服务人员应立刻在不妨碍客人的前提下，将掉下来的菜肴扫尽空盘中，而后用湿布轻轻地擦拭污迹，再用干净的餐巾盖在污点上面。假如客人把菜肴掉落在桌前的地毯上时，服务员应立即迅速清扫。

拓展训练

1. 计划

将班级分成若干个小组，每个小组独立制订计划。

(1)列出老师分配给你或你所在小组的工作任务清单，将团队同学及组长的姓名记载下来。注意：男生、女生进行组合。

____

(2)列出你和团队小组所要调查的酒店名称。

(3)列出你和团队小组所要准备的材料。

2. 决策

小组独立作出决策并拟出实施计划的提纲及实施方案，记载下来。

(1)确定小组各成员调查的企业及内容。

成员 A：

成员 B：

成员 C：

成员 D：

成员 E：

成员 F：

成员 G：

(2)确定小组成员在就餐服务中负责的各项任务及工作内容，填入表 7-13 中。

表 7-13　小组成员工作内容一览表

成　员	姓　名	工　作　内　容
组长		
成员 A		
成员 B		
成员 C		
成员 D		
成员 E		
成员 F		
成员 G		
…		

3. 执行

(1)汇报你所在小组的调查完成情况，以及在调查过程中发现和存在的问题，并进行讨论。

(2)列出你所在小组收集及调查就餐服务准备材料过程出现的问题。

4. 检查

(1)将各小组调查的结果以调查报告的形式进行评比,并由各小组选派人员进行汇报(PPT),将汇报情况填入表 7-14 中。

表 7-14　小组成员工作汇报情况表

序　号	组　　别	汇报人员	结果
1	第一组		
2	第二组		
3	第三组		
4	第四组		
5	第五组		
…			

(2)汇总各小组完成情况,填入表 7-15 中,并进行评比。

表 7-15　小组完成情况总结

材料内容	负责人	完成情况	存　在　问　题
点菜、点酒水服务			
斟酒服务			
上菜服务			
分菜服务			
茶水咖啡服务			
撤换餐用具服务			
巡视服务			
特殊情况处理			

5. 评价

采用学生独立自我评价、其他同学提出问题并互评、老师评价的形式。

(1)学生对自己完成工作任务进行自我评价,评价结果填入表 7-16 的自评表中。

表 7-16 学生完成工作任务自评表

班级________ 姓名__________ 学号__________

实训情境			任务编号			
评价项目	评价标准	自我评价				
		优	良	中	差	
工作准备	准备充分					
计划提纲	简洁明了,有针对性					
工作过程	能按照预期计划完成					
工作结果	符合预期要取得的结果					
汇总与汇报	能熟悉就餐服务的各项内容,汇报清晰					
学习、劳动态度	端正,按照要求出勤,无无故不到现象					
日常作业完成情况	按时、认真完成					
职业素质	按要求做好准备,自觉培养服务意识					
团队合作	小组成员之间合作交流成果显著					
创新点	PPT 制作有亮点					
综合评价结果						

(2)学生互评与教师点评。学生以个人或小组为单位,对完成工作任务的过程与结果进行互评;教师对学生工作过程与工作结果进行评价,并给出普适性意见。将学生互评结果填入表 7-17 学生完成工作任务的过程与结果互评表中,教师评价填入表 7-18 学生完成工作任务的过程与结果教师评价表中。

表 7-17 学生完成工作任务的过程与结果互评表

学习情境								任务编号									
序号	评价对象	评价项目与评价结果															备注
		调研计划				调查方案				调查成果				成果展示			
		优	良	中	差	优	良	中	差	优	良	中	差	优	良	中	差	
1	第一组																	
2	第二组																	
3	第三组																	
4	第四组																	
5	第五组																	
6	第六组																	
7	第七组																	

续表

序号	评价对象	评价项目与评价结果																备注
		调研计划				调查方案				调查成果				成果展示				
		优	良	中	差	优	良	中	差	优	良	中	差	优	良	中	差	
8	第八组																	
9	第九组																	
10	第十组																	

评价情况说明：

表 7-18　学生完成工作任务的过程与结果教师评价表

学习情境			任务编号	
班级		姓名	学号	
评价项目		评价标准		评价结果（被扣除的分数及说明）
考勤（20%）	迟到	无无故迟到、早退、旷课现象 每迟到、早退一次扣 2 分，旷课一节扣 5 分		
	早退			
	旷课			
工作任务（项目）完成情况（60%）	工作准备	准备充分		
	计划提纲	简洁明了，有针对性		
	工作过程	能按照预期计划完成		
	工作结果	符合预期要取得的结果		
	汇总与汇报	能熟悉就餐服务的各项内容，汇报清晰		
	职业素质	按要求做好职业素养养成		
	团队合作	小组成员之间、同学之间合作交流成果显著		
	创新意识	有创新点		
任务（项目）报告（20%）	完成时间	按时完成		
	报告环节	格式正确、任务（项目）报告环节完整		
	书写	书写整齐、字体工整		
综合评价结果（填写最后得分）				

实训情境小结

本实训情境包括点菜和点酒水服务、斟酒服务、上菜服务、分菜服务、茶水咖啡服务、撤换餐用具服务、巡视服务以及特殊情况处理等内容，通过对以上各项服务知识、技能的学习和训练，结合合作酒店基地的实习考察，达到掌握就餐服务技能的目的。

实训情境八

餐后服务

学习目标

知识目标

1. 了解结账的种类、要求，掌握结账与收银服务的程序与标准，达到能熟练准确地为客人结账的能力要求

2. 了解送客与收尾服务要求，掌握送客与收尾服务的程序与标准，达到能熟练而准确地为宾客提供送客与收尾服务的能力

3. 了解投诉种类、投诉原因，掌握投诉处理的程序与标准，知晓投诉处理的重要性，达到能准确地处理客人的投诉

4. 了解管理日志的各种类型，学会管理日志的填写，达到能熟练准确地填写管理日志

能力目标

1. 专业能力——熟悉几种不同类型的结账方式，掌握结账服务程序与标准；能提供热情、礼貌的送客服务；收尾、整理工作的进行应把握文明和速度；掌握撤台服务的程序和要领；学会适当处理餐厅客人进行的简单投诉，并进行管理日志的填写

2. 方法能力——要注意观察客人的就餐情况，注意结账的时机把握和服务态度的控制；注意把握服务态度，做到礼貌、热情；收尾工作的细致和速度，学会投放处理的技巧

3. 社会能力——锻炼学生的观察能力、沟通能力，以及认真细致的工作作风

餐后服务是餐厅服务的一个环节，包括了结账与收银服务、送客和收尾工作、管理日志填写及经常会出现的客人用餐后的投诉等方面，是餐饮服务质量好坏的一个重要环节。

任务1 结账与收银服务

一、任务布置

(1)查阅资料:教师介绍工作场景,学生利用课余时间到学校图书馆或通过网络等查询相关资料,了解结账标准工作程序、结账的种类及注意事项。

(2)整理查阅与调查的资料:每个小组的学生对查阅的资料和调查结果进行整理归类和总结。

(3)参与课堂讨论:积极参与教师在课堂组织的讨论活动,并发表自己的看法。

(4)实操训练:各小组在模拟餐厅环境中完成结账与收银服务任务。

二、知识准备

(一)结账的种类

高级服务餐厅都是听到客人要付账时,才由服务员将账单的明细给客人看,然后客人将要付的款项交给服务员,服务员代替客人带往出纳处结账,结账完毕后才将统一发票带回给客人。结账方式有四种:

(1)现金结账——适用于零散客人和团队客人。

(2)支票结账——一般为政府、企事业单位用餐、大公司的长期包餐或大型宴会、旅游团队用餐会出现支票结账的情况。

(3)信用卡结账——适用于零散客人。

(4)签单——可签单的客人一般有四种,第一种是在宾馆餐厅用餐的住店客人,只要客人带有钥匙,经出纳查明后即可签单;第二种是餐厅的签约客户,这种公司行号的外客多半是熟客,是餐厅的主管都认识的贵宾,只要将签账单交给客人,请他填上公司名称、地址、电话、金额并签上名字及预定付款日期即可;第三种是饭店高层管理人员;第四种是饭店的VIP客人。

(5)第三方平台现场支付结账——适用于零散客人。目前第三方支付成餐厅结账的新宠,第三方平台现场支付的比重不断增加。只要手机安装支付宝或微信APP,并捆绑银行卡,在结账时扫扫二维码便可。

(二)结账的要求

结账服务对整个服务过程来说十分重要,关系到酒店的经济效益,也关系到消费者利益,如果操作失误极易引起矛盾或造成经济损失。同时,收银结账服务也是餐饮服务接触的尾声阶段,是留给顾客的"最后印象",如操作不慎则导致"前功尽弃"。做好收银结账服务,必须首先规范服务程序和标准,严格按规范和标准进行服务操作。

(1)要注意结账的时机。服务员不可提早、不可催促客人结账,结账应该由客人主动提出,以免造成赶客人走的印象;账单递送要及时,不可滞后,不可让客人等候过长。服务员要在客人提出结账之前,清点好客人的消费项目及费用,以备客人提出结账要求时及时、准确地送上账单。

(2)要注意结账的对象。尤其是在散客结账时,应该分清由谁付款,如果搞错了收款对象容易造成客人对饭店的不满。

(3)要注意服务态度。餐饮服务中的服务态度要始终如一,结账阶段也要体现出热情和有礼的服务风范。当顾客对账单有疑问时,注意服务语言的使用,应使用委婉的语言耐心解释。绝不要在客人结账后就停止为其服务,马上去撤台收拾,而应该继续为其端茶送水,询问他们的要求,直到他们离去。

(三)服务技能

结账的服务技能包括:(1)递交账单;(2)现金结账;(3)支票结账;(4)信用卡结账;(5)签单结账;(6)第三方支付平台结账。

(四)结账服务的程序与标准

1. 结账准备

给客人上完菜后,服务员要到账台核对账单。客人要求结账时,服务员要将台号报给收银员,打印出结账单,将账单放入账台夹子内,并确保账单夹打开时,账单正面朝向客人。随身准备结账用笔。

2. 递交账单

将取回的账单夹在结账夹内,走到主人右侧,打开账单夹,右手持账夹上端,左手轻托账夹下端,递至主人面前,请主人检查,注意不要让客人看到账单,并对主人说"这是您的账单"。请客人签字认可,然后凭账单与客人结账。餐厅结账单一式二联,第一联为财务联,第二联为客人联。

3. 现金结账

客人将应付的现金总数交给服务员,服务员收现金时应注意辨别真伪和币面是否完整无损。除人民币外,其他币别的硬币不接收。点收无误后,往出纳处付款,出纳收到款项后会将统一发票连同找的零钱以小盘盛之,交于服务员,服务员再转交给客人。服务人员应将两联账单拿回交收银员结账后,将第二联结账单交回客人,第一联结账单则留存在收银员处。应注意唱收唱付,当客人确定所找钱数后,迅速离开客人餐桌。

4. 签章结账

客人结账是挂账的，则由服务人员将客人挂账凭据交收银员办理挂账手续后，两联账单都交收银员处理。

(1)客房挂账：如客人要求挂入房账内，首先请客人出示房卡，查看该房间客人可挂账余额。若宾客在总台账户内大于余额的所消费金额，总台收银员可以办理挂账并报明收银员姓名、客人房号及消费金额，如可挂账应请客人在账单上签字认可。迅速将账单送交收银员，以查询客人的名字与房间号是否相符。

(2)外来挂账：与酒店有协议可结外来挂账的，必须按协议所规定的有效签单人签字方可挂账；如无协议客人要求挂账的、必须请经理级以上人员签字做担保方可。

5. 支票结账

支票必须干净、整洁、无褶皱、无污迹。收取支票应检查是否有开户行账号和名称，检查支票的封顶金额、有效期、填写的规范性、账务章和负责人的印章是否清晰齐全，并背书留下联系人姓名和联系电话。收到支票时要同时询问支票是否有密码，有的，则应请客人说出密码，并记录在纸上，结账后将账单第一联、支票存根、密码纸交与客人并真诚感谢客人。如客人使用旅行支票结账，服务员需礼貌地告诉客人到外面兑换处兑换成现金。

6. 信用卡结账

服务员把信用卡连同账单明细带往收款员处，请收款员先核对名单与有效日期，一切无问题后才填上信用卡签单的金额，经刷卡后交由服务员将收据账单及信用卡夹在结账夹内，拿回请客人在账单和信用卡收据上签字，然后服务员核对客人签字与卡上的签字无误后，才能把信用卡与签单的顾客联交还客人。真诚感谢客人，将账单第二联及信用卡收据另外三页送回收银处。

7. 第三方支付结账

服务员将顾客的账单明细打印出来，请顾客确认消费的金额，之后向顾客出示第三方支付平台如支付宝或微信二维码，让顾客通过扫一扫进行电子支付。点击后进入相关支付页面进行支付操作。待支付结果信息传至顾客后，服务员确认支付成功即可。

三、实操训练

(1)实训目标：通过对结账与收银服务基础知识的讲解和操作技能的训练，使学生了解结账的种类、要求，掌握结账与收银服务程序与标准，达到能熟练准确地为客人结账的能力要求。

(2)实训形式：分组实操，角色模拟。实训内容如表 8-1 所示，同时进行考核，将考核结果填入表 8-2 中。

表 8-1　结账服务实训表

实训时间	实训授课 2 学时
实训要求	(1)懂得观察客人的就餐情况,适时地为客人提供结账服务 (2)了解结账的种类、结账的程序及要求,能按要求进行模拟结账服务练习,掌握几种结账方式相对应的服务标准
实训器具	餐桌、座椅、账单等
实训内容	现金结账
	签单结账(客房挂账、外来挂账)
	支票结账
	信用卡结账

(3)地点:模拟实训餐厅。

(4)时间:2 学时。

表 8-2　考　核　表

组别:＿＿＿＿＿＿　姓名:＿＿＿＿＿＿时间:＿＿＿＿＿＿

项　　目	应得分	扣　　分	实际得分
服务礼仪礼貌			
服务态度			
服务技能			
服务时效			

考核时间:　　　年　　月　　日　　　考评老师(签名):＿＿＿＿＿

四、任务小结

简单概括结账收银的程序为:接受宾客结账→核对账单→递送账单→解释账目→为宾客结账→再次感谢宾客。

任务 2　送客与收尾服务

一、任务布置

(1)查阅资料:利用课余时间到学校图书馆或通过网络收集相关资料,了解送客与收尾服务的工作内容及树立的工作步骤，了解撤台操作规范。

(2)整理查阅与调查的资料：每个小组对查阅的资料和调查结果进行整理归类和总结。

(3)参与课堂讨论：积极参与教师在课堂组织的讨论活动，并发表自己的看法。

(4)实操训练：各小组在模拟餐厅环境中按正确的送客方法、收尾工作流程、完成送客和收尾服务任务。

二、知识准备

(一)送客服务

热情送客是礼貌服务的具体体现，表示餐饮部门对客人的尊重、关心、欢迎和爱护，送客时服务员的态度和表现直接反映出饭店接待工作的等级、标准和规范程度，体现出服务员本身的文化素质与修养。因此在送客服务过程中，服务员应该做到礼貌、耐心周全、使客人满意。其要点为：

(1)客人不想离开时绝不能催促，不要作出催促客人离开的错误举动。

(2)客人离开前，如有未吃完的菜肴，在征得客人同意的情况下，可主动将食品打包；切不可有轻视的举动，不要给客人留下遗憾。

(3)客人结账后起身离开时，应该主动为其拉开座椅，礼貌地询问他们是否满意；要帮助客人穿戴外衣、提携东西，提醒他们不要遗忘物品。

(4)要礼貌地向客人道谢，欢迎他们再来。

(5)要面带微笑地注视客人离开，或亲自陪同客人到餐厅门口。引位员应该礼貌地欢送客人并欢迎他们再来。如遇特殊天气，如雨天，可为没带伞的客人打伞、扶老携幼、帮助客人叫出租车，直到客人安全离开。

(6)重大餐饮活动的欢送要隆重、热烈，服务员可列队相送，使客人真正感受到服务的真诚和温暖。

(二)收尾服务

等客人全部离开餐厅后，要在不影响其他就餐客人的前提下收拾餐具、整理餐桌，并重新摆台。这项收尾整理工作往往在其他客人仍在用餐或已有客人在等待餐桌的情况下进行，所以文明和速度是该程序的重要标准。在服务中应该注意以下几点：

(1)在 4 分钟之内清桌完毕并及时摆台。

(2)清桌时如发现有客人遗忘的物品，应该及时交给客人或上交有关部门。

(3)清桌时应注意文明作业，保持动作沉稳，不要损坏餐具物品，也不应惊扰正在用餐的客人。

(4)清桌时要注意周围的环境卫生，不要将餐纸、杂物、残汤剩菜等乱洒乱扔。

(5)清桌完毕后，应立即开始规范摆台，尽量减少客人的等候时间。

(6)营业结束，要对餐厅进行全面的检查，结算一天的账务，关闭水、电、火等设备开关，关闭好门窗，一天服务工作即告结束。

三、实操训练

(1)实训目标:掌握送客与收尾服务的基本要领、程序、方法和要求。

(2)实训形式:分组实操,角色模拟。操作程序是:开始实训→撤台工作→送客→收尾工作,具体内容如表 8-3 所示,同时进行考核,并将考核结果填入表 8-4 中。

(3)地点:模拟实训餐厅。

(4)时间:2 学时。

表 8-3　送客与收尾服务

实训时间	实训授课 2 学时,总计 90 分钟,其中讲授示范 20 分钟,学员操作 60 分钟,考核测试 10 分钟
实训器具	餐桌、座椅、餐具、酒具、菜单、口布等
实训步骤与操作标准	1.撤台程序与标准 (1)撤台时,应当对齐餐椅。(2)将桌面上的餐具、花瓶和台号等收到托盘上,收撤的顺序为毛巾和餐巾、玻璃器皿、银器、瓷器、餐具、玻璃酒杯。(3)桌面清理完毕,将脏台布向后折半,再将干净台布向前展开一半,铺上桌子,抽去脏台布后,将干净台布慢慢拉至定位。(4)用干净布把花瓶、调味瓶和台号牌擦干净后按规定摆放整齐。⑤使用转盘的餐桌,需先取下已用过的转盘和转盘罩,然后更换台布,再摆好转盘,套上干净的转盘罩。
	2.送客服务程序与标准 (1)协助客人离开座位:①客人在饭店消费不想离开时决不能催促客人,并且不能作出催促客人离开的错误举动。如果客人在离开之前,想把剩余的食品打包带走,饭店服务员应积极为他们服务,不要嫌客人麻烦,更不能表现出厌烦。②宾客结账后起身离开时,应主动为其拉开座椅,礼貌地询问他们是否满意。③要帮助客人穿戴外衣、提携东西,提醒他们不要遗忘物品。 (2)向客人致谢:要礼貌地向客人道谢,欢迎他们再来 (3)送客人离开餐厅:①要面带微笑地注视客人离开,或亲自陪送宾客到餐厅门口。②餐厅领位员应当礼貌地欢送客人离开饭店餐厅,并且欢迎客人下次再来我们餐厅。③遇特殊天气,处于饭店之外的餐厅应有专人安排客人离店。如亲自将宾客送到饭店门口、下雨时为没带雨具的宾客打伞、扶老携幼、帮助客人叫出租车等,直至宾客安全离开。④对一些比较重要客人来饭店消费需要做好相关的服务,比方说为新人办婚宴等。 (4)餐厅检查:服务员立即回到服务区再次检查是否有客人遗留的物品。如发现有客人遗忘的物品,应及时交给客人,如客人已经离开,要向餐厅经理汇报,将物品交大堂副理。
	3.收尾服务程序与标准 (1)减少灯光:当营业结束,客人离开后,服务员开始着手餐厅的清理工作。在客人离开的第一时间关掉空调、电视、灯具等,只保留照明灯,尽量少量。 (2)撤器具、收布草 :①将撤换的餐具、用具、杯具分类叠放整齐,送洗涤间清洗,做好银餐具、筷子、筷架清洗后的保存工作。②将台布、口布、小毛巾抖净杂物、整齐扎好,并清点数目,填写清洗单送布草房清洗,同时将干净的棉织品领回交领班保存。

续表

实训步骤 与 操作标准	(3)清洁:①地毯吸尘、清扫后台通道。②清洁工作台、水池、工作柜等工作。工作台台面(大理石台面)和桌面转台必须擦拭干净无油迹、污垢;工作台里除餐具和所需备的餐具外无其他任何私人物品。③桌椅摆放整齐,所有物品都按规定位置放好,包厢里没有不属于本包厢和工作台的任何物品。④大厅中班人员在下班之前除检查或完成以上工作外,必须把每桌桌底、椅子底下较大或明显的垃圾清理干净。 (4)落实安全措施:①关闭水、电开关。②除员工出入口以外,锁好所有门窗。③包厢、大厅和中班服务员在当班领班检查后把门窗锁好并经当班领班同意后方可下班。④由当值负责人做完最后的安全防患复查后,填写管理日志。⑤落实厅面各项安全防患工作,最后锁好员工出入口,方可离岗。

表 8-4 考 核 表

组别:__________ 姓名:__________ 时间:__________

项　目	应得分	扣　分	实际得分
服务礼仪礼貌			
服务态度			
服务技能			
服务时效			

考核时间:　　年　　月　　日　　考评老师(签名):________

四、任务小结

提醒学生送客工作的规范性和注意的细节,在撤台收尾工作方面要严格按照操作程序来进行,做好就餐后客人的最后印象工作。组织各组学生交叉评价各组工作成果。

任务 3 投诉处理

一、任务布置

(1)查阅资料:利用课余时间到学校图书馆或通过网络渠道等查阅相关资料,了解候位服务的内容、作用及做好候位服务的若干步骤。

(2)整理查阅与调查的资料:每个小组的学生对查阅的资料和调查结果进行整理归类和总结。

(3)参与课堂讨论:积极参与教师在课堂组织的讨论活动,并发表自己的看法。

(4)实操训练:各小组准备一个餐厅常见的投诉场景进行模拟,学会进行简单的投诉处理。

二、知识准备

(一)投诉的种类

宾客投诉的原因只有一个,即在饭店的消费没有换回他们所期望的享受,没有获得物有所值的感受。分析餐饮业遇到的投诉可以归纳为以下四类:

1. 对设备的投诉

客人对设备的投诉主要包括:空调、照明、供水、供电、家具、电梯、电话等等。即使建立了一个对各种设备的检查、维修、保养制度,也只能减少此类问题的发生,而不能保证消除所有设备的潜在问题。服务人员在受理客人有关设备的投诉时,最好的方法是立即去实地观察,然后根据情况采取措施。事后,服务人员应再次与客人电话联系,以确认客人的要求已得到了满足。

2. 对服务态度的投诉

客人对服务人员服务态度的投诉主要包括:粗鲁的语言、不负责任的答复或行为、冷冰冰的态度、若无其事、爱理不理的接待方式、过分的热情等等。由于服务人员与客人都由不同特点的人组成,所以在任何时候,此类投诉都很容易发生。

3. 对服务质量的投诉

对服务质量的投诉主要指对服务的速度(即服务效率)和准确度方面的投诉,如服务人员没有按照先来先服务的原则提供服务、上错了菜、上菜速度过快或过慢。食品和酒饮料等质量不佳也会引起投诉。

4. 对异常事件的投诉

这类投诉餐厅难以预见,如生意没有变成、比赛输了、顾客心情不好,在服务中稍有不慎就可能引发投诉,遇到这类问题,只要服务员的态度好,大部分客人都是能谅解的。

(二)处理投诉的程序和标准

1. 为投诉处理做好适当的心理准备

投诉的发生是不可避免的,在面临投诉时要保持冷静、平和的心态,知晓员工投诉处理的权力范围,以便即时高效地解决问题。此外,还应明白,投诉处理的支出并非只是增加了饭店的成本,从另一个角度看,这些支出也可以为饭店带来更多的收益,这些收入包括顾客的再次消费,避免因老顾客不断流失而不得不加大招徕新顾客力度所需的营销费用等。

2. 接受投诉

(1)认真听取意见,耐心接待。可以通过提问的方式来弄清问题,集中注意力听取对方的意见能节约对话的时间。在投诉时,客人总是有理的,不要反驳客人的意见,不要与客人争辩。为了不影响其他客人,可将客人请到办公室内,最好个别地听取客人的投诉,私下交谈容易使客人平静.

(2)表示同情,给予关心。应设身处地考虑分析问题,对客人的感受要表示理解,用适当的语言给客人以安慰,如"谢谢您告诉我这件事","对于发生这类事件,我感到很遗憾","我完全理解您的心情"等等。

(3) 不与客人发生争执,不得推卸责任或解释。把注意力集中在客人提出的问题上,不随便引申、不嫁罪于人、不推卸责任,绝不能怪罪客人。

(4)记录要点。把客人投诉的要点记录下来,这样不但可以使客人讲话的速度放慢,缓和客人的情绪,还可以使客人确信餐厅对他所反映的问题是重视的。此外,记录的资料可以作为解决问题的根据。

3. 处理投诉

(1)了解客人最初的需要和问题所在。通过对客人身份的分析,确定是一般客人还是重点客人,是暂住客人还是长住客人,是陌生客人还是熟悉客人,是影响力一般的客人还是影响力巨大的客人。在此基础上,应进一步弄清宾客投诉的深层原因和真实意图,是控告索偿性投诉还是批评建议性投诉,或者是挑衅污蔑性投诉等。通过对投诉意图的分析,在具体处理投诉时分清情况、恰当处理,运用不同的策略手段及方法,掌握好分寸。

(2)找有关人员进行查询,了解实际情况。对客人的投诉,在弄清事实之后,饭店应根据不同的情况区别对待。对于企业的明显服务过失,应在征得客人同意的基础上立即作出物质补偿,让客人得到代偿性满足。当投诉源于客人的误会时,则应对其投诉表示真诚欢迎,耐心解释,消除误解;对于怒气冲天的客人,如不能让他完全消气,也要尽可能让他出了气再走,而不要让他把怨气带出店门,当然让客人出气也是有原则的,切不可让客人当众出气,以免局面失控,造成恶劣影响。有时功能性服务的缺陷也可通过心理服务来补偿,如抬高客人的身份,让客人脸上有光,心理上获得满足的客人往往不再过分计较其物质上的得失。对于复杂的投诉问题,处理人员不要急于表态,而应迅速上报,密切关注处理进程,并及时向客人反馈信息。

(3)把将要采取的措施告诉客人并征得客人的同意。积极寻求解决办法,尽量满足客人要求。如有可能,要请客人选择解决问题的方案或补救措施;与客人共同协商解决办法,不得强迫客人接受,也绝对不能对客人表示由于权力有限无能为力,不要向客人作不切实际的许诺。

(4)把解决问题所需要的时间告诉客人。要充分估计解决问题所需要的时间,最好能告诉客人具体的时间,不含糊其辞,切忌低估解决问题的时间。

(5)真诚地表示同情与歉意。

4. 善后处理

(1)问题解决后,店方应再次以总经理名义致信向客人致歉。

(2)将投诉的原因和解决办法做详细记录,上报经理后归档留存。

三、实操训练

(1)实训目标:掌握顾客投诉处理服务与管理的基本要领、程序、方法和要求。

(2)实训形式:分组实操,角色模拟。将学生分组,分别扮演客人、服务员和管理人员;假设情景:上菜速度较慢,服务员催客人结账,客人物品在用餐时丢失,食品出问题等,如表 8-5 所示。

表 8-5　投诉处理训练表

实训时间	实训授课 2 学时
实训要求	(1) 遵循处理宾客投诉的原则为客人解决问题 (2) 机智灵活,对不同情境下的客人投诉能够作出迅速的反应
实训器具	随案例需要配置
实训步骤与操作标准	1. 接受投诉 (1)遇到有客人投诉时需有礼貌,耐心地接待 (2)表示对客人投诉的关心,使客人平静下来 (3)倾听客人的投诉 (4)真诚地向客人道歉,正面回答客人的问题 (5)不可与客人发生争执 (6)不得推卸责任或解释 2. 处理投诉 (1)了解客人最初的需要和问题所在 (2)找有关人员进行查询,了解实际情况 (3)积极寻求解决办法,尽量满足客人的要求 (4)与客人共同协商解决办法,不得强迫客人接受 (5)协商后,按双方认可的方法解决客人问题 (6)向客人致歉 3. 善后处理 (1)问题解决后,店方应再次以总经理名义致信向客人致歉 (2)将投诉的原因和解决办法做详细记录,上报经理后归档留存

(3)地点:模拟实训餐厅

(4)时间:2 学时。

四、任务小结

投诉产生后,引起投诉的原因并不重要,关键是如何管理投诉,采取什么方法解决投诉。要善于把投诉的消极面转为积极面,通过对客人投诉的处理来提高自己的服务质量,防止投诉的再次发生。餐饮企业对客人的投诉应持积极、欢迎的态度，无论客人出于何种原因进行投诉，餐饮企业都要理解客人的心理，给予充分重视，设身处地地为客人着想，及时调查，真诚地帮助客人，尽可能令其满意，重新赢得客人的好感及信任，改善客人对餐饮的不良印象。

任务4　管理日志的填写

一、任务布置

(1)查阅资料：利用课余时间到学校图书馆或通过网络渠道等查阅相关资料，了解候位服务的内容、作用及做好候位服务的若干步骤。

(2)整理查阅与调查的资料：每个小组的学生对查阅的资料和调查结果进行整理归类和总结。

(3)参与课堂讨论：积极参与教师在课堂组织的讨论活动，并发表自己的看法。

(4)实操训练：各小组在模拟餐厅场景中完成管理日志的填写。

二、知识准备

(一)管理日志的内容

管理日志的内容包括：(1)餐厅经营情况；(2)特殊食品销售记录；(3)客人人数；(4)各时段平均消费金额；(5)座位使用情况；(6)服务员工作情况；(7)其他部门协调情况；(8)卫生检查情况；(9)培训情况；(10)物品停用情况；

(二)常用管理日志的形式

常用管理日志的形式有表格登记、日报表、流水记录三种。

1. 表格登记

表格登记的形式如表8-6所示。

表 8-6　管理日志

项　　目	具　体　内　容
客人人数	
消费金额	
客人投诉	
服务员情况	
卫生、安全情况	
特殊事件	

2. 日报表

日报表的形式如表 8-7 所示。

表 8-7　餐厅日报表

餐厅名称：　　　　　　　　座位数：　　　　　　　　饭店住房率：

项目 / 内容	食品金额	饮品金额	其他金额	总消费金额	项目 / 内容	经理	主管	领班	服务员	其他	总计
早餐					早餐						
午餐					午餐						
晚餐					晚餐						
夜宵					夜宵						
总计					总计						
备注					说明						

3. 流水记录

流水记录的形式如表 8-8 所示。

表 8-8　客人情况记录表

餐厅名称：　　　　　　　　座位数：　　　　　　　　饭店住房率：

项目 / 内容	预订人数	散客人数	饭店住店客人	旅游团队客人	饭店宴请客人	其他用餐客人	人数总计	座位周转率	备　　注
早餐									
午餐									
晚餐									

续表

项目 内容	预订人数	散客人数	饭店住店客人	旅游团队客人	饭店宴请客人	其他用餐客人	人数总计	座位周转率	备　　注
夜宵									
客人情况									
客人意见或投诉									
贵宾用餐情况									
饭店宴请及高级员工用餐情况									
餐厅发生的意外情况									
卫生、安全检查									
报修未完成项目									
报修完成情况									
其他情况									

备注：

本报表一般由餐厅主管负责填写之后，报餐厅经理；表每天一报；各饭店餐厅可根据自己自身的情况设计此报表，星级饭店制作本报表需要有中英文对照。

(三)使用管理日志的必要性

(1)有助于管理者对餐厅的经营情况了如指掌；(2)有助于管理者形成较好的科学管理的习惯；(3)有助于管理者开展目标管理；(4)为餐厅进行成本控制、成本管理提供第一手资料；(5)有助于改进餐厅现存的服务管理问题。

(四)填写日报表的程序与标准

(1)资料准备：①迎宾；②餐厅每天所有的点菜单；③团队记录通知单；④早餐单。

(2)填写报表：①餐厅经营情况、客人情况、服务人数，每项都需要认真计算后，用数字形式仔细填写。②客人投诉等内容要将事情的详细过程、处理意见、处理结果完整记录下来。③在报表上出现的问题，需要写出原因，作出分析。④写出解决计划、办法。

(3)上报：将填写好的报表上交餐厅经理。

(4)存档：复印一份作为资料存档，每月装订一次。

(5)反馈：客人投诉情况，事后要写上餐厅的改进措施、客人的反馈意见、经营情况，要记录改进后的效果。

三、实操训练

(1)实训目标：掌握餐厅管理日志填写的基本要领、程序、方法和要求。

（2）实训形式：分组实操训练。

（3）地点：模拟实训餐厅或教室。

（4）时间：1 学时。

四、任务小结

掌握餐厅管理日志填写的基本要领、程序、方法和要求，对于实现餐厅的管理有重要的作用。

实训情境小结

餐后服务实训情境包括结账与收银服务、送客与收尾服务、投诉处理和管理日志的填写等内容，通过对以上各项服务知识、技能的学习和训练，结合合作酒店基地的实习考察，实训时应该耐心、刻苦、勤思考、找技巧，达到掌握餐后服务技能的目的。

附录一

国家职业技能标准：
餐厅服务员(2009年修订)

1.职业概况

1.1 职业名称

餐厅服务员。

1.2 职业定义

为宾客安排座位，点配菜点、酒水，进行宴会设计、装饰、布置，提供就餐服务的人员。

1.3 职业等级

本职业共设五个等级，分别为：初级(国家职业资格五级)、中级(国家职业资格四级)、高级(国家职业资格三级)、技师(国家职业资格二级)、高级技师(国家职业资格一级)。

1.4 职业环境

室内、常温。

1.5 职业能力特征

具有一定的学习和计算能力；具有一定的空间感和形体知觉，手指、手臂灵活，动作协调。

1.6 基本文化程度

初中毕业。

1.7 培训要求

1.7.1 培训期限

全日制职业学校教育，根据其培养目标和教学计划确定。晋级培训期限：初级不少于250标准学时，中级不少于200标准学时，高级不少于180标准学时，技师不少于150标准学时，高级技师不少于100标准学时。

1.7.2 培训教师

培训初级、中级、高级餐厅服务员的教师应具有本职业技师及以上职业资格证书或相关专业中级及以上专业技术职务任职资格；培训餐厅服务员技师的教师应具有本职业高级技师职业资格证书或相关专业高级专业技术职务任职资格；培训餐厅服务员高级技师的教师应具有本职业高级技师职业资格证书2年以上或相关专业高级专业技术职务任职资格。

1.7.3 培训场地设备

理论培训场地应具有满足教学需要的标准教室。实际操作培训场所应具备餐桌、餐椅、餐具、工作台、布件等必备设施设备，符合国家有关安全和卫生标准。

1.8 鉴定要求

1.8.1 适用对象

从事或准备从事本职业的人员。

1.8.2 申报条件

——初级(具备以下条件之一者)

(1) 经本职业初级正规培训达规定标准学时数,并取得结业证书。

(2) 在本职业连续见习工作 1 年以上。

(3) 本职业学徒期满。

——中级(具备以下条件之一者)

(1) 取得本职业初级职业资格证书后,连续从事本职业工作 2 年以上,经本职业中级正规培训达规定标准学时数,并取得结业证书。

(2) 取得本职业初级职业资格证书后,连续从事本职业工作 3 年以上。

(3)连续从事本职业工作 5 年以上。

(4) 取得经人力资源和社会保障行政部门审核认定的,以中级技能为培养目标的中等以上职业学校本职业(专业)毕业证书。

——高级(具备以下条件之一者)

(1)取得本职业中级职业资格证书后,连续从事本职业工作 3 年以上,经本职业高级正规培训达规定标准学时数,并取得结业证书。

(2)取得本职业中级职业资格证书后,连续从事本职业工作 5 年以上。

(3)取得高级技工学校或经人力资源和社会保障行政部门审核认定的,以高级技能为培养目标的高等职业学校本职业(专业)毕业证书。

(4) 取得本职业中级职业资格证书的大专以上本专业或相关专业毕业生,连续从事本职业工作 2 年以上。

——技师(具备以下条件之一者)

(1) 取得本职业高级职业资格证书后,连续从事本职业工作 3 年以上,经本职业技师正规培训达规定标准学时数,并取得毕(结)业证书。

(2) 取得本职业高级职业资格证书后,连续从事本职业工作 7 年以上。

(3) 取得本职业高级职业资格证书的高级技工学校本职业(专业)和大专以上本专业或相关专业的毕业生,连续从事本职业工作 1 年以上。

——高级技师(具备以下条件之一者)

(1) 取得本职业技师职业资格证书后,连续从事本职业工作 3 年以上,经本职业高级技师正规培训达规定标准学时数,并取得毕(结)业证书。

(2) 取得本职业技师职业资格证书后,连续从事本职业工作 5 年以上。

1.8.3 鉴定方式

分为理论知识考试和技能操作考核。理论知识考试采用闭卷笔试等方式,技能操作考核采用现场实际操作、模拟和口试等方式。理论知识考试和技能操作考核均实行百分制,成绩皆达 60 分及以上者为合格。技师、高级技师还须进行综合评审。

1.8.4 考评人员和考生的配比

理论知识考试考评员与考生配比为 1∶20;每个标准教室不少于 2 名考评人员;技能操作考核考评员与考生配比为 1∶5,且不少于 3 名考评员;综合评审委员不少于 5 人。

1.8.5 鉴定时间

理论知识考试为 90 分钟；技能操作考核时间：初级、中级不少于 40 分钟，高级不少于 60 分钟，技师、高级技师不少于 120 分钟；综合评审时间不少于 20 分钟。

1.8.6 鉴定场所设备

理论知识考试在标准教室里进行。技能操作考核在具备餐桌、餐椅、餐具、工作台、布件等必备设施设备，符合国家有关安全和卫生标准的场所。

2. 基本要求

2.1 职业道德

2.1.1 职业道德基本知识

2.1.2 职业守则

(1)热情友好，宾客至上。

(2)真诚公道，信誉第一。

(3)文明礼貌，优质服务。

(4)安全卫生，出品优良。

(5)团结协作，顾全大局。

(6)遵纪守法，廉洁奉公。

(7)培智精技，学而不厌。

(8)平等待客，一视同仁。

2.2 基础知识

2.2.1 餐厅服务礼仪

(1)餐厅服务礼仪的概念与功能。

(2)餐厅礼貌服务。

(3)餐厅服务礼节。

(4)餐厅接待礼仪。

(5)餐厅人员语言艺术。

(6)用餐礼仪。

(7)饮食习俗和礼节。

2.2.2 餐厅服务心理与人际沟通

(1)餐厅服务心理的概念与内容。

(2)餐饮宾客消费心理。

(3)人际沟通的作用和技巧。

2.2.3 饮食营养

(1)能量与宏量营养素的概念。

(2)宏量营养素的生理功能和食物来源。

(3)矿物质的概念、生理功能和食物来源。

(4)维生素的概念、生理功能和食物来源。

(5)水和纤维素的概念、生理功能和食物来源。

(6)平衡膳食知识。

2.2.4 饮食卫生

(1)食品污染概念、种类及其预防。

(2)食品中毒概念、种类及其预防。

(3)餐饮企业卫生管理要求。

2.2.5 餐厅安全知识

(1)公共场所安全常识。

(2)餐厅安全管理要求。

2.2.6 相关法律、法规知识

(1)《中华人民共和国劳动法》相关知识。

(2)《中华人民共和国食品卫生法》相关知识。

(3)《中华人民共和国合同法》相关知识。

(4)《中华人民共和国消防法》相关知识。

(5)《中华人民共和国消费者权益保护法》相关知识。

3. 工作要求

本标准对初级、中级、高级、技师和高级技师的技能要求依次递进,高级别包含低级别的要求。

3.1 初级

职业功能	工作内容	技能要求	相关知识
一、餐前准备	(一)托盘	1. 能选用托盘 2. 能清理托盘 3. 能有序装盘 4. 能起托、托盘行走、落托	1. 托盘的种类和作用 2. 托盘的方法
	(二)摆台	1. 能铺中餐便餐台台布 2. 能摆放中餐便餐台餐具	1. 推拉式、撒网式、抖铺式操作方法及要领 2. 中餐餐具、用具种类及使用方法 3. 餐具摆放的操作程序及要领 4. 中餐便餐台餐具摆放要求
	(三)餐巾折花	能折叠 10 种杯花	1. 餐巾的种类和作用 2. 餐巾折花的基本技法 3. 餐巾花摆放原则

续表

职业功能	工作内容	技　能　要　求	相　关　知　识
二、接待服务	(一)礼仪接待	能用普通话为宾客引位入座	1. 礼仪与形体训练知识 2. 领位要领 3. 餐厅规范用语
	(二)出品介绍	1. 能介绍菜点的名称和特点 2. 能介绍酒水的名称和特点	1. 菜点原材料名称、种类、特点 2. 菜点加工和烹调基本方法 3. 菜点命名方法 4. 酒水的种类和特点
	(三)点菜、酒水	1. 能根据宾客需求点菜肴和酒水 2. 能填写菜肴、酒水点单	1. 点菜程序和技巧 2. 点酒水程序和技巧
三、餐间服务	(一)上菜	1. 能定位上菜 2. 能按顺序、品种上菜与摆放 3. 能报菜名	1. 中餐上菜方法 2. 台面菜肴拜访技巧
	(二)酒水服务	1. 能根据酒水选用酒杯 2. 能开启白酒、啤酒及各类饮料 3. 能徒手斟酒水	1. 斟酒水方法和要领 2. 白酒、啤酒待酒要求
	(三)撤换餐具	1. 能撤筷套 2. 能撤换餐具、烟缸、小毛巾	餐间撤换餐用具要领
四、餐后服务	(一)送客服务	能礼貌送客	送客程序
	(二)清理餐桌	1. 能按顺序收台 2. 能清洁台面	餐后台面清理注意事项

3.2 中级

职业功能	工作内容	技　能　要　求	相　关　知　识
一、餐前准备	(一)摆台	1. 能铺西餐便餐台台布 2. 能摆放西餐便餐台餐具 3. 能摆放中餐宴会台餐具	1. 西餐餐具、用具种类及使用方法 2. 西餐便餐台摆放要求和技巧 3. 中餐宴会台摆放要求和技巧
	(二)餐巾折花	1. 能折叠 20 种杯花、5 种盘花 2. 能根据宴会台面选择和摆放餐巾花	1. 餐巾花选择搭配原则 2. 餐巾花摆放要求

续表

职业功能	工作内容	技　能　要　求	相　关　知　识
二、接待服务	(一)礼仪接待	能判断不同宾客类型并针对需求安排席位	1.餐位安排知识 2.迎宾工作规范
	(二)出品介绍	能介绍菜点的营养特点和典故	1.营养素概念和分类 2.菜点营养成分
三、餐间服务	(一)分菜	能分炒菜、汤菜	1.分菜的基本原则 2.分菜的基本方法
	(二)酒水服务	1能服务黄酒 2.能托盘斟酒水	1.黄酒待酒要求 2.托盘斟酒水要求
	(三)撤换餐具	能根据菜单内容调整餐具	菜点与餐具搭配要求
四、餐后服务	(一)结账收银	能为宾客结账	结账程序及注意事项
	(二)酒具保洁	1.能清洁酒具 2.能对酒具消毒	1.消毒剂种类 2.消毒液体配比方法

3.3高级

职业功能	工作内容	技能要求	相关知识
一、餐前准备	(一)插花	1.能为中餐台面插球形花 2.能为西餐台面插椭圆形花	1.插花工具种类及使用方法 2.花材选用原则及方法 3.插花基本程序
	(二)摆台	1.能摆中餐主题宴会台 2.能摆西餐宴会台	1.中餐主题餐台摆放要求和技巧 2.西餐宴会餐台摆放要求和技巧
	(三)餐巾折花	1.能折叠30种杯花、10种盘花 2.能根据宴会主题选择和摆放餐巾花	
二、接待服务	(一)茶艺服务	1.能识别红茶、绿茶、花茶 2.能冲泡红茶、绿茶、花茶	1.茶叶的种类和特点 2.红茶、绿茶、花茶服务要求
	(二)出品介绍	能介绍宴会菜点组合特点	宴会菜点组合的原则和方法
三、餐间服务	(一)分菜	能分整形菜、拔丝菜	1.整形菜、拔丝菜的特点 2.整形菜、拔丝菜分菜要求
	(二)酒水服务	1.能服务香槟酒 2.能服务葡萄酒	1.香槟酒待酒要求 2.葡萄酒待酒要求

续表

职业功能	工作内容	技能要求	相关知识
四、餐厅管理	(一)酒水管理	1. 能感官鉴别酒水质量 2. 能储藏酒水	1. 酒水感官鉴别方法 2. 酒水储藏要求
	(二)器皿管理	1. 能保养水晶、金银器等高档餐具、酒具 2. 能保养水晶、玉雕等高档装饰器皿	1. 餐具、酒具保养要求 2. 装饰器皿保养要求
	(三)服务质量管理	1. 能判别餐台布局与摆设的缺陷 2. 能纠正服务过程中不符合服务程序、服务规范等质量问题	1. 餐台布局与摆设常见缺陷 2. 服务过程常见质量问题

3.4 技师

职业功能	工作内容	技能要求	相关知识
一、餐前准备	(一)就餐环境设计与布置	1. 能设计与布置中餐主题宴会就餐环境 2. 能设计与布置西餐主题宴会就餐环境	1. 中西餐主题宴会就餐环境设计原则 2. 中西餐主题宴会就餐环境布置方法
	(二)餐台设计与布置	1. 能设计与布置中餐主题宴会餐台 2. 能设计与布置西餐主题宴会餐台	1. 中西餐主题宴会餐台设计原则 2. 中西餐主题宴会餐台布置要求
	(三)服务规程设计	1. 能编制宴会服务程序 2. 能安排培训宴会服务人员 3. 能制订宴会服务控制预案	1. 宴会服务程序编制要求 2. 宴会服务人员安排培训要求 3. 宴会服务控制预案制订方法
二、接待服务	(一)茶艺服务	1. 能冲泡乌龙茶、普洱茶 2. 能煮紧压茶	1. 乌龙茶、普洱茶的服务要求 2. 品茶基本知识
	(二)鸡尾酒调制	能用搅和法、摇和法、漂浮法调制鸡尾酒	1. 鸡尾酒的概念 2. 调制鸡尾酒常用原材料和器具 3. 鸡尾酒调制方法

续表

职业功能	工作内容	技能要求	相关知识
三、餐厅管理	(一)成本管理	能根据成本核算出品价格	1. 餐饮成本核算方法 2.. 餐饮出品定价方法
	(二)服务质量管理	1. 能处理餐饮服务中菜肴质量、服务态度等特殊问题 2. 能制定服务项目考核标准	1. 餐饮特殊问题处理原则和方法 2. 服务项目考核标准制订要求
	(三)营销管理	能制订餐厅主题活动营销方案	1. 餐厅营销基本知识 2. 餐厅推销技巧 3. 餐饮营销活动策划方法
四、培训指导	(一)培训	1. 能编写培训教案 2. 能对初、中、高级餐厅服务员进行培训	1. 教学基本方法 2. 培训教案编制方法
	(二)指导	能对初、中、高级餐厅服务员进行技能指导	1. 技能指导方法 2. 案例教学法

3.5 高级技师

职业功能	工作内容	技能要求	相关知识
一、餐前准备	(一)菜单设计	能设计中西餐宴会菜单	中西餐宴会菜单设计原则和程序
	(二)就餐环境设计布置	1. 能设计和布置大型鸡尾酒会就餐环境 2. 能设计和布置大型冷餐会就餐环境 3. 能设计和布置大型茶话会就餐环境	大型宴会主题就餐环境设计布置方法
	(三)餐台设计布置	1. 能设计和布置大型鸡尾酒会餐台 2. 能设计和布置大型冷餐会餐台 3. 能设计和布置大型茶话会餐台	大型宴会餐台设计与布置方法
二、餐厅管理	(一)成本管理	能核算餐厅经营成本	1. 餐厅经营成本的构成 2. 餐厅经营成本核算方法
	(二)服务质量管理	1. 能处理餐厅断电等特殊事件 2. 能分析、测量和改进服务产品	1. 特殊事件处理技巧 2. 服务质量体系基本知识

续表

职业功能	工作内容	技 能 要 求	相 关 知 识
三、培训指导	(一)培训	能编制新员工培训计划	培训计划编制要求
	(二)指导	能对技师进行作业指导	作业指导方法

4.比重表

4.1 理论知识

项 目		初级(%)	中级(%)	高级(%)	技师(%)	高级技师(%)
基本要求	职业道德	5	5	5	5	5
	基础知识	40	35	30	25	15
相关知识	餐前服务	15	15	15	—	—
	接待服务	15	15	20	20	—
	餐间服务	20	25	20		—
	餐后服务	5	5	—	—	—
	餐厅管理	—	—	10	40	55
	培训指导	—	—	—	10	25
合 计		100	100	100	100	100

4.2 技能操作

项 目		初级(%)	中级(%)	高级(%)	技师(%)	高级技师(%)
技能要求	餐前服务	35	35	40	40	45
	接待服务	20	20	15	15	
	餐间服务	35	35	20	—	—
	餐后服务	10	10	—	—	—
	餐厅管理	—	—	25	30	30
	培训指导	—	—	—	15	25
合 计		100	100	100	100	100

附录二

GBT 14308—2010 旅游饭店星级的划分与评定

——饭店运营质量评价表(餐饮部分)

4. 餐饮					
4.1	餐饮服务质量				
4.1.1	自助早餐服务	优	良	中	差
4.1.1.1	在宾客抵达餐厅后,及时接待并引座。正常情况下,宾客就坐的餐桌已经布置完毕	3	2	1	0
4.1.1.2	在宾客入座后及时提供咖啡或茶	3	2	1	0
4.1.1.3	所有自助餐食及时补充,适温、适量	3	2	1	0
4.1.1.4	食品和饮品均正确标记说明,标记牌洁净统一	3	2	1	0
4.1.1.5	提供加热过的盘子取用热食,厨师能够提供即时加工服务	3	2	1	0
4.1.1.6	咖啡或茶应宾客要求及时添加,适时更换烟灰缸	3	2	1	0
4.1.1.7	宾客用餐结束后,及时收拾餐具,结账效率高、准确无差错;宾客离开餐厅时,向宾客致谢	3	2	1	0
4.1.1.8	自助早餐食品质量评价	3	2	1	0
4.1.2	正餐服务	优	良	中	差
4.1.2.1	在营业时间,及时接听电话,重复并确认所有预订细节	3	2	1	0
4.1.2.2	在宾客抵达餐厅后,及时接待并引座。正常情况下,宾客就坐的餐桌已经布置完毕	3	2	1	0
4.1.2.3	提供菜单和酒水单,熟悉菜品知识,主动推荐特色菜肴,点单时与宾客保持目光交流	3	2	1	0
4.1.2.4	点菜单信息完整(如烹调方法、搭配等),点单完毕后与宾客确认点单内容	3	2	1	0
4.1.2.5	点单完成后,及时上酒水及冷盘(头盘),根据需要适时上热菜(主菜),上菜时主动介绍菜名	3	2	1	0
4.1.2.6	根据不同菜式要求及时更换、调整餐具,确认宾客需要的各种调料,提醒宾客小心餐盘烫手,西餐时主动提供面包、黄油	3	2	1	0

续表

4.1.2.7	向宾客展示酒瓶，在宾客面前打开酒瓶，西餐时倒少量酒让主人鉴酒	3	2	1	0
4.1.2.8	红葡萄酒应是常温，白葡萄酒应是冰镇；操作玻璃器皿时，应握杯颈或杯底	3	2	1	0
4.1.2.9	宾客用餐结束后，结账效率高、准确无差错，主动征询宾客意见并致谢	3	2	1	0
4.1.2.10	正餐食品质量评价	3	2	1	0
4.1.3	*酒吧服务（大堂吧、茶室）	优	良	中	差
4.1.3.1	宾客到达后，及时接待、热情友好。提供酒水单，熟悉酒水知识，主动推荐，点单时与宾客保持目光交流	3	2	1	0
4.1.3.2	点单后，使用托盘及时上齐酒水，使用杯垫，主动提供佐酒小吃	3	2	1	0
4.1.3.3	提供的酒水与点单一致，玻璃器皿与饮料合理搭配，各种酒具光亮、洁净、无裂痕、无破损，饮品温度合理	3	2	1	0
4.1.3.4	结账效率高、准确无差错，向宾客致谢	3	2	1	0
4.1.4	*送餐服务	优	良	中	差
4.1.4.1	正常情况下，及时接听订餐电话，熟悉送餐菜单内容，重复和确认预订的所有细节，主动告知预计送餐时间	3	2	1	0
4.1.4.2	正常情况下，送餐的标准时间为：事先填写好的早餐卡，预订时间5分钟内；临时订早餐：25分钟内；小吃，25分钟内；中餐或晚餐：40分钟内	3	2	1	0
4.1.4.3	送餐时按门铃或轻轻敲门（未经宾客许可，不得进入客房）；礼貌友好地问候宾客；征询宾客托盘或手推车放于何处，为宾客摆台、倒酒水、介绍各种调料	3	2	1	0
4.1.4.4	送餐推车保持清洁、保养良好，推车上桌布清洁、熨烫平整，饮料、食品均盖有防护用具	3	2	1	0
4.1.4.5	送餐推车上摆放鲜花瓶，口布清洁、熨烫平整、无污渍，盐瓶、胡椒瓶及其他调味品盛器洁净、装满	3	2	1	0
4.1.4.6	送餐完毕，告知餐具回收程序（如果提供回收卡，视同已告知），向宾客致意，祝宾客用餐愉快	3	2	1	0
4.1.4.7	送餐服务食品质量评价	3	2	1	0
4.2	餐饮区域维护保养与清洁卫生	优	良	中	差

续表

4.2.1	餐台(包括自助餐台):稳固、美观、整洁	3	2	1	0
4.2.2	地面:完整,无破损、无变色、无变形、无污渍、无异味	3	2	1	0
4.2.3	门窗及窗帘:玻璃明亮、无破损、无变形、无划痕、无灰尘	3	2	1	0
4.2.4	墙面:平整、无破损、无裂痕、无脱落、无灰尘、无水迹、无蛛网	3	2	1	0
4.2.5	天花(包括空调排风口):平整、无破损、无裂痕、无脱落、无灰尘、无水迹、无蛛网	3	2	1	0
4.2.6	家具:稳固、完好、无变形、无破损、无烫痕、无脱漆、无灰尘、无污染	3	2	1	0
4.2.7	灯具:完好、有效、无灰尘、无污渍	3	2	1	0
4.2.8	盆景、花木:无枯枝败叶、修剪效果好,无灰尘、无异味、无昆虫	3	2	1	0
4.2.9	艺术品:有品位、完整、无褪色、无灰尘、无污渍	3	2	1	0
4.2.10	客用品(包括台布、餐巾、面巾、餐具、烟灰缸等):方便使用,完好、无破损、无灰尘、无污渍	3	2	1	0
	小计	117			
	实际得分:				
	得分率:(实际得分)/该项总分×100%＝				

参考文献

1. 李勇平:《餐饮服务与管理》,东北财经大学出版社 2008 年版,第 35～75 页,第 85～124 页。

2. 宋春亭、刘志全:《旅游饭店餐饮服务与管理》,郑州大学出版社 2006 年版，第 7～8 页。

3. 闫贺尊:《完美服务必修课》,机械工业出版社 2008 年版,第 32～39 页。

4. 白智慧:《餐饮业服务员职业素养手册》,北京工业大学出版社 2011 年版，第 41～47 页,第 51～60 页。

5. 谢红霞:《餐厅服务技能实训》,中国人民大学出版社 2011 年版,第 33～43 页,第 88～96 页。

6. 李晓东:《餐厅服务实训教程》,旅游教育出版社 2009 年,第 20～52 页,第 53～58 页。

7. 马建伟、袁爱华:《餐饮服务与管理》(第二版),西南财经大学出版社 2006 年版,第 51～85 页。

8. 张翠菊:《餐饮服务与管理》,化学工业出版社 2009 年版,第 50～52 页。

9. 邓英、马丽涛:《餐饮服务管理实训》——项目课程教材,电子工业出版社 2009 年版,第 65 页,第 139 页,第 243～246 页。

10. 姜文宏、王焕宇:《餐饮服务技能综合实训》,高等教育出版社 2007 年版,第 93～107 页。

11. 吴吟颗:《餐饮服务实训教程》.科学出版社 2007 年版,第 306～311 页。

12. 刘俊敏:《酒店餐饮部精细化管理与服务规范》(第 2 版),人民邮电出版社 2011 年版,第 52～53 页。

13. 饶雪梅:《餐饮服务实训教程》,科学出版社 2007 年版,第 77～84 页。

14. 宋春亭、李俊:《中西餐饮服务》实训教程,机械工业出版社 2010 年版,第 34～40 页。

15. 彦涛 :《餐馆微营销》，立信会计出版社 2015 年版，第 47～49 页。

16. 陈凤君 :《餐饮旺店一服务与管理一本通》，中国铁道出版社 2017 年版，第 42～49 页。

17. 2017 年全国职业院校技能大赛高职组“中餐主题宴会设计”赛项规程及评分细则。

18. www. docep. wa. gov. au，ManualHandlinginCaféandRestaurantIndustry，Work-

safeBulleting4，2007.

19.《Watch your back — a guidetoliftingand other manualhandlingtasks》，Queensland Hotel association. 2006.

20. http://article.jmw.com.cn/NewsFile/Detail/bnc/uzb/39151928894.shtml.

21. http://www.csmzxy.com/2009/course4/lanmu07/lanmu07—5.html.

22. http://www.shuixiuyuan.com/rencai/rencai2_show.asp?

23. http://www.78fz.com/article.php? id=13862.

24. http://www.6eat.com/DataStore/CardExpensePage/266586_.

25. http://www.lamarche.com.tw/story.php? sn=486.

26. http://zhidao.baidu.com/question/40323104.html.

27. http://www.chinareviewnews.com20061021.

28. http://bbs.veryeast.cn/dispbbs_9_146423_58_next.html.

29. http://baike.baidu.com/view/177415.htm.

30. http://wenku.baidu.com/view/8439ff4469eae009581bec3c.html.

31. http://food.xtata.com/f/20110701/4823715494.shtml.

32. http://zhidao.baidu.com/question/6626763.html.

33. http://wenda.tianya.cn/wenda/thread? tid=75dabc621d80065e.

34. http://baike.baidu.com/view/12.htm.

35. http://www.canyin168.com/glyy/yy/yg/ygpx/fwkf/z00612/3258.html

36. http://news.163.com/16/1223/00/C8UAP1C2000187VI.html

37. http://3y.uu456.com/bp_05dab0u14n9acj29pwac_2.html

38. http://blog.sina.com.cn/s/blog_5f47868c01015quh.html

图书在版编目(CIP)数据

餐饮服务技能/郑燕萍主编. —3 版. —厦门:厦门大学出版社, 2017.9

(高职高专旅游大类十二五规划教材)

ISBN 978-7-5615-6635-0

Ⅰ. ①餐…　Ⅱ. ①郑…　Ⅲ. ①饮食业—商业服务—高等职业教育—教材　Ⅳ. ①F719.3

中国版本图书馆 CIP 数据核字(2017)第 196978 号

出 版 人　蒋东明
总 策 划　宋文艳
责任编辑　江珏玙
美术编辑　洪祖洵
技术编辑　许克华

出版发行　厦门大学出版社
社　　址　厦门市软件园二期望海路 39 号
邮政编码　361008
总 编 办　0592-2182177　0592-2181406(传真)
营销中心　0592-2184458　0592-2181365
网　　址　http://www.xmupress.com
邮　　箱　xmup@xmupress.com
印　　刷　厦门市金凯龙印刷有限公司

开本　787mm×1092mm　1/16
印张　13.75
字数　336 千字
印数　1～3 000 册
版次　2017 年 9 月第 3 版
印次　2017 年 9 月第 1 次印刷
定价　30.00 元

厦门大学出版社
微信二维码

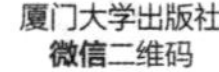

厦门大学出版社
微博二维码